思想觀念的帶動者

文化現象的觀察者

本土經驗的整理者

生命故事的關懷者

心靈工坊 PsyGarden

Holistic

探索身體，追求智性，呼喊靈性
攀向更高遠的意義與價值
是幸福，是恩典，更是內在心靈的基本需求
企求穿越回歸眞我的旅程

譯者—廖婉如、陳耿雄

作者—歐文・亞隆（Irvin D. Yalom）

Staring at the Sun: Overcoming the Terror of Death

凝視太陽：面對死亡恐懼

（全新增訂版）

獻給在我身上激起漣漪的導師們：
懷特洪（John Whitehorn）、法蘭克（Jerome Frank）、漢柏格（David Hamburg）以及
羅洛·梅（Rollo May）

目錄
contents

各方好評推薦

亞隆有如天使一般，揪出了不時糾纏我們的惡魔。

——羅洛·梅（Rollo May）

七十六歲的亞隆，早在八〇年代時，就已經從他存在心理治療的創新取向，給出關乎人類心靈的獨到見解了。即便這本書重申了眾所周知的哲學觀點，但亞隆充滿人道關懷、撫平人心的見解，依然將吸引一批新的讀者。

——《出版人週報》（*Publishers Weekly*）

《凝視太陽》不是教科書，也不只是自我成長的工具書而已。雖然它有著濃濃的哲學氣息，卻完全沒有枯燥的理論。這本書充滿了真實的動人故事，在亞隆的精心鋪陳下，每個病患彷彿現身說法，道出赤裸裸的恐懼和心路歷程，每每帶給人啟發，感人肺腑。

——《華盛頓郵報》（*Washington Post*）

「一想到死亡就害怕，該怎麼辦？」……亞隆在《凝視太陽》中獻上了他的妙方：和他人建立真心的交流，努力活得圓滿自在，以及「激起漣漪」——留下可以讓後人省思和懷念的事物。這些乍看之下平淡無奇的目標，顯然不易達到，但是真正活得了無遺憾的人，確實是因此而充實圓滿地度過此生。

——《舊金山紀事報》（*San Francisco Chronicle*）

【增訂版推薦序1】

一本「相見恨晚」的好書，一位「不尋常」的心理治療師

賴其萬
和信治癌中心醫院醫學教育講座教授兼神經內科主治醫師

去年十一月底，我接到心靈工坊副主編徐嘉俊先生來函，說明他們打算再版曾於二〇〇九年出版的心理治療大師歐文・亞隆醫師（Dr. Irvin D. Yalom）的《凝視太陽：面對死亡恐懼》（*Staring at the Sun: Overcoming the Terror of Death*）的中譯本，而邀我寫一篇推薦序。這本書的英文書名根據作者所說，是來自「烈日和死亡一樣，令人無法逼視」這句話，作者認為這兩者都讓人難受，但他希望人們能堅定不移地凝視死亡，而能「克服面對死亡的恐懼」。他在後記裡，還特別說明他刻意使用「恐懼」（terror）這個詞而不用「焦慮」，是想藉此傳達人們可以經由努力，將赤裸裸的死亡恐懼化為日常生活中可以承受的焦慮，而在指引輔助下，不僅能夠平息恐懼，並能生活得更有活力。

很遺憾的是當我接到徐先生的邀稿時，我正忙於處理十二月即將開始長假之前需要完成的許多工作，而我以前也沒看過這部大作，按照常理我應即時回絕，以免耽誤出版社的進度。然而這次我卻一反常態，因為精神分析曾是我的舊愛，年輕時就曾心儀佛洛伊德這位精神分析大師，而在醫學院畢業後當兵的那一年，開始著手翻譯《夢的解析》，甚至選擇精神科醫師做為終身志業，而進入台大醫院接受神經精神科住院醫師訓練（當時台灣神經內科與精神科是同屬一科）。後來符傳孝醫師也進入同一科，我倆終於共同完成了佛氏這部巨作的中譯本，而於一九七二年由新潮文庫出版。之後符醫師與我相繼改弦易轍，雙雙離開精神醫學，赴美專攻神經內科，但想不到當徐先生邀我為這本書撰寫推薦序時，竟勾起了我對精神科的舊情復燃，而無法拒絕這誘惑，更想不到出版社竟然展延截稿日期，讓我度假中得以看完這部「相見恨晚」的好書，也在此表示感激。

亞隆醫師出版這本書時應該已是七十幾歲，但仍然繼續從事精神科臨床工作。從這本書可以看出作者博覽群書，對文學、歷史、哲學、藝術都有深厚的造詣。他在描述每個個案時，都像他的小說一樣的劇情動人，而當他引經據典闡述分析病人的問題、治療的經過時，又令人對他的用心觀察與投入而感動，同時也因為書中對許多病人的夢的敘述與解析，更使我陷入當年醉心於精神分析的回憶。同時由於他多年在史丹福大學專攻精神醫學的研究，書中有些地方的論述、解析、分類，更能滿足精神醫學專業背景的讀者。當我讀完此書，在開始撰寫推薦序之前，又從頭到尾一氣呵成地快速瀏覽，才發現書中一些前後呼應的內容，更使我悟出一些他想表達的道理。

我也要在此對譯者廖婉如女士深表敬意，以她教育心理學的專業背景，對許多心理學上的術語與表達，應當是精準可靠。而更難得的是譯文造句流利優美，同時我也注意到翻譯些較古典的或詩句般的文字時，她會刻意使用近似文言文的中文，而其他大部分的論述，則使用平易近人的白話文，這種功力令人佩服。總之，本書的譯者在「信」、「雅」、「達」三方面皆具相當水準。

值得特別一提的是，亞隆醫師的確是一位「不尋常」的心理治療師，有些地方他的作為與我當精神科住院醫師時的「戒律」有相當大的出入，譬如說，他以他所謂的「自我袒露」的方式幫忙病人，有時對病人坦承：「我也有這種焦慮」，然後由「同病相憐」而建立關係。他主動與病人談起自己因為兒子離婚而引起過焦慮，來引導病人更進一步自我剖析。他甚至還提到有一位病人因為化療只剩下幾根頭髮，而對自己的形象產生焦慮時，他會「鼓勵病人鼓起勇氣在我面前拿掉假髮，我用手指溫和地撫摸僅剩的幾根頭髮」，那種肌膚上的接觸更使我錯愕。他還提到，他曾經「在探望一位臨終病人，臨要告別之際，她要求我在她身旁躺一會兒，我答應並照做。」書中許多地方使我深切感受到他一再強調的「建立關係是最重要的」。他因為對病人的真誠，贏得病人的信任，是他治療成功的最大原因。

以下我嘗試節錄這本書各章的大綱：

第一章「凡人的傷痛」：介紹希臘的哲學家伊比鳩魯（Epicurus）的「死亡哲學」，他以短短幾句話勾勒出這位哲學家的概念，「伊比鳩魯身體力行『醫療性的哲學』，他堅信哲學要像醫生醫治人的身體一樣醫治人的心靈。在他眼裡，哲學的目標只有一個：『減輕人的痛苦』。而人痛苦的根源就在於對死亡無所不在的恐懼。」在以後的各章節，他多次再闡述伊比鳩魯的死亡哲學，使讀者了解如何紓解人們對死亡的焦慮。

第二章「辨識死亡焦慮」：闡述許多人類因為老化或病痛引起的焦慮，事實上都是來自於對死亡的焦慮，並認為心理治療師的任務就是由病人的焦慮中設法抽絲剝繭，讓病人了解自己「毫無來源的焦慮」，事實上是源自於他們對死亡的恐懼，而因為這樣的「點破」、「辨識」，使病人得以紓解焦慮的症狀。

第三章「正視死亡，覺醒經驗」：特別舉例說明所謂的「覺醒經驗」，如小說描述癌症末期病人的感覺；即將被槍決而突然獲免死刑的遭遇；托爾斯泰的《伊凡・伊列區之死》描述的臨終前回顧過去的種種不是；狄更斯《小氣財神》（*Christmas Carol*）裡的施顧己

（Uncle Scrooge）的幡然悔悟；而由這些「覺醒經驗」的觀念使讀者進而瞭解病人面臨人生重大決定、生命里程碑、甚至治療即將結束時都可能面臨這種焦慮。

第四章「觀念的力量」：進一步對伊比鳩魯的學說，特別是對作者稱之為「永恆的智慧」的三個觀念：「靈魂將滅」、「死亡是全然無自覺的狀態」、「生死對稱」做更豐富的闡述。他也提出「漣漪的概念」，鼓勵人們留下個人的「人生體會、個人風範、智慧、善行」，影響相識或不相識的人。他並提到幾本文學巨作，如黑澤明的電影《生之慾》裡面的奉公守法但落落寡歡的公務員，在得到癌症的診斷而豁然領悟「生命還有無限的可能」，而努力在死前促成了「為小孩子規畫一個公園」的壯舉。

第五章「透過聯繫，克服死亡焦慮」：強調人與人的連結，是唯一可以去除「日常性的孤獨」，以及一些「形式（存有性）的孤獨」，他介紹自己在三十幾年前為癌症病人創設「臨終團體」，幫忙病人透過人與人的聯繫覺察死亡的恐懼，進而克服焦慮。他強調「支持病人」、「自我袒露」、「建立關係」，並向病人傳達「無論你的恐懼有多深，我永遠不會迴避你、遺棄你」的訊息。

第六章「覺察死亡：回憶錄」：這可能是本書中最精彩的部分。他在開場白引用狄更斯在《雙城記》裡的一句話：「我像是繞圈子般，越靠近終點，就越回到起點。像是為了給最後的旅程一些安慰和準備似的，許多沉睡已久的回憶，如今觸動了我的心。」一來描述他自己努力成為心理治療師的心路歷程。他分享在學習過程中，自己接受心理治療的故事：與治療師分享自己的親友及父母的死亡、夢、個人經驗、閱讀心得，甚至閱讀自己所撰寫的小說等，都使他更深刻地體會各種瀕死的經驗。在這一章裡，他也提到「死亡與我的導師」，而追憶他所追隨的幾位大師對他的影響，並從他們身上學習到如何領悟到死亡的真諦。

他在描述他個人和死亡周旋的經驗裡，曾經很感性地寫道，每個週末他都會開車由舊金山載太太回他們所住的派洛艾圖的火車站停車場，然後他在車裡，看著她下車後獨自走進停車場，直到目送太太平安地自己開車離開停車場，他才放心離開。他細膩感性的描述令人了解這位性情中人擔心自己過世以後，將沒有人能像他這樣子地照顧太太，而對死亡非常的不忍。最後他提到自己相信「人可藉由創造性活動超越死亡恐懼」。作者也談到自己並沒有特別的宗教信仰，但是他會尊重別人的宗教，從來不挑戰別人的信仰。他引述名聞遐邇的演化生物學家理查・道金斯（Richard Dawkins）對清醒地意識到無常的一個精彩的比喻，他要我們想像，「一具射出雷射光的聚光燈，無情地隨著無止境的時間之尺移動，光束掃過的一切均都遺失在過去的黑暗之中，而光束未抵達的一切，亦隱藏在尚未誕生的黑暗之中；唯有聚光燈正照亮的事物是活著。這種想像使我撥雲見日，驅散黑暗。我不禁覺得，自己能活在當下，盡情享受純然存在的樂趣是何其幸福的事！」

第七章「面對死亡焦慮：給治療師的建言」：他希望心理治療師不妨汲取思想家的見解，勇於面對死亡，建立以生命的存在事實為基礎的治療關係，由此深入「存在心理治療」的說法，而特別探討終極關懷的四個重點：「死亡」、「孤獨」、「生命意義」與「自由」。作者鼓勵讀者閱讀一九八〇年他所出版的教科書《存在心理治療》（*Existential Psychotherapy*），詳述了這四者的現象以及治療上的意義。

在這章裡所談的是比較技術性的層面，而他強調經常在治療中間核對「此時此地」的狀況，這是治療要達到有效的先決條件，由此讓病人發現某部分「陌生的自己」，以及先前遭受自己否認或扭曲的部分，而開始看清自己。要看重自己對事情的觀感，不再過分在意別人的觀感，把治療師的正向關懷轉換成自愛、自重。

值得一提的是心靈工坊這次決定再版這本二〇〇九年出版的中文譯本時，他們還附加以下兩個寶貴的新資料：

〈歐文・亞隆醫師訪談錄〉是亞隆醫師於二〇一〇年接受採訪、談論其職業生涯的精彩報導，這篇文獻使我們更了解這一位猶太裔的俄國移民，在美國成長、求學過程所經歷的種種遭遇，以及他如何能夠一邊做一位非常成功的精神科醫師，又是史丹佛大學醫學院深受學生歡迎的教授，還能夠寫小說，活出非常充實而有意義的人生。

〈我要報警〉則是一篇幾可亂真，扣人心弦的短篇小說。

最後我想坦承，當徐先生看得出我有意接受邀請，但無法如期交稿而「欲語還羞」時，他就把該書的譯稿以及兩件新添的附件寄來，並告訴我可以展延交稿的期限。我告訴知我甚深的秘書，「這稿債是我自己要來的，我的弱點就是看到好書就心軟。」在機上寫完這篇推薦序，才深感這一次的「心軟」，不僅沒有給假期帶來負擔，反而使我的假期過得更精彩。

【增訂版推薦序2】

如同死亡——太陽帶給我們方向與溫暖

方俊凱
馬偕紀念醫院精神醫學部／安寧療護教育示範中心／自殺防治中心主任

二十一世紀的人對於不瞭解或不清楚的事物，最常做的事就是「谷哥一下」、「百度一下」或是「維基一下」。如果我們去搜尋「死亡」，我們會看到很多知識與理性實證的答案，卻不一定能幫我們真正的認識「死亡」。然而，就如同德國存在主義哲學家海德格所言：「人類唯一的存在方式，就是向著死亡存在」。而本書作者歐文・亞隆引用拉羅什富科的箴言：「烈日和死亡一樣，令人無法逼視。」那麼，死亡就像太陽由東向西，從不回頭；死亡也像太陽一般，給我們最大的能量來源。死亡如同太陽，帶給我們方向與溫暖。

接到出版社的邀約，為《凝視太陽：面對死亡恐懼》撰寫改版推薦序，我感到無比的興奮。歐文・亞隆，這位當代最知名的精神科醫師、存在治療的權威，更是團體心理治療的泰斗，對我來說，如同太陽一般，在我臨床服務、學術發展、個人生涯的歷程，亞隆的存在一直帶給我方向與溫暖。二十多年前，當我在馬偕紀念醫院精神科當實習醫師時，我就開始讀亞隆的團體心理治療，直至今日，無論是在我的「飲酒減害團體治療門診」或是「自殺者遺族說故事團體」，亞隆的許多教導總是深植在內心深處，更如同陽光般地照耀，讓我看清自己的治療模式是否合理與有效益。十多年前，當我在國立臺北護理健康大學生死教育與輔導研究所攻讀碩士學位，在完成我碩士論文《癌症末期併憂鬱症病患之心理治療：存在—認知模式初步建構》的過程中，來自亞隆的文獻總能夠救我脫離困境。二年前，我開始在國立臺北護理健康大學生死與健康心理諮商系碩士班開「存在與意義治療」的選修課，亞隆更是我們課堂中的貴賓，常常成為我與學生討論的議題。對我的生涯有如此影響的歐文・亞隆，能為他的書寫推薦序，對我是多麼大的榮譽啊！

但是，更有意義的是，這本書是《凝視太陽》，從亞隆真實與深厚的臨床經驗著實地探討死亡恐懼，對我而言，更是無與倫比的心靈交流。從二〇一〇年七月起，我接任馬偕紀念醫院自殺防治中心的第三任主任，從二〇一四年七月起，我又接任馬偕安寧療護教育示範中心的第三任主任，就我對全世界學術與臨床單位的了解，我相信我是全球唯一的一位同時負責與管理自殺防治與安寧療護的精神科醫師。自殺防治，是要救人遠離提前死亡；安寧療護，是要幫人坦然地接受自然死亡。這兩者的思考邏輯與治療作為，可謂是南轅北轍，但是我一人卻要同時面對這兩個生死大議題，很多人都覺得不可思議，我自己也是這樣認為。亞隆在這本書內寫的東西，有很多與我多年臨床經驗與反思有共鳴之處，但有更多可以帶給我啟發，好像站在太極的正中央一般，在陰陽之間，陰中有陽、陽中有陰、陰陽相長，讓我取得了一種動態的平衡。能為《凝視太陽》寫推薦序，對我而言，更是對我內心深處他人所看不見的恐懼與哀傷，所給予的最大支持與安慰。

分成七章的這本書，我並不準備逐章地給予說明、推薦與評論，畢竟在亞隆大師如陽光般的照耀下，我不過是陰影，陰影如何論斷太陽呢？而且，本書已經有明確的「閱讀指引」提供閱讀方向。因此如果您要閱讀這本書，我相信不論是饒富感性的內容或充滿知性的文字，都可以直接打動正準備閱讀的您。只是，如果您在書局，拿起這本書，不知道該不該買回家細細閱讀，那我就要誠懇地呼籲您，無論您是什麼背景、什麼處境，您看到此處的當下，都應該慎重地考慮把這本書帶回家。焦慮是種情緒，有一般正常反應的焦慮與病理性過度的焦慮。死亡焦慮也是，也有正常反應的焦慮與病理性的過度焦慮。耶穌在被釘上十字架的前一晚，和十二位使徒一起共進逾越節的宴席，也就是世人所熟知的「最後的晚餐」。晚餐之後，耶穌只帶了貼身的三位使徒，去了離宴席不遠的橄欖山，在客西馬尼園，開始向上帝禱告。耶穌禱告說：「父啊！你若願意，就把這杯撤去！」《聖經》描述耶穌極其傷痛，汗珠大如血點滴在地上。即使是耶穌，面對死亡依舊會有這般現象，那我們凡人又怎能無動於衷呢？但是，耶穌最後戰勝了面對死亡的焦慮，或者說是帶著這樣的恐懼，勇敢地走向十字架。面對死亡，耶穌用對世人的愛來面對十字架的路，這就是方向，這就是溫暖。

幾週前，一位穩定的躁鬱症男病人回我門診，恰巧他對我分享他剛看完這本書。我很高興地告訴他，我正要為本書寫推薦序，他對我說希望我好好寫，因為這本書對他幫助很大。我很好奇，問了他理由。他說：近四十年的人生，因為生病，有一半是起起伏伏的，是源自內心深處的擾動。看了此書後，他才明白，他內心一直被死亡恐懼威脅著，才會不自知地做了一大堆自己都無法理解的行為。在那個當下，他的眼神露出我從未在他身上看過的清澈明晰。他說很樂意我把這段對話寫在推薦序裡，所以我在此和大家分享，並衷心地告訴各位，《凝視太陽》真的是一本值得一讀的好書。

死亡如同太陽，我們要給予敬畏與尊重。然而，當我們謹慎小心地面對死亡，感受在我們身上不同型態的死亡焦慮，並且誠實地與死亡焦慮共存，那麼，我們將成為有溫度的人，走完我們的人生。

【增訂版推薦序3】

凝視太陽，穿越死蔭幽谷

蔡昌雄
南華大學生死學系助理教授

死亡是人類必然的命運，但卻是絕大多數人一生竭力逃避面對的課題。這種退縮與防衛的心態不僅表現在人們不願意面對自身的死亡上，同時也表現在人們想方設法不讓自己碰觸到他人死亡的處境上。我曾聽過一位資深優秀的澳洲安寧醫師布里奇（Dr. Douglas Bridge）說過，即便是在安寧照顧水平極高的澳洲，多數醫師也不願意選擇進入安寧領域成為專科醫師。原因無他，因為人們總有一些生命中不願意面對的事情。在一般的狀況下，人們還可以勉強拖延一下，或裝作若無其事，但是當走進安寧病房，面對垂死的臨終病人時，一齣齣生命必死的真實劇碼赤裸裸地在眼前上演，拆穿了人間矯飾虛妄的迷障，讓人們無所遁逃於天地之間。原來可以遮掩的，再也遮掩不住，原來可以緩議的，突然變得迫在眉睫。凡此種種，都讓習於虛偽逃避的人們望而卻步，誰還願意走進那讓人生真相現形的死床旁邊呢？這個故事鮮活地說明了人們無法正視死亡的普遍事實，也正是存在心理治療大師歐文・亞隆在《凝視太陽》這本書中所揭示的死亡心理狀態，以及他累積多年存在哲學慧思與臨床心理治療實務經驗後致力要超越克服的人性弱點。

熟悉亞隆《存在心理治療》這本專業巨著的讀者，在閱讀《凝視太陽》時，應該會覺得相對輕鬆自在，因為亞隆除了在援引伊比鳩魯學派的死亡哲學觀點時，因涉及形上思考而略顯生硬外，貫穿全書的其實都是心理治療臨床實務經驗中遇到的生死課題，是十分具體而接地氣的。除此之外，亞隆在其間又發揮他說故事高手的能耐，讓死亡帶出的存在經驗及其超越之道，變得有血有肉、平易近人。亞隆在自傳體的紀錄片中曾經自陳，他在撰寫《存在心理治療》這本教科書的大部頭著作時，刻意於生硬抽象的理論之間穿插許多臨床故事案例，讓學生在閱讀時不致覺得枯燥乏味，可以為了期待下一頁的故事而願意花精力把眼前的理論搞懂。後來他開始撰寫心理治療小說，索性把理論的形式揚棄，將它們融入曲折動人的心理故事中，讓人們在享受小說閱讀的興致時，不知不覺地進入並逐步領會理論所要傳遞的思想觀點。這也成為亞隆著作暢銷大受歡迎的重要賣點，但是亞隆本人則堅稱這些都是臨床心理治療師具實用價值的讀本。

《凝視太陽》基本上也是如此。它的內容是小說素材的小品形式呈現，加上作者的諄諄善誘與從旁引導，人們受死亡焦慮的折磨景況、逃避方式及解脫困擾的因應之道，便這樣被一項項娓娓道出與闡明。亞隆在開卷的前兩章主張，凡人的傷痛始於無所不在的死亡恐懼及其造成的根本痛苦，死亡焦慮的惱人之處除了它無所不在的特性之外，更在於它隱而不彰的百變行蹤，讓人難於覺察辨識，更遑論能從容應對。亞隆的因應之道雖然在臨床上需臨機應變、不拘一格，但基本原則就是以「底線地活著」的觀念，協助人們洞察自身存在的有限處境，而後能反轉種種因逃避死亡真實而導致扭曲的行為，活出有意義的充實人生。他常常對求助的案主提示說，如果你還剩下半年可活，你要怎樣安排經營自己的生活，才不會讓自己留下遺憾？亞隆這樣的思維與治療方針，往往能讓陷於混亂人生的案主幡然醒悟，看清生命事務的優先順序，把握有限人生，選擇最重要的事去完成，而活出沒有遺憾的人生。亞隆的此一洞見得益於早年帶領癌末臨終病人的治療團體經驗。他發現當人們能真實的面對人類必死的處境時，生命的活力反而因此被激發出來，生命的價值感油然而生，果決的行動也伴隨而來。像是亞隆的舉例，精神官能症患者走入癌友團體便不藥而癒，以及婚姻不睦想離婚多年卻遲遲無法下定決心的女子，在得知罹癌只剩半年生命後便迅即離婚，都彰顯了死亡的覺知乃是生命推進器的不易真理。這便是《凝視太陽》中第三章〈覺醒經驗〉與第四章〈觀念的力量〉所要論說的主題。

亞隆的存在心理治療取向還另有一個療癒死亡焦慮的良方妙藥，就是人與人之間橫向真誠關係聯繫的建立，此乃第五章闡述的重點。無論就理論或臨床經驗而言，孤獨的個人能融入較大的人際關係整體中，確實有緩解甚至克服死亡焦慮的作用。作為一名存在心理治療師，亞隆對此可說運用圓熟。他不僅將此洞見運用在病人的診療上，也運用在他給治療師的建議（第七章），以及自身死亡經驗的揭露（第六章）。但是，誠如趙可式教授於本書舊版序中所批評的那樣，亞隆的論說或許照顧到了人與自我、環境與他人等向度的締結聯繫，但是卻獨缺與屬天或宇宙至高原則向度的關係締結。這或許是存在主義哲學關心「此在」經驗的立場使然，對於渺不可知的天道只歸於各人的信念系統看待，但或許也與亞隆個人的無神論信仰有關。在亞隆個人覺察死亡的回憶錄中，一位有志學習存在心理治療的猶太教拉比，曾對亞隆提出何以能夠不信仰神而從事存在心理治療的質疑。雖然我並不認同這位猶太拉比提問的場合、時機與態度，但是我的確認為在靈性縱向深度經驗的開發方面，無疑是亞隆存在心理治療的限制之一。

在增訂新版的《凝視太陽》中，多了〈我要報警〉及〈歐文·亞隆醫師訪談錄〉兩章。前者是亞隆醫學院同窗，一位成就卓越的外科醫師長期飽受壓抑的死亡焦慮夢魘所折磨的心路歷程，故事精采絕倫、發人深省。亞隆不愧是說故事高手，在看完故事的同時，讀者定能豁然領悟，亞隆早已神不知鬼不覺地把他的存在心理治療洞見與心法融入其間了。後者雖然篇幅簡約，但也不失真實，提供了另一個角度認識亞隆其人其說。

亞隆凝視太陽的隱喻，其實是人所辦不到的事。果真如此，死亡焦慮似乎終難克服。我個人則認為，碰觸死亡焦慮的經驗或可類比為穿越陽光照射不到的死蔭幽谷，過程雖然陰冷逼人、恐懼非常，但是人們卻可以清醒的覺知與慈悲的心識，結伴走過此共命的考驗。因此，閱讀本書可以是真誠面對人類必朽命運的開始。

【二〇〇九年中文版推薦序】

如同直視太陽般地直視死亡

趙可式
國立成功大學醫學院名譽教授、台灣安寧療護推手

第一眼看到這本書及書中的七章目錄標題，就不想閱讀。不只是我，恐怕大部分從事安寧療護，實際在第一線照顧臨終病人，且受過較完整訓練的醫療專業人員，也都不想讀此書。問題是出在書目中用了「死亡焦慮」與「死亡恐懼」這些詞彙，而這些詞彙是我們專業人員無論在臨床上或教育中，都刻意要避免的用語。因為「死亡焦慮」或「死亡恐懼」不是一種「病症」，而是人類存在的「正常現象」。既是正常現象，就不該用負面的病理學詞彙去描述。我們在醫學或護理領域中，教育下一代新血輪時，是不允許使用這些名詞的。

然而此書的作者是歐文·亞隆，他是我最欽佩的當代存在精神醫學大師。連他也用「死

亡恐懼」及「死亡焦慮」這樣不恰當的名詞，反而引起了我閱讀的興趣，想看看他到底談論什麼，有無一些創新的、有價值的啟示？果然，在第一章〈凡人的傷痛〉之中，他就開宗明義地點出：「每個人——不分男女老少——皆害怕死亡。」他採用了古雅典思想家伊比鳩魯的觀點：「人類痛苦的根源，即在於對死亡無所不在的恐懼」作為其論述的出發點，並推崇伊比鳩魯為存在心理治療師的先驅。既然「害怕死亡」是普遍且正常的現象，是否因此不必理會它了呢？不是！作者認為死亡恐懼會影響人的整個存在，且為痛苦的根源，因此必須經由「悟透死亡，始能覺醒」，從死亡恐懼中獲得救贖。

第二章的主題〈辨識死亡焦慮〉更使我們這些臨床照護臨終病人的醫療專業人員煩惱。因為如果「死亡焦慮」是正常現象，那麼就無法治療，也無須治療，用這個病理名字標籤病人，對病人有什麼益處呢？病人即使承認：「對！我是有死亡焦慮！」那又能怎樣呢？我們能用「抗焦慮的藥物」去消除「死亡焦慮」嗎？或任何「心理治療」方法，去治療「死亡焦慮」嗎？但作者並不令我失望，他在這一章及其後的篇章中，以臨床案例與實務技巧來闡述他的觀點，的確是有價值的見解。

第三章〈覺醒經驗〉是用數個臨床實例點出，從重要的生命經驗中學習「靈性的躍昇」，如：悲痛、生命的終點、重大的決擇等，而覺醒實為存在的救贖。第四章〈觀念的力量〉討論一些哲學家、治療師、作家、藝術家等，所提出的克服死亡恐懼的真知灼見，希望觀念的轉變可以轉變人的心態。然而光是理性的思想，是無法真正扭轉人生的，唯有透過「聯結」，才是使人能直視死亡的最強利器。第五章中，作者用了大篇幅描述透過人與人的聯繫克服死亡焦慮，這一章有較不完整的遺珠之憾，因為真正的救贖不只有「人與人的聯結」，而應更擴展成「人與天、人、物、我的聯結」才夠！

第六章是作者自己覺察死亡的回憶錄，是他本身面對死亡的體會，深具個人色彩。第七章則為給治療師的建言，有許多不錯的具體建議。但在臨床上最重要的，仍然需透過治療師與案主之間信任及親善的關係，否則治療師對於別人的生死大事，是難以「治療」的。

西諺有云：「死亡如同烈日，是不能直視的。」人們若直視太陽，必定灼傷眼睛。知道太陽當頭照，卻並不直視它，或戴上墨鏡，並不表示「否認死亡」，反而是一種健康的態度。然而，當有一天，太陽變得柔和，且照著人們會產生滋補的血清素（Serotonin）時，陽光就變質了！死亡也一樣會變質，當人們對存在覺醒，與天人物我聯結，就有可能直視死亡（陽光）了。

前言及謝辭

本書意不在概述古往今來各家對死亡的見解，況且也不可能這樣做，因為數千年來每個心思嚴肅的作者，無不多少觸及人終有一死這個議題。

這本書是我以本身面對死亡的體會出發，所寫作的一本深具個人色彩的書。我和所有人一樣會害怕死亡，這是世人永遠無法割除的黑暗陰影。在這些篇章裡，我談及個人克服死亡恐懼的領悟，多年來治療病患的心得，還有讓我的專業獲益良多的若干作家的洞見。

我要感謝這一路走來協助我的人。感謝發行人 Sandy Dijkstra 的賞識，還有編輯 Alen Rinzler 的協助，幫助我斟酌內容，去蕪存菁。感謝諸多好友和同事閱讀部分文稿並給予指教，他們分別是：David Spiegel、Herbert Kotz、Jean Rose、Ruthellen Josselson、Randy Weingarten、Neil Brast、Rick Van Rheenen、Alice Van Harten、Roger Walsh、Robert Berger 以及 Maureen Lila。Philippe Martial 與我分享英文版書名頁上引自拉羅什富科（La Rochefoucauld, 1613-1680，法國作家）的箴言。感謝 Van Harvey、Walter Sokel 和 Dagfin Follesdal，他們是我的摯友，也是長久以來的智識上的導師。感謝 Phoebe Hoss 及 Michele

Jones 出色的編輯。還有我的四個孩子：Eve、Reid、Victor 和 Ben，他們是我最寶貴的顧問，以及內人瑪莉蓮（Marilyn）一如以往地驅策我在寫作上更上層樓。

我要對最重要的良師益友——我的病患們——致上最深的謝意，雖然我無法在此公開他們的姓名（但是他們都知道自己是書中的哪個人物）。感謝他們對我坦露至深的恐懼，同意我援引他們的人生故事。他們對於如何隱藏身分給我許多建議，也願意閱讀部分或全部的文稿，給予建言。他們樂於讓自己的經歷和智慧如漣漪般擴散，使其他讀者受惠，為此我感到與有榮焉。

【第一章】

凡人的傷痛

伊比鳩魯身體力行「醫療性的哲學」，他堅信哲學要像醫生醫治人的身體一樣醫治人的心靈。在他眼裡，哲學的目標只有一個：減輕人的痛苦。而人痛苦的根源何在？在於對死亡無所不在的恐懼。

吾心哀哉。吾畏死矣。

——基迦美修〔譯註一〕

人有自我覺察的能力，這是天賜的大禮，就像生命一樣珍貴。自我察覺是人之所以為人的地方，但它卻伴隨著極高的代價：意識到人終有一死而感到傷痛。我們體悟到人會成長、茁壯，而終至老死，所以我們的存在始終蒙著一層陰影。

自有歷史以來，人類便擺脫不了終有一死的恐懼。四千年前巴比倫英雄基迦美修在悼念好友安基度（Enkidu）的碑文中思道：「汝已沒入黑暗，不聞吾語。吾死後與安基度何異？吾心哀哉。吾畏死矣。」

基迦美修說出了所有人的心聲。他害怕死亡，我們每個人——不分男女老少——亦然，只不過有些人表現得很隱晦，也許是無所不在的莫名不安，也許是以其他的心理症狀呈現出來。另外，有些人明明白白意識到內心不時湧出的死亡焦慮，還有些人對死亡恐慌至極，以致終日悽悽惶惶，毫無快樂與滿足可言。

萬古以降，好思辯的哲學家試圖對人終有一死之事，提出各種觀點，希望能幫助人們活得祥和平靜。身為協助人們面對死亡焦慮的心理治療師，我發現古代的智慧，尤其是古希臘哲人的睿見，在今日讀來依然受用無窮。

的確，作為一位治療師，我智識上從十九世紀及二十世紀初偉大的精神科醫師和心理學家——皮涅爾〔譯註二〕、佛洛伊德、榮格、巴弗洛夫、羅夏克，和史金納——受惠的程度，不若古典希臘哲學家來得深，尤其是伊比鳩魯（Epicurus）的思想。我對伊比鳩魯的學說鑽研得越透徹，越強烈認為這位非凡的雅典思想家，堪稱是存在心理治療師的先驅，而我這整本書所援引的，正是他的觀點。

人類痛苦的根源

伊比鳩魯生於西元前三百四十一年（當時柏拉圖才過世沒幾年），死於西元前二百七十年。今天大多數人聽到他的名字，總會聯想到饕客（epicure）或享樂主義者（epicurean），這類追逐精緻愉悅的感官享受（尤其是珍饈佳釀）之人。然而事實上，伊比鳩魯並沒提倡感

譯註一　Gilgamesh，蘇美人史詩鉅作《基迦美修敘事詩》中的巴比倫國土。

譯註二　Pinel，現代精神醫學之父，提倡以人道和啟蒙精神來醫治精神病患。

官享樂，他更關心的是達到心的平靜（ataraxia）。

伊比鳩魯身體力行「醫療性的哲學」，他堅信哲學要像醫生醫治人的身體一樣醫治人的心靈。在他眼裡，哲學的目標真正說來只有一個：減輕人的痛苦。而人痛苦的根源何在？伊比鳩魯深信，其根源在於**對死亡無所不在的恐懼**。他曾說，不免一死這駭人的念頭，妨礙人享受生命，人生所有的樂趣無不遭受破壞。為了減輕人對死亡的恐懼，他想出若干強而有力的思考實驗（thought experiments），這些實驗不但有助於我個人面對死亡焦慮，也是我幫助病患的有用工具。在接下來的討論裡，我將不時引用這些寶貴的見解。

我從個人經驗和臨床工作中體悟到，人對於老死的焦慮，會隨著人生不同的階段而時隱時現。年幼的孩子免不了從週遭的事物裡——枯黃的葉子、死掉的昆蟲或寵物、消失不見的爺爺奶奶、哀傷的父母親、墓園裡一望無際的墓碑——隱約瞥見人終有一死。孩子們單純地看、納悶著，然後有樣學樣地跟著父母親把感覺埋在心裡。要是他們將焦慮的情緒顯現出來，會使得父母親惶惶不安，當然啦，他們也會趕緊安慰孩子。有時候，大人會刻意說些讓孩子寬心的話語，或把整件事的焦點轉移到遙遠的未來；又或者，他們述說一些關乎復活、永生、天堂、重聚這類否認死亡的故事，來紓解孩子的焦慮。

六歲到青春期這段時間，也就是佛洛伊德所謂的性慾潛伏期，孩子對死亡的恐懼通常會由明轉暗，隱而不顯。不過，一旦邁入青少年期，這焦慮便有如山洪爆發：十幾歲的孩子常常會滿腦子想著死亡，少數還會想要自殺。時下很多青少年在暴力充斥的電玩世界裡，練就一身砍砍殺殺的功夫，藉此應付死亡焦慮。另有一些青少年用開死亡玩笑、唱歌嘲諷死亡，或者和朋友一起看恐怖片來對抗死亡。十來歲時，我父親開的雜貨店附近有家小戲院，每個禮拜我總會呼朋引伴地去個兩回，不是選恐怖片看，就是挑些描述二次大戰、血腥殘忍的電影，大夥兒一起在裡頭驚聲尖叫，看得目瞪口呆。我記得自己曾因為生在一九三一年而逃過一劫，暗自嚇得發抖。假如我跟表兄哈利一樣早個五年生，大概會和他一樣戰死於諾曼第登陸。

有些青少年會從事極其冒險的活動，來反抗死亡的威脅。我的一個男病患，有多重畏懼症，老是擔心會遭逢不測。他告訴我，從十六歲起他就開始玩跳傘，前後不下數十回。如今回頭看，他相信自己是用那種極端的方式，來抵擋不免一死這揮之不去的恐懼。

擔憂死亡的心，不曾停息

隨著青少年逐漸地成長，他們對死亡的關注漸漸隱退，取而代之的是邁入成年必須要面對的兩大任務：成家與立業。接著三十年後，當孩子離開家，事業的終點隱約可見，中年危機於是爆發，死亡焦慮再度猛撲而來。我們登上了人生的頂峰，驚覺眼前路不再需要爬坡，而是開始走下坡，緩緩步入衰老。自這一刻起，擔憂死亡的心再也不曾停息。

時時刻刻意識到死亡並不好過。這好比直視烈日：你能忍受的程度有限。我們無法木然活在恐懼中，因此會想辦法緩和死亡帶來的恐懼。我們把孩子看成是自身生命的延續；我們變得富有出名，甚而耽溺放縱；我們不由自主地發展出防衛儀式；或者擁抱堅不可摧的信仰，深信終究有個救星存在。

有些人活得英勇無畏——自信滿滿地不受死亡威嚇——時常不解他人的恐懼，或者輕忽自身的安危。不過還是有些人拚命藉由與所愛之人、某項使命、某個群體、某個神性存有（Divine Being）合而為一，以超越死亡帶來的痛苦分離。死亡焦慮乃宗教之母，世上的宗教無不想方設法地緩解人對於生命有限的苦惱。神作為跨文化的概念，不僅賦予人永生的某些想像，從而紓解人終有一死的痛苦。而神之永恆不朽，亦緩和了人可怕的孤獨感，並提供人一個如何活得有意義的清晰藍圖。

然而，就算有最堅固、最神聖的防衛，我們也無法徹底壓制死亡焦慮。它永遠在那裡，蟄伏在內心某個隱密的深谷裡。也許這就像柏拉圖說的，我們騙不了內心最深處的自己。

悟透死亡，始能覺醒

假若我活在西元三百年前（所謂哲學的黃金時代）的古代雅典，而且對死亡驚恐不已，我該找誰清除心中的恐懼？我可能會長途跋涉至廣場（agora），古代雅典重要的哲學學派的據點。我將走過柏拉圖創建、如今由其外甥斯珀希玻斯（Speucippus）繼承的柏拉圖學苑（Academy），以及曾為柏拉圖弟子、如今遭其繼任者指為離經叛道的亞里斯多德所創辦的講堂（Lyceum）。我也會經過斯多葛學派（Stoics）及犬儒學派（Cynics）講學的場所，與遊走四處尋找弟子的哲人擦身而過，最後來到伊比鳩魯設立的「伊園」（Epicurus of Garden）。我想我會在這裡找到安身立命之道。

而今，為死亡焦慮所苦的人該求救於何人？有些人尋求親友協助，也有些人尋求宗教慰藉或心理治療，另有些人則求助於我寫的這類書籍。我治療過很多害怕死亡的人。我相信我從畢生之治療工作得來的觀察、省思和做法，將有助於無法自行處理死亡焦慮的人，帶給他們許多洞察。

在這一章裡我想強調一點，恐懼死亡所引發的問題，一開始時不見得和死亡直接相關。死亡無遠弗屆，其衝擊往往隱而不現。儘管害怕老死會讓有些人的心靈變得麻木，不過這恐懼往往藏在暗處，而且會以看似和死亡無關的症狀表現出來。

佛洛伊德認為，精神錯亂通常是人壓抑性慾的結果。在我看來，這觀點太過狹隘。我從臨床工作上瞭解到，人壓抑的不僅是性慾而已，還有生物面的本性，尤其是他有限度的本質。

在第二章裡，我將討論如何辨認隱匿的死亡焦慮。很多人的焦慮、憂鬱或其他症狀底下，都是死亡恐懼在作祟。在這一章及其後的篇章，我將以臨床案例和實務技巧來闡述我的觀點，同時輔之以電影和文學作品。

在第三章裡，我將點出，面對死亡未必會讓人絕望到萬念俱灰。相反的，它可能讓人覺醒，進而活得更充實。這一章的主旨是：**雖然人會因為形體的死亡而消毀，但是人能從悟透死亡之中得到拯救**。

第四章將討論哲學家、治療師、作家及藝術家，為了克服死亡恐懼所提出的一些真知灼見。不過，如同第五章將指出的，光有觀念敵不過圍繞著死亡的恐懼。唯有把觀念融入人與人的關係中，才是我們直視死亡的最強利器。我將提出一些如何在日常生活中把兩者結合起來的實用做法。

本書所呈現的觀點，是我從病患身上觀察而得。由於觀察者不免會影響所觀察的內容，因此我在第六章對觀察者進行檢視，回憶我個人面對死亡的體會，以及我對待死亡的態度。

我也和人之必死一事纏鬥許久，作為畢生幫助人處理死亡焦慮的專業工作者，以及眼見死亡也正一步步逼向我，我想要坦率而清楚地把我面對死亡焦慮的個人體會說出來。

第七章是寫給治療師的建言。治療師大部分不會直接處理死亡焦慮。這也許是因為他們不願意面對自身的死亡焦慮，不過更重要的原因是，培養專業的學院內鮮少或根本沒有提供存在取向的訓練。年輕的治療師告訴我，他們不會太過深究死亡焦慮，這是因為所得到的答案常令他們不知所措。要能對苦於死亡焦慮的個案使上力，治療師需要一套新觀念以及新的醫病關係。雖說這一章是特地寫給治療師看的，但我盡量避開專業術語，希望簡單明瞭的文字讓一般讀者也能一目了然。

❀ ❀ ❀

你也許會問，為何要談論這麼令人不快、這麼駭人的主題？何必直視烈日？為何不聽從美國精神醫學可敬的鼻祖阿道夫・梅耶（Adolph Meyer）於一個世紀前囑咐後輩的話：「別去抓還不會癢的地方」？〔作者註一〕何必和生命中最可怕、最黑暗、最恆常不變的一面纏鬥？事實上看來，近幾年來出現的管理式照護（managed care）、短期心理治療、症狀控制，以及企圖改變思考模式的諸多做法，只會讓目光偏狹的情況更形惡化。

然而，死亡的確會搔得人發癢。它不時在我們內在蠢動，在心門上搔刮，微微發出嘎吱聲，就在意識的表層底下，不仔細聽幾乎聽不出來。它會藏匿和偽裝，透過形形色色的症狀洩露形跡（作者註二），它是我們諸多憂慮、壓力和衝突的根源。

作為花了數十年光陰，處理死亡焦慮的精神科醫師以及遲暮之人，我強烈感覺到，面對死亡不是去掀開有害的潘朵拉盒子，而是讓我們以更豐富、更慈悲的態度重拾生命。

這是我獻上這本書的初衷。我相信這本書將幫助你直視死亡，從而不僅消除恐懼，更能豐富你的生命。

作者註一　Jerome Frank 引述自他在一九七九年與阿道夫・梅耶私下會面時梅耶說的話。

作者註二　有個龐大的研究領域正以死亡焦慮為主題，積極的進行實驗性研究（大半是由「懼死因應論」延伸而來）。其中許多研究指出，死亡焦慮普遍存在，其對於人的自我評價、個人特質、信仰及行為，還有個人文化世界觀和價值標準的堅持，都有莫大的影響。請參閱例如〈傲慢與偏見：對死亡及社交的恐懼〉（Pride and Prejudice: Fear of Death and Social Behavior），Soloman, S.、Greenberg, J.、Pyszczynski, T. 合著，《心理科學最新動向》期刊（*Current Direction in Psychologial Science*, 2000, 9(6), 200-204）；及《911 之後：恐懼心理學》（*In the Wake of 9/11: The Psychology of Terror*），Pyszczynski, T.、Soloman, S.、Greenberg, J. 合著，Washington, D. C.: American Psychological Association, 2002。

【第二章】

辨識死亡焦慮

對許多人而言，死亡焦慮儘管令人痛苦，卻很容易指認出來。而在有些人身上，它卻極其幽微隱蔽，藏匿在其他症狀背後，唯有去探索，甚至大肆開挖，才能找到它。

蟲子爬了進來，又爬了出去。

且空若無物。

死亡即一切，

每個人害怕死亡的方式有所不同。對某些人來說，死亡焦慮是生活裡的背景音樂，任何事都會勾起時光一去不復返的感觸，就連看一部老電影，也會忍不住唏噓螢幕上的演員如今安在？

對另外一些人而言，這焦慮更形猛烈難纏，它會在半夜三點突然襲來，讓人驚見死之恐怖而膽顫心驚。自己將不久於人世——步上週遭每個人的後塵——的念頭，也會擾得他鎮日惶惶不安。

更有些人受困於命在旦夕的某個幻想的糾纏：一把槍指著他的腦袋、納粹的行刑隊闖入、震天價響的腳步聲逼近、從橋上或摩天樓上墜落……。

死亡的景象鮮活逼真。有人想像自己被封死在棺材內，鼻孔塞滿了泥土，卻清楚意識到自己將永遠躺在黑暗之中。有人則害怕再也看不到、聽不見、摸不著所愛之人。另有些人一想到自己將躺在地底下，家人朋友踩踏在他之上，一如往常繼續生活，而他卻無從得知他們或這世界有何遭遇，便覺得痛苦不堪。

我們每個人都嚐過死亡的滋味，在每晚不知不覺沉入夢鄉，或昏迷失去意識之時。希臘神話中的死神和睡神，薩那妥斯（Thanatos）和希普諾斯（Hypnos），即是孿生兄弟。捷克存在主義小說家米蘭·昆德拉曾說〔作者註一〕，我們都從遺忘中預嚐過死亡的滋味：「死亡最駭人之處不在於沒有未來，而是失去過去。事實上，遺忘即是某種形式的死亡，在生活中處處可見。」

在很多人身上，死亡焦慮儘管令人痛苦，卻很容易指認出來。而在有些人身上，它極其幽微隱蔽，藏匿在其他症狀背後，唯有去探索，甚至大肆開挖，才能找到它。

赤裸裸的死亡焦慮

很多人把對死亡的焦慮，和對不幸、遺棄或毀滅的恐懼攪在一起。有些人則害怕死亡

作者註一　引述自《行話：作家、同行，及其作品》（*Shop Talk: A Writer and His Colleagues and Their Work*），Roth, P. 著，Boston: Houghton Mifflin, 2001, p97.

的恆久與巨大；也有些人想不透不存在的狀態會是如何，並沉思人死後將至何處；還有些人只著眼於自己的世界將盡數化為烏有的恐怖；另有些人和不免一死的問題搏鬥，就如一名三十二歲的女子，在死亡焦慮來襲時，在電子郵件裡寫下的這段文字：

我想，最強烈的感覺，是意識到會死掉的我，而不是變成老太婆的我，也不是病入膏肓、行將就木的我。我想到死亡時，向來會心存僥倖，總以為它可能會發生，但不一定會發生。恐慌劇烈發作後的這幾個禮拜，我比以前更專注地思考死亡這回事，如今發覺到它不再是可能會發生，而是一定會發生。我覺得自己彷彿突然間清醒過來，見到殘酷的真相，再也回不去。

有些人在深入對死亡的恐懼之後，得出不堪忍受的結論：不僅他們的世界會化為烏有，關乎它的一切記憶也會連帶消失。熟悉的街道、家人相聚的情景、雙親和孩子、海邊別墅、高中歲月、最喜愛的露營地，都將隨著他們死去而灰飛煙滅。此般轉瞬消失的生命有何意義？電子郵件繼續寫道：

我清楚地意識到一切都毫無意義——我們做的每件事都注定被遺忘，地球終究會停止運轉。我曾想像父母親、姊妹、男友和朋友們一一死去。我常常想到有天我的顱骨和骨頭將暴露在外。這念頭讓我無所適從。我是獨立於我這個軀體之外的存有，這想法實在說服不了我，我無法用靈魂不滅的概念來安慰自己。

這位年輕女子的敘述裡有幾個主題：死亡變得和她有切身關係；它不再是可能會發生的事，也不是別人才會碰上的事；人不免一死使得生命變得毫無意義。她不認為肉身之外別有不朽的靈魂存在，無法從死後來生的概念得到安慰。她也提出一個疑問：人死後的毫無知覺是否和出生前的毫無知覺一模一樣（這是個很重要的觀點，我將在討論到伊比鳩魯的學說時再度提出）。

有位恐慌死亡的病患在我們首次晤談後遞給我一首詩，內容如下：

死亡瀰漫四週。
它折磨我，
揪住我、逼迫我，

我痛苦地吶喊，
並繼續活下去。

毀滅一天天逼近。
我努力留下
看似重要的足跡，
盡我所能
活在當下。

可是死亡就潛伏在
安全的表相底下。
我緊抓著它給予的安慰
就像孩子離不開安心毯。
但在寂靜的夜晚，
當驚恐來襲時，

這毯子卻無力抵擋。

到時將不再有我，
不能自在呼吸
改正錯誤
感受甜蜜的悲傷。
這不堪忍受的失落，
降臨時我已渾然無知覺。

死亡即一切，
且空若無物。

尤其是最後這兩句：**死亡即一切，且空若無物**，經常盤旋在她腦海。她解釋說，空若無物的意念吞噬了她，成為一切。話說回來，這首詩包含了面對死亡的兩個重要思維：留下她自身的足跡，生命將更有意義；以及，她所能做的，就是擁抱當下。

死亡恐懼不是替身

心理治療師常誤以為，赤裸裸的死亡焦慮不是針對死亡而來，而是掩蓋其他問題的幌子。珍妮佛的情況就是一例。這位二十九歲的房地產經理人，從小到大常常在夜裡遭受到死亡恐慌的襲擊，但是先前的治療師們卻不認為她的問題就是表面上看到的那樣。珍妮佛常在半夜驚醒，怕自己就要消亡而嚇得冒冷汗、睜大眼、渾身發抖。她想像自己消失了，墜入永恆的黑暗裡，被世人遺忘。她告訴自己，倘若世事終將毀滅殆盡，那麼一切都無關緊要了。

這些想法從小折磨著她。她清楚記得五歲時頭一次發生這種恐慌的情形。她衝進爸媽的臥房，很怕自己就快死掉而全身顫抖，媽媽不斷安慰她，有兩段話她始終不曾忘記：「妳眼前還有很長的人生要走，沒道理這麼小就煩惱這件事。」「當妳老到快死的時候，妳會覺得死亡沒什麼；要不然就是有病在身，妳會想快快解脫。不管是哪一種情況，那時候妳都不會討厭死亡。」

珍妮佛倚靠母親這番安慰的話長大，自己也另外想出一些對策來緩和這恐慌。她提醒自己，自己可以選擇要不要想到死亡這回事，或試著去回想記憶中美好的事：和童年好友開懷大笑、和先生爬落磯山脈時看到片片白雲投映在鏡子般的湖面上、親吻孩子們陽光般燦爛的臉龐時的欣喜。

然而，對死亡的憂慮持續折磨著她，奪走她生活中的諸多快樂。她與幾位治療師晤談過，都沒什麼幫助。種種藥物雖然降低了恐慌的強度，但發作的次數卻未曾稍減。她的治療師從未針對死亡恐懼進行治療，因為他們認定死亡焦慮是另一種焦慮的替身。我決意不重蹈前幾任治療師的覆轍。我相信他們是被珍妮佛五歲起便反覆出現的夢耍得團團轉：

我們全家都在廚房。餐桌上有個裝滿蚯蚓的碗，爸爸逼我從中抓一把，用手擠捏，然後把從蚯蚓身上擠出的奶汁喝掉。

在和她會談的每個治療師眼裡，從蚯蚓擠出奶汁的意象，可以被理解為陰莖和精液的象徵，於是各個探究起她遭受父親性侵的可能性。我起初也這麼認為，不過當我聽到珍妮佛說，往這方向探究不免讓治療走入歧途時，便馬上摒棄了這個想法。雖然她父親性子兇暴，會對孩子破口大罵，但她和兄姊們都想不起有遭受性侵的任何情事。

先前的治療師沒有一個探究過，她那無所不在的死亡焦慮的嚴重程度和含意。這個尋常的錯誤有個可敬的傳統，其根源可溯自心理治療的頭一本出版品：佛洛伊德和布魯爾合著的

《歇斯底里研究》。細讀那本書可發現〔作者註二〕，佛洛伊德的那些病患，生活中無不瀰漫著死亡恐懼。若不是他後來發表了許多著作，闡述精神官能症的源頭，是無意識裡各種原始本能驅力之間相互衝突這假設，否則他沒去探究死亡恐懼將令人費解。死亡在精神官能症的起因中毫無立足之地，佛洛伊德寫道，因為無意識裡沒有它的表徵。他給出兩個理由〔作者註三〕：一是，人沒有關乎死亡的個人經驗；其二是，想像一種不存在的狀態對人來說並不可能。

儘管佛洛伊德曾在第一次世界大戰餘波盪漾期間，寫下的〈對戰時及死亡的思考：人面對死亡的態度〉短文集中〔作者註四〕，尖酸而睿智地論及死亡，但是他把死亡排除在正統的精神分析理論之外的「去死亡化」取向，如里夫頓所形容的〔作者註五〕，深深影響了數代以降的治療師，使得他們將目光從死亡上移開，轉至其所認為的死亡於無意識裡的表徵，特別是遺棄和閹割。的確，有人會反駁說〔作者註六〕，精神分析著眼於過去事件的影響，不僅難以放眼未來，更是避開了死亡議題。

我和珍妮佛的會談，一開始便挑明探討她的死亡恐懼，她沒有絲毫的抗拒，非常配合，而且她之所以挑上我來進行治療，是因為她曾讀過我寫的《存在心理治療》，急切的想面對生命中這些存有性的事實。我們的治療把焦點放在她對於死亡的意念、記憶和幻想。我要她在死亡恐慌來襲期間，詳細記錄她的夢和思緒。

不出幾個禮拜，在看完一部關於納粹時代的影片後，她便碰上了嚴重的死亡恐慌發作。影片裡所描述的人生無常，令她驚恐不已。無辜的人質被任意逮來宰殺，危機四伏，找不到安全的容身之處。她想起這情況和小時候在家裡的處境很相像：父親經常冷不防地暴怒，她總覺得無處可躲，只能靠把自己隱形起來以求自保，也就是說，盡量不開口說話。

不久之後，她重訪兒時家園，並聽從我的建議，順道前往父母親的墓前沉思。叫病患到墳墓前沉思聽起來很激進，不過早在一八九五年，佛洛伊德便描述過他要求一位病患做過同

作者註二　欲知更多細節，請參閱我為最新版的《歇斯底里研究》（*Studies on Hysteria*）（J. Stracey 編譯）所寫的導論。《歇斯底里研究》，New York: Basic Books, 2000（originally published 1895）。

作者註三　《抑制、症狀與焦慮》（*Inhibitions, Symptoms, and Anxiety*），佛洛伊德著，J. Stracey 譯，London: Hogarth Press, 1936.（Originally published 1926）

作者註四　"Thoughts for the Time on War and Death: Our Attitudes Toward Death"，《佛洛伊德文選：第四冊》（*Collected Papers of Sigmund Freud, Vol. 4.*），London: Hogarth Press, 1925；亦見《存在心理治療》，亞隆著，張老師文化出版。

作者註五　《破碎的關連》（*The Broken Connection*），里夫頓（Robert Jay Lifton）著，New York: Simon & Schuster, 1979。

作者註六　〈人作為計時員：一項哲學及精神治療的議題〉（Man as Time-keeper: Philosophical and Psychotherapeutic Issues），Spiegel, D. 著，《美國精神分析期刊》（*American Journal of Psychoanalysis*, 1981, 41(5), 14）。

樣的事（Freud and Breuer, 1895/2000）。站在父親的墓碑前，珍妮佛突然有個奇怪的念頭：「爸爸在墓裡一定覺得很冷。」

我們討論了那個奇特的念頭。這念頭的存在彷彿透露出，她以非理性（譬如說，死者會感覺到冷）認知死亡的孩子氣觀點，依舊活躍在她的想像裡，和她的成人理性並存。

那回晤談結束她開車回家時，兒時流行的一首歌悄然浮上心頭，於是她唱了出來，並很訝異地發現，歌詞她竟然一字不忘：

看見靈車經過時，你是否想過，
也許下一個就是你？
他們用一條大大的白布裹住你，
把你裝進一口黑色大箱子，
埋進六呎深的地底下，
用泥土和石塊掩蓋起來。
一切都沒事，直到一個禮拜後，
棺木開始出現裂縫！

蟲子爬了進來，又爬了出去，
在你的鼻子上玩牌。
牠們吃掉你的眼睛，吃掉你的鼻子，
吃掉你趾間的肉凍，
眼睛骨祿祿的一條大蟲，
爬進你的胃，鑽出你的眼睛，
你的胃變成黏答答一團綠，
膿像打發的鮮奶油流了出來，
你把它抹在一片麵包上，
這是你死後用來充飢的食物。

唱著唱著，記憶緩緩流瀉，她想起姊姊們（珍妮佛是老么）曾一遍遍地唱這首歌嚇唬她，完全不理會她流露出的驚恐與害怕。

珍妮佛想起這首歌之後恍然大悟，瞭解到她反覆夢見喝蚯蚓的奶汁，其實無關乎性，而是和死亡、墳墓裡的蟲，以及兒時缺乏安全感有關。這個頓悟——發現童年時對死亡的看法一直在內心深處冬眠——打開了她治療的新視野。

隱匿的死亡焦慮

說不定要借用警犬的靈敏嗅覺，才有辦法嗅出死亡焦慮的蹤跡。不過，不管有沒有接受治療，人往往都能從自省當中察覺到它的存在。死亡的念頭會偷偷潛入你的夢裡，不管你的意識心靈把它藏得如何密不透風。夢魘就是死亡焦慮破匣而出，恐嚇做夢者的例子——被人追殺、從高樓上墜落，或者躲開致命的危險，又或者就快死了或真的死了……。

死亡往往以象徵的形式出現在夢中。舉個例來說，有個胃經常出毛病而憂心自己可能得胃癌的中年男子，夢見和家人坐在飛機上前往加勒比海度假勝地。接著下一幕，他發現自己躺在地上，胃痛得要命。他從夢中嚇醒，瞬間明白這夢的含意：**他死於胃癌，但沒有他的世界卻如常運行**。

某些生命情境幾乎無一例外地會引發死亡焦慮，譬如說，得了重病、至親死亡，或者基本的安全感遭受重大打擊——比方說：被強暴、離婚、被解雇、遭搶劫。想起這類事件時，通常都會伴有明顯的死亡焦慮。

沒來由的焦慮其實是對死亡的焦慮

數年前，心理學家羅洛．梅（Rollo May）有句妙語：沒來由的焦慮會努力找個理由來焦慮。換言之，莫名的焦慮會迅速找個有形的對象來依附。且看以下蘇珊的例子，她的情形說明了，當一個人對某件事產生不成比例的高度焦慮時，這概念有其用處。

蘇珊是個嚴謹幹練的中年會計師，之前曾因為和老闆起衝突而來找我晤談。我們談了幾個月，最後她辭掉工作另立門戶，開了一家會計公司和那老闆打對台，事業飛黃騰達。

幾年後，她打電話來要求緊急晤談，我差點認不出她的聲音。一向樂觀沉穩的她，聲音顫抖而驚恐。當天稍後我和她會面，驚覺到她外觀的改變：不似以往的沉靜和打扮入時，她衣冠不整、焦躁不已，臉紅通通的，雙眼因哭泣而腫脹，脖子上包了個繃帶，繃帶有點髒。

蘇珊吞吞吐吐地說起她的遭遇。她已成年的兒子喬治，原本是個負責任的年輕人，有份好工作，如今卻因吸毒而入獄。他因為交通違規遭警方攔檢，結果警方在他車上搜出古柯鹼，也驗出他有吸毒的陽性反應。由於之前有過酒醉駕駛記錄，而且目前正接受州政府補助的康復治療，再加上這是他第三度違法吸毒，所以被判入獄服刑一個月，還要接受一年的毒癮戒治復健治療。

蘇珊一連哭了四天，睡不著、吃不下，連班也沒辦法上（這可是二十年來頭一回）。兒子窮途潦倒的可怕想像在夜裡糾纏著她：他握著棕紙袋裡的酒瓶牛飲，全身髒汙不堪，滿口爛牙，最後倒在排水溝裡奄奄一息。

「他會死在牢裡。」她跟我說，並繼續描述她如何動用各種人脈，想盡辦法要把兒子保釋出來。她看著兒子小時候照片中的模樣：天使般捲曲的頭髮、靈活的雙眸、看似擁有無限希望的未來……不禁泣不成聲。

蘇珊自認是個有謀略的人，雖然雙親失職又生活沉淪，但她白手起家，事業發達。然而，遇上這種情況，她完全亂了方寸，不知如何是好。

「他為什麼要這樣對我？」她問：「他是在跟我作對，存心破壞我替他鋪的路，不然還能怎麼解釋？為了讓他能夠成大器，我給他的還不夠嗎？我給他最好的教育，讓他學網球、鋼琴、騎馬，他現在竟用這些回報我？要是我的朋友知道，會有多丟臉！」蘇珊一想到朋友們的孩子個個成就了得，她便妒火中燒。

我做的頭一件事，是提醒她她了然於胸的一些事。兒子倒臥在排水溝裡的想像，是非理性在作怪，不過是她憂心如焚之下，憑空杜撰出來的不幸罷了。我向她點出，不管怎樣，她兒子畢竟有了很大的進步：不僅願意參加完善的復健課程，私底下還接受一位優秀的諮商師治療。戒癮的過程，很少人能一次戒斷，癮頭難免會復發，而且往往會復發好幾回。當然，這一點她很清楚，她才剛參加完包含在兒子復健計畫之中一整週的家族治療。此外，她先生對兒子一點也不掛心。

她知道「為什麼喬治這樣對我？」這問題很不理性，當我說她必須避免把自己牽扯進來時，她點頭同意。兒子的復發不是衝著她而來。

沒有哪個母親碰上兒子毒癮復發、想到兒子坐牢而不難過的，但話說回來，蘇珊的反應似乎太過頭。我開始懷疑，她大半的焦慮別有原因。

她那深沉的無助感格外令我納悶。她向來自認機伶，如今這形象已被擊得粉碎——她對兒子束手無策（除非不認這個兒子）。為何喬治佔據了她生活大半的重心？沒錯，他是她兒子，但原因沒這麼單純。他**太過**重要，彷彿她的整個人生全繫於他的成功與否。我提起一個觀點，說在很多父母親眼裡，孩子往往代表了不朽的未來。這觀點激起她的興趣，她發覺到自己也曾希望喬治能繼承她的事業，不過她現在知道她必須拋開這個想法：

「他的性子不夠韌，接不了我的事業。」她說。

「在妳眼裡，有哪個孩子性子夠韌而接得了？」我問，「再說，喬治從沒踏進那一行，這也就是為什麼他的行徑、癮頭的復發不是衝著妳來的緣故！」

那次晤談的尾聲，我問到她脖子上的綳帶。她說她剛動完頸部拉皮手術。我進一步追問，她開始顯得不耐煩，神情緊張地把話題拉回到兒子身上，表明她是為了兒子的問題來的。

但我不死心。

「說說妳決定動手術的原因。」

「這個嘛，我不想看到歲月在我的身上留下痕跡。胸部下垂、臉上皺紋多了，尤其受不了頸部鬆弛。這手術是我送給自己的生日禮物。」

「幾歲生日？」

「花甲之年，六十歲，上禮拜。」

她談起六十歲的感觸，明白這輩子的時間所剩不多（我則說起邁入七十的感受）。接著我總結道：

「我可以確定妳的焦慮過頭了，因為妳很清楚，每次戒斷的過程幾乎都會碰上癮頭復發的情況。我認為妳部分的焦慮別有出處，但卻轉移到喬治身上。」

蘇珊猛點頭，我受到鼓舞繼續說：「我認為妳大半的焦慮關乎妳本身，而不是喬治，它跟妳邁入六十歲生日、察覺到自已變老，以及死亡有關。在我看來，妳內心深處一定想過一些重要的問題，譬如餘生該怎麼過？人生的意義來自何處？特別是妳現在瞭解到，喬治將不會繼承妳的衣缽。」

蘇珊的態度從不耐漸漸變得感興趣。「我沒怎麼想過變老和這輩子所剩時間不多的問題，我們以往的治療也沒有談過這方面的事，不過我慢慢懂你的觀點了。」

這個鐘頭結束前，她抬起頭看著我說：「我還想像不出來你的想法可以怎麼幫我，但我會說：**你最後這十五分鐘的談話吸引了我的注意**。這是過去四天以來喬治在我心思之外最長的一段時間。」

我們約了下禮拜某個早上的時段再度會談。她從以往的經驗知道，我早上的時間通常用來寫作，並說我為她破例。我告訴她，之所以這樣安排是因為下禮拜有幾天我要出遠門，參加兒子的婚禮。

在她離開之際，我補了一段話，心想這樣可能對她有所幫助。我說：「我兒子這次是再婚，蘇珊，他離婚那段期間我也難過了好一陣子——做父母的看孩子受苦卻幫不了忙實在很不好受。所以我也是過來人，知道妳有多憂心。想幫孩子度過難關是為人父母的天性。」

接下來的兩個禮拜，會談的焦點較少放在喬治身上，多半是談到她本身的生活。她對喬治的焦慮驟然消退了，而喬治的治療師建議，蘇珊和喬治這幾個禮拜別聯絡比較好（我也很贊成）。她想多瞭解死亡恐懼以及大多數人如何因應，我和她分享很多此章節提及的和死亡焦慮有關的概念。到第四個禮拜時，她說她感覺自己已回歸正常，於是我們約好過幾個禮拜後再進行一次追蹤會談。

在這最後一次會面中，我問到她這一回合的晤談最有幫助的地方在哪裡，她清楚地區分了我提出的觀點，和她與我之間別有意義的關係。

「最寶貴的地方，」她說：「是你告訴我你兒子的事，你用這種方式表達你的理解我很感動。另外，我們著眼在我怎麼把對生活和死亡的恐懼，轉移到喬治身上的討論，確實吸引我的注意。我相信你在……這方面是對的，只不過有些觀點，譬如說，你採取的伊比鳩魯的觀點實在很……呃……知性，我說不上這些能幫助我多少。不過毫無疑問的，我們的會談相當有成效。」

她在觀點和關係上所做的二分〔作者註七〕，是關鍵所在（請參見第五章）。無論觀念再怎麼有幫助，它唯有在親密可靠的關係中才能展現威力。

那個鐘頭的尾聲，蘇珊令我吃驚地宣布了一個重大的決定。「我最大的問題之一，是我太投入在工作裡。當會計師當太久了，幾乎打從成年就進入這一行，而今我卻開始在想，我真是選錯行了。我是個好動外向的人，卻走進了與人隔絕的專業。我很愛跟人聊天，喜歡交朋友，當會計師太封閉了，我得轉行才行。過去幾個禮拜，我和先生嚴肅地談過我們的未來，我還有時間換跑道。我不想老了以後回頭看，發現自己從沒嘗試去做不一樣的事。」

她繼而跟我說到，她和先生從前常開玩笑說，要到納帕河谷〔譯註〕開民宿，現在他們忽然認真考慮了起來。上個週末夫婦倆還和一位房地產經理，看了好幾家求售的小旅館。

大約半年後，我收到蘇珊寄來的相片，相片上是一家座落於納帕河谷的迷人鄉間旅棧，她邀我前去小住，並在相片背後寫道：「頭一晚的住宿主人免費招待！」

蘇珊的故事有幾個重點。首先，她的焦慮程度大得不成比例。**沒錯**，孩子坐牢她憂心不已，當父母的碰上這種事哪能不煩心？可是她的反應太過強烈。畢竟，她兒子戒毒戒了好幾年，其間不是沒有復發過。

我根據經驗推測，對準她脖子上微髒的繃帶，從整型手術的證據下手，誤判的風險極低，以她這歲數的人來說，沒有不擔憂變老的。她的整形手術和六十大壽的「標記」，挑起了先前移轉到兒子身上的隱匿的死亡焦慮。我在治療中幫助她意識到焦慮的源頭，並進而處理它。

作者註七　觀點和關係的必要融合，是我的小說《叔本華的眼淚》（心靈工坊出版）的主題。

譯註　Napa Valley，舊金山葡萄酒產區。

蘇珊的生活之所以大亂，是因為她深切體悟到：身體日漸老去、代表她不朽生命的兒子出了狀況，而她幫助兒子站起來的能力極其有限，也無力讓自己不再老化。最後，她體認到不該再擴大此生的悔恨，進而開創另一番事業。

蘇珊的例子，就是一個死亡焦慮的案例，接著我將再舉出其他案例來說明。意識到死亡是一種覺醒，是強力的催化劑，能觸動人做出重大的轉變。

覺醒經驗

覺醒經驗充斥在人生的各個面向與階段，從伊凡的病入膏肓，到癌末病患的臨終經驗，或者是日常生活中，會促使個體去檢視存有議題的更幽微情況（譬如生日、哀悼、同學會、夢、空巢期），皆可見其蹤跡。遇上這類突襲時，記得一點：正視死亡雖然會挑起焦慮，但它也是讓生活更為豐富的契機。

狄更斯的小說《小氣財神》（*A Christmas Carol*）裡，貪婪吝嗇的孤獨老財主施顧己（Ebenezer Scrooge）可說是文學名著中最出名的人物之一。故事末了，施顧己有一番奇遇，從此幡然悔悟。他的鐵石心腸軟化了，變得樂善好施，慷慨熱心地幫助員工和親屬。

什麼樣的奇遇有如此威力？施顧己之所以改頭換面的動力何在？不是他的良知，也不是聖誕佳節的溫馨歡樂，而是一種存在的震撼療法（作者註二），或者說，如我將在此提及的**覺醒經驗**（awakening experience）。未來精靈（代表未來的聖誕精靈）向施顧己顯靈，讓他預見自己的未來，經歷了存在的震撼療法。施顧己看見自己的屍首無人聞問，陌生人搶奪他的財物（連他的床單和睡衣也不放過），無意間聽到左鄰右舍輕蔑地談起他的死。接著，未來精靈帶他到教堂墓園看他的墓。施顧己凝視自己的墓碑，伸出手指輕撫他的名字，就在這一刻，他**有了轉變**。下一幕裡的施顧己和之前判若兩人，變得悲天憫人。

其他關於覺醒的例子——遭逢九死一生之後大徹大悟——在偉大的文學作品和電影中屢見不鮮。托爾斯泰史詩般的小說《戰爭與和平》裡的主角皮耶，遭捕入獄被判死刑，他眼睜睜看著排在前頭的好幾個人被一一處決，沒想到就在他臨死之際，死刑竟暫緩執行。此番遭遇之前，活得猶如行屍走肉的皮耶，從此蛻變重生，這小說剩餘的篇章，都在描述他如何充滿熱情和目標地展開新生活。（在現實裡，杜斯妥也夫斯基二十九歲那年，也同樣有過在遭槍決前的最後一刻獲釋的經歷，他的人生亦從此徹底改變。）

遠在托爾斯泰之前，古思想家——自從人類有文字以來——早就提醒了我們，生命與死亡相互依存。斯多葛學派（例如克里西波斯〔Chrysippus〕、季諾〔Zeno〕、西塞羅〔Cicero〕、馬可奧里略〔Marcus Aurelius〕）教導人，學會好好活著，就能學會好好死去，反過來說，學會好好死去，才能學會好好活著。西塞羅說：「哲學思辯不過是為死亡做準備。」聖奧古斯丁（St. Augustine）寫道：「人唯有在面對死亡時，自我才會誕生。」中古世紀，很多僧侶在修道院內的單人小室內放有人的骷髏頭，藉此提醒自己人終有一死，並時時修身養性。蒙田（Montaigne）也說，有間可以清楚看見墓園的書房，人的思路自然清晰銳利。如此這般，歷代偉大的先師聖賢提醒了我們，**雖然人會因為形體的死亡而消毀，但是人能從悟透死亡之中得到拯救**。

雖然人會因為形體的死亡而消毀，但是人能從悟透死亡之中得到拯救。我們來詳細檢視

作者註一　精神醫學的文獻通常把這類經驗歸為「邊界經驗」（boundary experiences），這是德國存在主義分析的用詞，譯自德文 Grenzsituationen 這個字，意指人的**界線**或限度。不過，**界線**這個詞用在當代治療中會很有問題，因為它原指治療的框架，也就是治療關係和迴避有別於治療的其他關係二者間的那條界線。有鑑於此，我提出**覺醒經驗**這個詞。

這個說法。拯救我們？把我們從哪裡拯救出來？悟透死亡怎麼拯救我們？

「事物何以如此」和「事物本然如此」

二十世紀的德國哲學家海德格，以辨證法釐清這兩者之間的弔詭。他提出兩種模式的存有狀態：「日常」模式和「本體」（ontological）模式（onto 的意思是「存在」，而字尾 -logy 意思是「學門」）。處在日常模式裡的人，會全然沉浸在週遭環境裡，對世上**事物何以如此**感到驚奇。相對的，處在本體模式下，人會著眼於「存有」本身的奇妙，並欣賞其奇妙，**對事物的本質、人的本質**感到驚奇。

「事物何以如此」和「事物本然如此」之間有個關鍵的差別。當人沉浸在日常模式裡，關心的是諸如外表、財物或名聲等，讓人分神又逐漸消逝的事物。相反的，處在本體的模式裡，人不僅更能意識到存有、終有一死，以及生命中其他亙古不變的特性，也會更急切、**更有動力做出重大的轉變**。你會積極負起人的基本責任，打造全心投入、與人聯繫、富有意義、實現自我的真誠生活。

許多有關於因為面臨死亡，而產生巨大而持久轉變的報導，支持了這個觀點。和羅患癌症的臨終病人密切工作長達十年下來，我發現他們大多數不會麻木絕望，反而常常做出正面而劇烈的改變。他們重新安排生活的輕重緩急，把瑣事看得無關緊要。他們掌握選擇的權力，不去做他們打從心底不想做的事。他們和摯愛的人有更深入的交流，更熱切地欣賞生活的每一面——季節的更迭、大自然之美、去年的聖誕節和過年情景。

很多人說到自己對他人的恐懼減少了〔作者註二〕，更願意去冒險，以及較不擔心被人拒絕。我的一位病人打趣說：「癌症治好了我神經質的毛病。」另一位則跟我說：「可惜我非得等到現在，等到全身上下都是癌細胞的時候，才學會如何生活！」

在生命的終點覺醒

托爾斯泰的《伊凡．伊列區之死》裡，主角是一位中年而自滿的傲慢官僚，得了不治之症，疼痛日夜折磨他，將他一步步推向死亡。臨死前，伊凡赫然發現，自己一生汲汲營營於功名利祿，從沒正視過死亡。他對週遭那些始終否認死亡、欺騙他會康復的人感到憤怒。

作者註二　請見《存在心理治療》。

然而，在一次深刻的省思後，他震驚地悟透一個道理：**他會死得這麼悲慘，是因為他一直活得很悲慘**。他這一輩子是個錯誤。他迴避死亡的同時，也迴避了真正活著。他認為自己的一生看似鐵軌上的火車不斷往前進，其實卻是往後退。簡單來說，他開始**意識到自身的存有**。

儘管死亡疾速逼近，他發現自己尚有時間。他逐漸領悟到，不僅僅是他本身，世上一切生物皆不免一死。他起了悲憫心——這輩子從未有過的感受，並能夠感受到別人的溫柔：感受到幼兒親吻他的手的窩心、男僕服侍他的親切自然，甚而頭一遭感受到年輕妻子的愛。他為自己讓他們受苦而惋惜，最後，他在慈悲的喜樂中辭世，而非死於痛苦之中。

托爾斯泰這篇故事不僅是曠世名著，也是警世之作，常是臨終照護訓練的必要讀物。

假使如此留意自身的存有可促進重大的個人轉變，那麼**人如何擺脫日常模式，改採更有益於改變的模式**？這可不是純靠空想，或咬牙努力可以辦到。通常要靠某種急迫或無可挽回的經歷，給我們當頭棒喝，或是猛然把我們拉出日常模式，往本體模式裡推。這就是我所謂的覺醒經驗。

可是，在我們每天的生活裡，對於不是面臨癌症末期、沒遭槍決，也沒遇見未來精靈的人來說，什麼樣的經驗稱得上是覺醒經驗呢？依我的經驗，催化覺醒經驗的主要觸媒，皆是生活中的緊急事件：

因失去所愛之人而悲痛

可能一病不起的重症

親密關係的破裂

生命中重要的里程碑，譬如大壽之年（五十大壽、六十大壽、七十大壽等等）

劇烈的創傷，例如歷經火災、強暴或搶劫

孩子離開家（空巢期）

失業或事業發生劇變

退休

住進養老院

最後，傳遞出深層自我之訊息的某個意義重大的夢，也可以是覺醒經驗

下列我從臨床實務工作中舉出的每個例子，描述了不同形式的覺醒經驗。我對這些病患所採取的技巧，人人都很容易學上手：你可以自行做些調整，不但有助於你的自我探索，也可以用來幫助你所愛的人。

悲痛作為一種覺醒經驗

悲痛和失落可以喚醒人，讓人意識到自身的存有——如同艾莉絲這位甫喪偶的寡婦，必須同時應付喪夫的哀慟和搬進老人之家的不適應；對茱莉亞來說，哀慟好友的去世掀開了她自身的死亡焦慮；而詹姆斯則是把親兄過世的悲傷埋藏多年。

無常才是永恆：艾莉絲的例子

我當艾莉絲的治療師有好長一段時間。有多長呢？坐穩了，你們這些只熟悉當代短期治療模式的年輕讀者們，前後長達三十年以上！

倒不是一連三十年沒中斷過（儘管如此，我仍想保持這紀錄，好來聲稱某些人**就是**需要那麼長一段時間的協助）。與先生亞伯特合力經營一家樂器行的艾莉絲，頭一回打電話給我是在她五十歲那年，當時她和兒子之間的衝突越演越烈，也經常和幾個好友及顧客起口角。我和她進行了兩年的個別治療，之後繼續長達三年的團體治療。儘管她大有進展，但接下來的二十五年期間，她斷斷續續回來找我治療，解決生活上遇到的難題。我最後一次見到她是在她床邊，就在她以八十四歲高齡過世之前。艾莉絲教會我很多東西，特別是人要如何度過下半輩子勢必面臨的眾多關卡。

以下的情節發生在我和她最後一回合的治療，那回合的治療始於她七十五歲，為期四年。艾莉絲在得知先生罹患了阿茲海默症時打電話給我。她需要支持，很少有什麼事比眼睜睜看著共同生活了一輩子的老伴，心智一點一滴殘酷的崩毀更折磨人了。

艾莉絲咬牙陪著先生走過必然的病程：他先是徹底喪失短期記憶，不是弄丟鑰匙、皮包，就是忘記車子停在哪裡，讓她得繞遍整個市區尋找車子下落。接著是經常走失，老是以警察護送回家收場。接著他個人的衛生習慣變糟，而且極端的自以為是、毫無同情心。最後，最令艾莉絲感到可怕的是，結縭五十五年的丈夫再也認不得她是誰。

亞伯特過世後，我們晤談的焦點轉到哀傷上頭，特別是她感到既悲傷又解脫的矛盾上——因為十幾歲起便認識、相愛的丈夫過世而悲傷，也因為終於可以放下全天候照顧成了陌生人的他這個重擔，而感到解脫。

葬禮結束的數天後，親友們各自回歸原來的生活，她獨自面對空蕩蕩的房子，新的恐懼油然升起：她開始害怕有歹徒會在半夜闖入家中。外在環境沒有絲毫改變，她所居住的社區一如以往的可靠安全。她和鄰居們相互熟識，當中還有一位是警察。也許艾莉絲是因為丈夫不在了而頓失安全感，儘管他在世的最後好幾年身體情況並不好，但只要他在身邊，她就覺得安全。最後，她從某個夢中悟到恐懼的來源。

我坐在游泳池邊，腳浸在水裡，水底下有一大片濃密的樹葉向我湧來，我可以感覺到葉子掠過腳，心裡開始發毛——噁……即便現在回想起來心裡還是毛毛的。我使勁想擺動雙腳，製造水波把那橢圓形黑壓壓的一大片葉子推開，可是腳卻好像綁著好幾袋沙袋般動不了，說不定是綁了好幾袋石灰。

「於是我慌了起來，」她說：「大叫出聲然後驚醒，好幾個鐘頭不敢入睡，就怕睡著會再回到那夢裡。」

她對那夢的某個聯想透露出夢的意義。

「好幾袋石灰？這對妳來說代表什麼？」我問。

「下葬，」她說：「伊拉克的人往濫葬坑裡倒的不就是石灰嗎？還有黑死病在倫敦爆發期間，死人下葬時不也都要灑石灰嗎？」

這麼說來，入侵的歹徒是死亡。她的死亡。丈夫的過世讓她暴露在死亡面前。

「他會死，」她說：「表示我也會死，終有一天會死。」

丈夫過世後的幾個月，由於嚴重的高血壓和眼球黃斑部退化引起的視力衰退，艾莉絲決定搬離住了四十年的房子，住進有提供醫療照護的安養之家。

在這當口，艾莉絲念茲在茲的，唯有如何處置她的財產，沒有別的事能佔據她的心思。要從一戶擺滿傢俱、紀念物和收藏了很多古董樂器的四房大宅，搬到一座小公寓，當然意味著她必須處理掉這大量的財物。她的獨生子四處漂泊，當時在丹麥上班，住在一層小公寓裡，沒有多餘的空間容納她的東西。需要她定奪的事情當中，最令她痛苦也是最困難的，是該怎麼處理她和亞伯特畢生收藏的樂器。在她足不出戶的孤單寂寥生活裡，耳邊時常響起祖父用保羅．泰斯托雷（Paolo Testore）於一七五一年製的大提琴拉出的幽靈般弦音，或者丈夫坐在一七七五年英國大鍵琴前彈奏的旋律，還有雙親送她的結婚禮物——英國六角手風琴和直笛——奏出的樂音。

房子裡的每樣東西都藏有無盡的往事，如今這些往事只有她知曉。她說，這每一樣物品都將流落到不知其來歷、也不如她這般珍惜的陌生人手裡。最終，她的死將把深藏在大鍵琴、大提琴、長笛、錫口笛等諸多樂器之中的豐富回憶一概抹去。她的過往將隨著她的死亡煙消雲散。

艾莉絲搬離開房子的那天，隱然透露出不祥的徵兆。她留不下來的傢俱和物品一件接著一件消失，或贈送或拍賣給親友及陌生人。她看著空無一物的房子，時空錯置的恐慌大舉襲來。

在家裡度過的最後一夜格外令她心頭大亂。由於新的屋主打算大規模翻修，他們要求她把房子完全清空，連書架也得拆除。艾莉絲看著嵌在牆上的書架一一拆下，吃驚地發現暴露在牆面上一條條土耳其藍的漆。

土耳其藍！艾莉絲想起了這個顏色。四十年前，她剛搬到這屋子時，所有的牆漆的就是土耳其藍。這麼多年來，她頭一回想起賣這房子給她的寡居女屋主，那張歷盡滄桑的削瘦面容，她和她一樣，不得已才把這屋子賣掉。如今，艾莉絲也是寡居，也同樣有不得已的苦衷，必須把房子賣掉。

人是世間的過客，她對自己說。沒錯！她知道無常的道理。她不是參加過長達一週的靜坐修行，其間鎮日反覆吟誦著「無常」的巴利文「anicca」？不過，就當前來說，亦如所有事一樣，**知道**某個道理，和親身體會那個道理，有極大的差別。

而今她真正懂得，她也是過客，就像先前的歷任屋主一般，純粹是這屋子的過客。而這屋子同樣是這塊土地的過客，總有一天會騰出位置來，讓下一棟房子進駐。讓渡財產和搬離開家的過程，對艾莉絲來說是覺醒經驗，她發現自己一直躲在錦繡般華美的生命編織出來的溫暖幻相背後。如今她瞭解到，財物的豐碩遮蔽了存有的嚴峻。

下一回見面時，我唸給她摘錄自托爾斯泰的《安娜．卡列尼娜》的一段文字，描寫安娜的丈夫明白妻子決心要離開他時的感觸：「此時此刻他的感覺，就好像一個人原本安安穩穩地走在橋上，突然間卻發現橋斷了，底下是萬丈深淵。那深淵正是生活本身，而那橋則是他向來過的虛假人生。」

艾莉絲同樣瞥見了人生的無以為恃，和表象底下的空無。托爾斯泰的這段文字幫助了艾莉絲，多少是因為她從中照見了自己，繼而通透了悟、有了掌控感；多少也是因為它透露出我們關係的深厚，也就是說，我為了她，花了時間和精力從我喜愛的托爾斯泰語錄中挑出這段文字出來。

艾莉絲的經歷帶出了幾個概念，這些概念將在本書的其他案例中陸續浮現。丈夫的過世挑起了她的死亡焦慮，起初這焦慮被外化出來，轉為對歹徒入侵的恐懼，接著變成惡夢的形式出現，最後更在哀悼過程中以「他會死，我也會死」的體悟，更赤裸地呈現。由於這些經歷，再加上失去眾多充滿回憶的珍貴財物，她轉向存有的本體模式，終而產生了深刻的個人轉變。

艾莉絲的雙親已過世很久，終身伴侶的去世，讓她開始對自己的存在感到不安。如今，她得隻身走向墳墓，這經驗絕非特例。一如我在這一章反覆強調的，哀悼的過程有個尋常卻往往沒被領會到的一面，那就是生者會獨自和自身之必死的事實交手。

結局讓人始料未及。艾莉絲離開家搬進安養中心的這一天終於到來，我有了心理準備：擔心她會墜入更深、甚而無法自拔的絕望裡。沒想到，她搬進去的兩天後，她來到我辦公室，腳步輕盈，簡直可說是蹦蹦跳跳入內，隨即坐下，令我十分訝異。

「我好快樂！」她說。

我和她晤談這麼多年來，從沒見過她用這種方式起頭。她心情如此愉快的原因何在？（我總是教導學生說，去瞭解病患心情變好的原因，和瞭解他們心情變糟的原因一樣重要。）

她的快樂得溯自遙遠的從前。她從小在寄養家庭長大，總是和別的小孩共用房間，後來很年輕就嫁了，婚後住進先生的房子，她這輩子總是很渴望有自己的房間。十幾歲的時候，她讀過維吉尼亞．吳爾芙的《自己的房間》，深受感動。而今她之所以如此快樂，她告訴我，是因為活到八十歲的她，終於在安養中心擁有一個屬於她自己的房間。

不僅如此，她有機會重拾年輕的生活——重回單身，獨自一人——而這一回，她可以過得很好：她終於可以自由地凡事自己作主。唯有和她交情深厚、完全瞭解她的過去和她無意識裡的重大情結的人，才能懂得這結局的意義，也就是說，個人無意識的古老關注，勝過了對存有的關注。

另一個原因也扮演了重要的角色：解放的感覺。拋開家當是莫大的失落，但也是種解脫。她的很多財物都相當珍貴，但也充滿沉重的回憶。拋開這些身外之物，她猶如破繭重生，擺脫了過往的殘骸和幽魂的糾纏，擁有新的房間、新的面貌、新的開始。八十歲開始的新人生。

偽裝後的死亡焦慮：茱利亞的例子

茱莉亞，四十九歲的英國治療師，目前住在麻薩諸塞州，趁某次來加州待上兩個禮拜的機會，要求與我進行幾次晤談，幫她解決先前的治療所抗拒的問題。

至交好友過世後的這兩年來，茱利亞不僅沒法走出這失落，身體上還出現一些症狀，嚴重干擾她的生活。她變得極度憂慮自己有病：只要身體稍微有哪裡痛，她就發慌，並急忙打電話找醫生。尤有甚者，她再也不敢從事以前相當熱衷的活動：溜冰、滑雪、浮潛，或任何帶點風險的消遣。甚而連開車也會緊張，來加州前還得吞下鎮定劑才敢上飛機。顯然好友的死亡挑起了大量而經過偽裝的死亡焦慮。

我以開門見山、就事論事的方式，著手瞭解她從小到大對死亡的看法之後。我發現，她就像我們所有人一樣，在很小的時候就碰觸過死亡這回事。她見過死掉的小鳥昆蟲，參加過祖父母的喪禮。她不記得什麼時候頭一次意識到自己也不免會死，不過倒是記得年少時曾有一兩回刻意去想像死掉會是何等光景：「那就像我腳底下的活板門突然打開，我從此墜入黑暗中。我想我當時決定再也不做這種想像。」

「茱利亞，」於是我問她：「讓我問妳一個簡單的問題。死亡為何那麼可怕？死亡令妳覺得恐怖的是哪一點？」

她不假思索地答說：「那我就不能去做我想做的事。」

「怎麼說？」

「這得從我對藝術的興趣說起。小時候我總以為自己會當藝術家。每個人，每個教過我的老師，都讓我以為自己很有天分。不過，雖然從小到大我贏得無數的讚賞，但我決定往心理學發展時，就把藝術拋一邊了。」

她隨而糾正自己說：「也不能這樣講，不盡然如此。我沒完全把藝術拋開，我常會拿筆作畫，只是從沒完成任何一幅作品。每次我都會重頭畫起，然後沒畫完就塞進抽屜裡，結果我辦公室的抽屜書櫃全胡亂塞滿了畫一半的畫。」

「為什麼？如果妳愛畫畫，又已經著手去畫了，是什麼讓妳畫不下去？」

「是錢的緣故。我很忙，時段排得很滿。」

「妳賺多少錢？妳需要多少錢才夠？」

「這麼說好了，大多數的人會認為那是好一筆數目。我一個禮拜起碼和病患晤談四十個鐘頭，經常更久。我的兩個孩子讀的是私立學校，學費貴得嚇人。」

「妳先生呢？妳說他也是治療師，她跟你一樣賣命工作、賺一樣多嗎？」

「他的個案量和我差不多，經常更多，賺得也更多，他大半是對病患進行神經心理方面的測驗，這方面更有賺頭。」

「看來妳加上妳先生的收入是綽綽有餘了，可是妳卻告訴我，妳是因為錢的緣故沒辦法全心追求藝術？」

「呃，**的確是**錢的緣故，不過說來有點詭異。瞧，我和我先生老是在比較誰賺得多。我們沒把這件事說開，不是挑明互別苗頭，但是我知道我們就是不時在比較。」

「那麼，讓我問妳一個問題。假設有個病患來到妳的辦公室，跟妳說她很有天分，很想從事藝術創作，但是礙於要和丈夫比較誰賺得多，而且賺得比她需要的還多，結果不能發揮天分，妳會怎麼跟她說？」

她馬上回答，清脆的英國口音如今依然在我耳際回響：「我會跟她說，**妳人生過得很荒謬！**」

於是，我對茱利亞的治療轉而把焦點擺在如何讓人生比較不荒謬。我們探討了她婚姻裡的競爭關係，以及在她書櫃裡未完成的畫作的意義。譬如說，我們談到，她渴望另一番不同的人生，是不是想在一帆風順的生活裡製造一些波瀾？又或者，未完成的畫作也許有其用處，因為這麼一來，她便試探不出自己的才華的限度？說不定她想一直保有只要她想，她就能做得好的這個信念？或許吸引她的，是只要她願意她就能成為傑出的畫家這想法。也許她的畫作從沒達到她對自己所設的標準。

茱莉亞特別對最後一個說法起共鳴。她一直對自己很不滿意，常用八歲時從學校黑板上記下來的座右銘自勉：

好還要更好，
決不能鬆懈，
直到好變成更好
更好變成最好。

茱利亞的故事是死亡焦慮以偽裝的方式顯現的另一個例子。她因為身體上出現的一大堆症狀而尋求治療，而這些症狀是死亡焦慮的薄弱偽裝。再者，就像艾莉絲的情況一樣，這些症狀是因為某個親近的人亡故而起的，而親人過世對她們來說是覺醒經驗，喚醒她們面對自身的不免一死。治療進展神速，才見幾次面，她的哀傷和畏懼的行徑消失了，並願意為活出自我而奮戰。

「到底死亡令妳害怕的是哪一點？」我常問病患這個問題，這問題會引發各式各樣的答案，往往加速了治療的進行。茱利亞的回答：「那我就不能去做我想做的事」，指出了很多思考死亡或面對死亡的人身上極為重要的現象〔作者註三〕：害怕死亡和對生活感到沒有意義，兩者之間成正比。

也就是說，你越覺得生活沒有意義，你的死亡焦慮越深。你生活過得越不充實，你越會怕死。尼采曾用兩句雋永短語鏗鏘有力地表達這觀點：「活得精彩」及「死得其時」，亦如小說《希臘左巴》力勸人的：「除了燒成灰燼的廢墟外，什麼都別留給死亡。」沙特亦在自

作者註三　這項結論得到了一篇博士論文的支持，該論文證實死亡焦慮和生活滿意度之間的反向關係——亦即，生活越不如意，死亡焦慮越深。請參閱 Godley, C. 所著、未出版的博士論文《死亡焦慮、防衛方式，以及生活滿意度》(*Death Anxiety, Defensive Styles, and Life Satisfaction*)，Colorado State University, 1994。

傳裡說道：「我正安靜地走向終點……我知道，我最後一次心跳將刻印在最後一頁文稿上，死亡只能帶走斷了氣的人。」

長期活在兄長過世的陰影下的詹姆斯

四十六歲的法務專員，詹姆斯走入治療的原因有好幾個：他討厭他的工作，常感到焦躁不安、無所寄託；有酗酒的習慣，除了和太太之間感情不睦之外，和其他人亦無深交。第一次會談時，我看得出來，他有一羅筐的問題——人際關係上的、工作上的、婚姻上的，以及酗酒方面的，但看不出這些和人生無常或人不免一死這類存有問題的關聯。

不過，深層的問題很快浮現。我注意到，每每談及他和別人之間的疏離時，話題總會繞回同一件事：他的哥哥艾德華多的過世。艾德華多十八歲時死於車禍，當時詹姆斯十六歲。兩年後詹姆斯離開墨西哥到美國讀大學，從此以後每年只和家人團聚一次：他總在每年十一月飛回瓦哈卡（Oaxaca），在亡靈日上悼祭亡兄。

很快的，每次晤談幾乎都會談到相同的主題：人從哪裡來，會回到哪裡。他醉心於末世論的觀點，亦即關乎世界末日的說法，還幾乎背下了整部《聖經·啟示錄》。他也對探討人從哪裡來的問題十分著迷，對古蘇美文字尤其感興趣，在他看來，那些文字透露出人類來自外太空。

我很難處理這類題材。一方面是我很難探到他對亡兄的哀傷，他對哥哥之死的情緒反應總伴隨大量的失憶。艾德華多的葬禮如何？詹姆斯只記得一件事：在場唯有他沒掉淚，他說，自己彷彿是在報上看到別人家舉行喪禮一般。即使一年一度祭祀亡靈時，他也覺得自己人雖在那裡，可是心根本不在，或者說魂不知上哪去了。

至於死亡焦慮？這對詹姆斯不成問題，他說死亡威脅不了他。事實上他認為死是樁好事，而且欣喜地期待著死後可以跟過世的家人重逢。

我從各個角度切入去探索他對超自然的信念，盡量不表現出我的極度持疑，也極力避免激起他的防衛。我的策略是避開這些內容（也就是說，不談外星人存在的正反看法或幽浮的遺跡），並且聚焦於兩個重點：他的興趣在心理層面上的意義，以及他認識事情的方式——換句話說，他如何理解他所理解的事（援引的資料來源和充分的證據何在）。

我實在想不透，一個受過良好教育、從長春藤學府畢業的人，怎麼會一概不理會學術界在人類起源這方面的研究。對詹姆斯而言，擁抱玄密難解的超自然信念有什麼好處？在我看來，這對他有害無益：這些信念只會讓他與人更加疏離，因為他會擔心朋友們把他看成怪胎，而不敢和他們分享他的想法。

我的努力沒什麼成效，治療很快陷入膠著。我們會面時他顯得焦躁不安，而且對治療相當不耐。每回治療一開始，他會多疑或輕率地劈頭就問，譬如說：「醫生，治療還要持續多久？」或「我是不是康復得差不多了？」或「這是不是會變成我不停撒銀子、你的收銀機叮叮咚咚收錢收個不停、沒完沒了的那種治療？」

然後有一回，他說起一個夢，治療從此改觀。雖然那是他來會談的前幾天做的夢，但它卻異常清晰地停留在他腦子裡：

我在一場葬禮上。有人躺在桌上。牧師正叮嚀著防腐的技術。人們魚貫瞻仰遺容，我也在行列之中。我知道遺體做了很多防腐和化妝手續，我硬下心來跟著隊伍移動。我的視線先是落在死者的小腿上，然後是大腿，接著往上掃視。我看到死者的右手包著繃帶，最後瞥向死者的臉，發現他是愛德華多，我的哥哥。我喉頭哽塞，然後哭了起來。當時我心裡有兩種感覺，先是悲傷，隨後感到安慰，因為他的臉完好無損，呈現好看的古銅色。「愛德華多看起來很好。」我對自己說。當我來到他的頭顱邊，我彎下身子對他說：「你看起來很好，愛德華多。」隨後我在姊姊身邊坐下，轉頭對她說：「他看起來很好！」夢的最後，我獨自坐在愛德華多的房間裡，翻閱他一本關於羅斯威爾幽浮事件的書。

然而，他沒有自發性地對這個夢有所聯想，於是我鼓舞他對夢中各種影像做「自由聯想」。「看看在你心靈的眼睛前面徘徊不去的影像，」我說，「把你的想法說出來，儘管把飄過心靈的思緒描述出來。別省略或審查它們，即便它看似很傻或不相干也別漏掉。」

「我看見有具軀幹插了好幾條管子，管內的液體有的進、有的出。我看見一具屍體浸在一池黃色的液體裡，大概是防腐液。此外沒有別的了。」

「事實上，你有沒有在喪禮上看過愛德華多的遺體？」

「我不記得了。我想那喪禮是蓋棺進行的，因為愛德華多被車禍傷得面目全非。」

「詹姆斯，我看見你回想這個夢時，臉扭曲了好多次，換過好幾個表情。」

「這是很奇怪的經驗。我一方面覺得不想再講下去了，而且越來越不能集中精神，但另一方面，我卻對這個夢著迷不已，它有種魔力。」

我認為這個夢重要極了，所以我繼續追問。

「你對於自已說的『愛德華多看起來很好』這句話有什麼想法？你說了三遍。」

「他的確看起來很好，曬成古銅色，很健康。」

「可是，詹姆斯，他已經死了。死掉的人看起來很健康是什麼意思？」

「我不曉得，你說呢？」

「我想，」我回答他：「他看起來很好反映出你多麼希望他還活著。」

「我的腦袋告訴我你說對了。不過你說歸說，我還是感覺不到。」

「十六歲的孩子那樣子失去被車禍毀得面目全非的哥哥，我想，這件事會一輩子烙印在你生命裡，也許是你同情這十六歲孩子的時候到了。」

詹姆斯緩緩地點點頭。

「你看起來很悲傷，詹姆斯，你在想什麼？」

「我想起我媽得知愛德華多出事的那通電話。我在一旁聽了一下子，知道出大事了，隨後便走進另一個房間。我想我並不想聽到那件事。」

「不聽不聞是你應付痛苦的辦法。還有你的否認、酗酒、不安也是，只是這些再也行不通了。痛苦一直都在，當你關上一扇門，它會敲開另一扇門，進到別的地方去──這會兒它湧進夢裡來了。」

看著詹姆斯點頭，我又追問：「夢最後出現的那本關於羅斯威爾幽浮事件的書是怎麼回事？」

詹姆斯大聲呼出一口氣，眼睛盯著天花板。「我就知道，我就知道你會問起這本書！」

「這是你的夢，詹姆斯，是你做的夢，是你把羅斯威爾和幽浮放到夢裡的。它們和死亡有什麼關係？你想到什麼？」

「實在很難跟你承認這件事，但我的確在我哥的書架上發現那本書，確實在喪禮結束後去讀它。我實在很難解釋，不過事情大概可以這麼說，就是如果我能夠知道人類是從哪裡來的——也許是來自幽浮和外星人——我會覺得好過很多。我會知道我們為何會被帶到地球上來。」

我發現他藉由接收哥哥的信仰來努力讓他哥哥活著，但我懷疑這看法對他沒有幫助，所以我沒說出來。

這個夢和隨之而來的討論，標示了治療的轉變。他開始以遠比之前更為嚴肅的態度來面對生活和治療，我們的治療關係也更強韌。我沒再聽到他說我的收銀機叮叮咚咚錢收個不停的嘲諷的話，也沒再聽見他問治療還要持續多久或他好了沒的問題。詹姆斯如今知道死亡深深烙在他的年輕歲月裡，也明白失去哥哥的哀慟，影響了他生命中的很多抉擇，而且最終體悟到，他深切的痛苦不但無法使他深入檢視內心，也阻擋了他檢視自己終有一死的事實。

儘管詹姆斯對超自然現象未曾失去興趣，但他做出深遠的改變：斷然戒酒（沒靠復健計畫的幫忙），和妻子的感情大幅改善，辭掉工作，改而從事訓練導盲犬，一份因對這世界有所貢獻而充滿意義的工作。

重大決定作為覺醒經驗

重大決定往往其來有自。每一次的抉擇都牽涉到放棄某些事，而每一回的放棄都將使我們看清自己的局限和世間的無常。

定下來和死會了：佩特的例子

四十五歲的股票經紀人佩特，離婚四年多，由於感情不順而尋求治療。五年前她決定要結束婚姻的那段期間，曾找我晤談了幾個月。她這次來找我的原因，是她認識了一位迷人的男性，名叫山姆，對方對她也有好感，卻引起她極度的焦慮。

佩特說她陷入矛盾：她愛山姆，卻掙扎著是否要繼續和他交往。促使她打電話給我的最後一根稻草，是好友和同事邀請她參加一場派對。她該不該帶著山姆一同現身？帶或不帶都不對，這兩難無時無刻不糾纏著她。

怎麼會這麼困擾呢？我們頭一回晤談時，我試圖幫她釐清她不安的意義，幾經努力都不見效果，於是我改採迂迴的做法，用引導式的幻想來切入。

「佩特，試試這法子，我想會有用。我要妳閉上眼睛，想像妳和山姆一同參加派對。妳牽著他的手來到會場，很多朋友看見妳現身，揮手向妳走來。」我停頓了一下。「妳能用心靈之眼看見那景象嗎？」

她點點頭。

「好，繼續看著那景象，讓妳的感覺慢慢滲透出來。留意妳有什麼感受，把它全說出來。試著放輕鬆，把妳心裡冒出來的一切說出來。」

「呃，這派對，叫人討厭。」她的臉抽動了一下，「我放開山姆的手，我不想人家看見我跟他在一起。」

「繼續說，為什麼呢？」

「我搞不懂為什麼！他年紀比我大，但只大兩歲而已，而且他長得很帥，在公關部門工作，很知道在這種場合怎麼交際應酬，可是人家就會把我們看成是一對，有點年紀的一對。我就會被定下來，死會了，這樣我就必須拒絕其他男人。『被定下來』而且『死會了』。」她睜開眼——「你知道，我從沒想過這個詞有雙重意義，就像大學時，妳如果別上某個男生的兄弟會別針，妳就被定下來，而且死會了。」

「這比喻真貼切，佩特，還有其他的感覺嗎？」

佩特闔上眼睛，再度沉浸在幻想裡。「還有我對前段婚姻的感觸，我對婚姻失敗感到愧疚，我從我們上一回合的治療瞭解到，我並沒有毀了那段婚姻——你和我努力化解了那愧疚，不過好可恨哪，這念頭又悄悄跑回來了。婚姻失敗是我這輩子頭一次摔得鼻青臉腫，在那之前，我的人生可說是一帆風順，一直向上提升的。當然啦，那婚姻結束了，結束好多年了，可是真的去選擇另一個男人，會讓離婚這件事成真，這代表我再也——回不去了。它是上一階段的人生，無可挽回……消失無蹤了。對，對，這些我都知道，只是沒像現在這樣突然間悟透。」

佩特的故事說明了「自由」和「凡人皆會死」之間的關係。人之所以難做決定，往往是沒看清存在的真相和個人的責任。讓我們來檢視一下佩特的決定之所以令她苦惱的原因何在。

做決定意味著放棄，所有的選擇都涉及放棄。她一旦和山姆「定」下來，便排除了其他的可能性：放棄其他更年輕、說不定更優秀的男人。就像她說的，她不僅會和山姆定下來，而且死會了，她也將失去所有的可能性。可能性縮小有其壞的一面：你越是斷絕一些可能性，妳的生活會過得越狹隘、越沒有活力。

海德格曾把死亡定義為：「不可能有進一步的可能性」。如此說來，佩特的焦慮——乍看是很表淺的一件事：決定要不要帶男友出席派對，其威力卻得自於死亡焦慮這無底洞。下決定可作為一種覺醒經驗：聚焦於她的決定的深層意義，急劇提升了治療成效。

我們對責任的分析，讓她更加體悟到不可能重返青春。她也提到她的人生一直向上提升，直到簽字離婚讓她重重摔落，但如今她明白，離婚這件事已無可挽回。最終她釋懷，接受她得放下那段婚姻，轉向未來，並能夠對山姆許下承諾。

佩特所謂的人會不斷成長、進步、向上提升的想法，並非罕見。打從啟蒙時代以來，西方文明所持的進步主義觀點，便一直大力強化這個信念，而向上爬升的美式生存法則，也對此信念起了推波助瀾的作用。進步主義無疑只是一種學說，還有其他不同的觀點來看待歷史的發展。古希臘就不認為人類的社會一定是越來越進步，他們反倒認為數百年前的黃金年代〔譯註〕，歷經歲月的淘洗反而更顯輝煌。突然發現「向上提升」的進步觀是個迷思，也許很讓人震驚，但就像佩特所經歷的，也會讓人在想法和信念上產生可觀的轉變。

生命里程碑作為覺醒經驗

覺醒的其他例子——比較平常也比較幽微——和生活里程碑有關，比如大學同學會、生

譯註　意指西元前三百年的哲學的黃金年代。

日及週年紀念日、遺產規劃和立遺囑，以及過大壽，譬如五十大壽、六十大壽等。

大學同學會

大學同學會，尤其是畢業二十五年後再聚，極可能會帶來豐富的體驗。沒有什麼事比看見當年的同窗，如今個個世故沉穩甚而老態龍鍾，更令人感知生命的循環。當然，得知某人過世的消息，不僅更讓人不勝唏噓，亦會猛然敲響警鐘。有些同學會提供年輕時代的照片要人別在衣領上，好讓前來參加的人周旋在人群中時，可以對照相片中的和眼前的這個人，試著在皺巴巴的面具下找回年輕無邪的那雙眼。此時誰能不這樣想：「他怎麼這麼老？他們怎麼都變這麼老？我在這群老人中幹嘛？我在他們眼裡是什麼模樣？」

對我來說，參加同學會就像同時閱讀很多部小說的完結篇，而這些小說是從三十年前、四十年前，甚或五十年前起頭的。同學間有共同的回憶，彼此有很深的親密感。他們熟悉那個青澀稚嫩而還沒變得老成穩重的你。說不定，這就是同學會讓為數驚人的一群人開啟第二春的原因。老同學感覺上值得信賴，所以容易舊情復燃，進而懷著無限的希望，再續前緣。

我常鼓勵病患參加同學會，並把參加之後的心情點滴紀錄下來。

遺產規劃

當你思考死亡後的繼承問題，怎麼處置畢生積蓄時，免不了會掀起存在感。這總結一生的過程，會為你帶出很多問題：我比較愛誰？比較不愛誰？誰將來會想念我？我該對誰慷慨？在這個回顧一生的時刻，你必須採取務實的措施，以面對人生終點、安排後事、正視並解決尚未了結的事。

我的一個病患知道自己得了絕症，開始逐一安排後事，花了好幾天的時間瀏覽電子郵件，刪除所有會讓家人感到不安的資訊。當他刪掉舊情人寫來的信時，內心悲傷不已。從此捨去所有的照片和紀念物，抹去激昂熱烈的過往，不免會激起存有的焦慮。

生日和週年紀念日

重要的生日及週年紀念日也可能變成覺醒經驗。我們大致上會以禮物、蛋糕、賀卡及歡樂派對來慶生，但倒底在慶祝什麼呢？也許我們是想消除，會讓人悲傷地想起時光無情流逝的任何事物。治療師不妨記住病患的生日——特別是意義重大的生日或大壽，並去探究生日所引發的感覺。

• 邁入五十歲：威爾的例子

凡對死亡議題足夠敏銳的治療師，無不訝異於它的無所不在。每每我提筆撰寫這書的某一章節，當天就會遇到某個病患把相關的內容抛給我，無須我刻意引導，屢試不爽。且看我寫到覺醒經驗這部分時，在會談裡發生的事。

那是我和威爾的第四次會談，一位極其理智的四十九歲律師，因為對工作喪失熱情，以及沒有盡情發揮才智而沮喪，所以來尋求治療。（他以優異的成績從著名的大學畢業。）

威爾一坐定，就談起有些同事公開批評他從事過多（為窮人或慈善機構的）義務性服務，而可計價的鐘點數太少。談了十五分鐘的辦公室風雲後，他又詳細說起他在工作場合裡，總是和人格格不入的前塵往事。這些聽來是很重要的背景資料，我洗耳恭聽，大半時間都沉默不語，只除了回應他說，他談起義務性服務時，語調充滿慈悲。

沉默片刻後他說：「順道跟你說一下，今天是我五十歲生日。」

「真的？說說你的感覺吧？」

「唉，我太太打算小題大作，她邀了幾個朋友今晚到家裡吃生日大餐。但這不是我的主意，我不喜歡這樣，不喜歡小題大作。」

「為什麼呢？這樣的小題大作哪裡讓你不喜歡？」

「任何讚美的話都會讓我不自在，我會在心裡回敬一句：『他們並不真的瞭解我。』或

『要是他們知道實情就好了。』」

「假如他們真的瞭解你，」我問：「那麼他們會發現……什麼？」

「我根本不瞭解自己。而且彆扭的還不只是接受讚美而已，還包括讚美別人。我搞不懂怎麼會這樣，也不曉得該怎麼說，只能說那底下是另一個黑暗領域，我接觸不到。」

「威爾，你曾經察覺到從那裡頭冒出來的任何東西嗎？」

「有，有個東西，死亡。每每我看書看到有關於死亡的情節，尤其是小孩子死掉，我會激動得哽咽。」

「你和我在這裡時，有沒有什麼東西從那黑暗層面冒出來？」

「應該沒有，你為什麼這麼問？你想到了什麼嗎？」

「我想到第一次還是第二次會談時，你一度突然湧出強烈的情緒，淚濕眼眶。你當時說你很少掉淚，但我不記得我們談到什麼，你記得嗎？」

「我毫無印象。事實上，我壓根不記得你說的那情況。」

「我想那和你父親有關。這樣吧，讓我查一下。」我走到電腦前，在他的檔案裡鍵入「眼淚」查詢，一分鐘後坐回原位。「那的確和父親有關。你當時悲傷地說，你很遺憾從沒真正和父親聊一些心裡話，然後你的眼淚突然湧上來。」

「哦，對，我想起來了……喔，天啊，我忽然想到昨晚夢見我爸！在此之前我竟完全不記得有做夢！假如你今天一劈頭就問我昨晚有沒有做夢，我肯定會說沒有。嗯，我在夢裡和爸爸跟叔父聊天。我爸過世十二年，叔父也在前兩年去世。我們三個人在夢裡很愉快地談到某件事，我當時聽到我對自己說：『他們死了，他們死了，不過別擔心，這很合理，做這種夢很正常。』」

「聽來，背景裡的旁白是為了讓夢輕鬆愉快，並讓你一直睡著。你常夢到父親嗎？」

「以前從來沒有，至少我不記得。」

「我們今天的時間不多了，威爾，但我想問你稍早前談到的、關於給出和接收讚美的事。這情形曾在這裡出現嗎？在你和我之間？稍早當你說到義務性服務時，我曾說你有慈悲心，當時你沒接話。我在想，你聽到我讚美你時會有什麼感受。我也在想，你會不會很難開口對我說些讚美的話？」（我很少在會談裡放過探索此時此地的感受的機會）

「我不知道，我得想一想。」他說，準備要起身。

我又補了一句：「最後一件事，威爾，告訴我，你對今天這個鐘頭還有對我有什麼感想？」

「進行得很順利，」他回答：「我很訝異你記得早先那一回我眼眶濕了的事。不過我得承認，你最後問我對於你讚美我或反過來的情形有什麼感覺時，我開始感到很不自在。」

「嗯，我相信你的不安將是很好的領隊，會帶我們往最有收穫的方向前進。」

請注意，在這次的治療中，死亡的話題是在我詢問威爾所謂的「黑暗層面」時，意外而自發性地冒出來的。我很少會在會談進行一半起身走到電腦前查閱筆記，可是由於他是個相當理智的人，所以我很想找出他在治療時段裡顯現出情緒的紀錄。

想想幾個我會注意到的關乎存有的問題。首先，他要過五十歲生日。過大壽時內心通常會百感交集。所以當我探索他隱晦的層面時，在我毫無任何暗示之下，他出乎我意料之外地回答說，他看書看到死亡的情節，特別是小孩子死掉的情節，會激動哽咽。隨後他猛然想起，他做夢夢見自己跟父親及叔父聊天。

當我接下來把焦點放在他做的夢時，威爾意識到他對於死亡——他父親的死、小孩子的死，及其背後他自己的死——的潛在恐懼和悲傷。我們得出的結論是，他把關乎死亡的感受隔離開來，是為了不受這些感受侵襲。他在治療中情緒上一再崩潰，我則幫助他把黑暗層面的內容，以及在此之前無法言喻的恐懼明白點出來。

夢作為覺醒經驗

若我們聆聽深刻的夢所傳遞的資訊，也會有當頭棒喝的頓悟。且看以下這則令人難忘的夢，這是某位陷入哀傷的年輕寡婦告訴我的夢。一個喪偶者在痛失摯愛之餘，如何面對自身不免一死的案例。

我站在一棟殘破的夏日別墅門廊前，看見紗網內距前門數呎的地方，有隻張著大嘴的陰險巨獸等著。我嚇壞了，很擔心女兒將遭到不測。我決定先找個犧牲品滿足牠的胃口，於是把一個紅格子布做的填充動物丟在門外。那頭野獸把誘餌吞下肚後卻待在原地，牠的眼睛發火，盯著我看，我成了獵物。〔作者註四〕

這年輕的寡婦顯然懂得這夢的含意。起初她以為死亡（陰險的野獸），先前奪走了她的丈夫，現在要來奪走她女兒。不過她幾乎立即意會到，深陷危險的是她自己。她是下一個獵物，那野獸是衝著她來的。她試圖拿犧牲品：一個紅格子布的填充動物，來安撫牠並使之分心。無須我多問，她明白那象徵的意義：她丈夫死的時候就是穿著紅格子的睡衣。但是她安撫不了那頭野獸：牠要的獵物是她。這個清晰而令人信服的夢，為我們的治療帶來重大的轉變：她不再沉浸於悲慘的失落，轉而更關注於自身的有限以及如何活下去。

覺醒經驗一點也不新奇罕見，而且從事心理治療的人就是靠它吃飯的。所以我花了很多時間教導治療師，如何指認並駕馭覺醒經驗，以作為治療之用——且看以下馬克的例子：夢開了一扇門，引領個人覺醒。

悲傷的夢作為覺醒經驗：馬克的例子

馬克是四十歲的心理治療師，由於長期焦慮和對死亡感到間歇性恐慌，而來找我治療。我們頭一次會談時，我發現他非常焦躁不安。他老想著姊姊珍妮於六年前的死亡，苦不堪言。母親在他五歲大那年罹患骨癌，並於十年後過世，期間骨癌多次復發，動過好幾次大手術，把她折磨得不成人形。母親病後，珍妮便身兼母職地將他拉拔長大。

珍妮二十初頭時已有慢性酒精中毒，最後死於肝病。儘管他出於姊弟情深為姊姊的病四處求醫，他還是甩不掉自己不夠盡力的想法，不但對姊姊的死感到愧疚，也深信自己應該

作者註四　我在另一本書裡描述過這個夢，請參見《生命的意義》（2001，聯經出版）。

為姊姊的死負責。他的罪惡感相當頑強，為了化解他的罪惡感，我在治療過程中遭遇很多困難。

如我所說的，覺醒經驗幾乎潛藏在每一段哀傷過程裡，而且往往會在夢中首度現身。在馬克常做的一個噩夢裡，出現姊姊的手噴血的景象，這景象後來勾起他的幼年記憶。他五歲大時，姊姊在鄰居家不小心把大拇指伸進電扇裡。他記得當時姊姊沿街哭叫的景象，她流著血，好多深紅色的血，心中充滿無比的恐懼，她和他的恐懼。

他想起當時還是小小孩的他閃過的念頭（或者說當時可能有的想法）：假如可以保護他的人，珍妮——那麼高大、能幹、強壯——其實很脆弱、很容易被打倒，那麼他的確有理由恐懼。如果她連自己也保護不了，她怎麼可能保護他？如此看來，他的無意識裡必然埋藏了另一個等式：**如果姊姊會死，那麼我也會死**。

我們越挑明地談到死亡，他越焦躁。我們談話時，他經常在房間裡來回踱步。他這一生總是四處奔波，不停安排一趟又一趟的旅程，盡可能出訪沒去過的地方。他不只一次地想過，在某個地方落地生根形同坐以待斃：他的人生，整個人生，將只是等待死亡的停滯狀態。

慢慢地，經過一年治療上的努力，他做了下列這個頓悟的夢，這夢帶領他放開了對姊姊的罪惡感。

年邁的舅舅和舅媽要去拜訪珍妮，而她在七格之外。（這時麥克要了一張紙，畫下夢中的七乘七方陣。）他們要渡河才能見到她。我知道我也該去看看她，可是我還有事情要做，所以決定暫且待在家裡。他們準備好要離開時，我請他們幫我帶個小禮物給珍妮。他們隨即啟程，之後我才想起我忘了附上卡片，於是追著他們跑。我還記得那卡片的樣子——相當正式而冷淡，上面寫著「給珍妮，妳的弟弟敬上」。很奇怪，我看得見珍妮站在河對岸的方格上，隱約在揮手。但我沒什麼感覺。

這夢的意象極其鮮明。年邁的親人過世（亦即渡河），要拜訪七格之外的珍妮（馬克接受治療的那當時，珍妮已過世七年）。馬克決定暫且留下，儘管他知道隨後他也必須渡河。他有事情要完成，也知道要留在這世上，他得要放下對姊姊的掛念（一如禮物所附的那張正式的卡片，以及他看見她在河對岸向他揮手而毫不悲痛）。

這個夢預告了轉變的到來：馬克漸漸不再沉迷於過去，逐步學會活在當下，而且活得更精采。

夢也為我許多的病患開啟另一扇門，其中包括雷這位退休醫師，還有凱文，當我們攜手完成任務，終止治療之際，夢也讓他豁然開朗。

退休醫師：雷的例子

雷是六十八歲的醫師，因為退休在即而焦慮不堪，所以來尋求治療。第二次會談時，他告訴我這個夢的片段：

我去參加同學會，大概是小學六年級的同學會。我進到大樓內，看見入口處張貼一張全班的合照。我花了好長的時間仔細瀏覽，看過每位同學的臉，就是不見我的蹤影，我找不到我在哪裡。

「做這個夢時你有什麼感覺？」我問。（我通常會一劈頭就用這個問題來切入，這對找出和這整個夢或部分的夢相關的情緒格外有用。）

「很難說，」他回答：「這個夢很沉重，或者說很冷靜——絕不是很愉快的夢。」

「告訴我你從這夢聯想到什麼。你現在還能用心靈的眼睛看見夢中景象嗎？」（越是剛做過不久的夢，病患的聯想越能引出有用的訊息。」

他點點頭。「嗯，主要是那張照片，我可以看得很清楚——有很多張臉其實很模糊，但我就是知道我不在那裡，我找不到我自己。」

「你怎麼理解這個夢？」

「我沒把握——但有兩種可能性，一是我覺得自己並不屬於那一班，或者說不屬於任何一班，我不得人緣，總是個圈外人。但在手術房除外。」他停頓。

「第二種可能性是什麼？」我催促他。

「嗯，這個很明顯，」他的聲調往下沉。「整班人都在照片裡，唯獨我不見了——大概是暗示或預告我快死了吧？」

於是，透過這個夢，大量而豐富的內容冒了出來，提供了治療的幾個可能方向。譬如說，我可以探究雷的無歸屬感、他的不得人緣、沒有朋友、除了待在手術房之外，總感到不自在。又或者，我可以把焦點集中在「我找不到自己」這句話，著眼於他與內心失連的狀態。這個夢鋪陳出為期一年的治療的重點架構，在這期間我們一一探討了這些問題。

然而，最吸引我的注意力的，是他不在全班的合照之中。他對自身的死亡的看法，似乎是關鍵所在。畢竟，他已六十八歲，退休在即使得他尋求治療。凡是考慮要退休的人，無不對死亡有潛在的憂慮，而這些憂慮會透過夢顯露出來亦非罕見。

治療結束作為覺醒經驗

關乎治療終止的夢：凱文的例子

四十歲的工程師凱文，經過十四個月的治療，原本時而發作的死亡恐慌幾乎徹底消失，最後一次晤談前夕，他做了以下這個夢：

在一棟很高的建築物裡有人要追捕我，我不曉得對方是誰。我嚇得跑下樓，來到像是地下室的地方。我看見一股細沙從天花板的一處，像沙漏一般的流下來。那地方很暗，我往前走，但找不到出口。走到走廊盡頭時，我突然看見通往倉庫的好幾個巨門稍微開著，雖然我心裡很怕，但我還是穿過了那些門。

在這黑暗的夢境裡有何感覺？「恐懼和沉重。」凱文回答。我請他做一些聯想，但他沒聯想到什麼，這夢在他看來很空洞。就存在取向的觀點看來，我認為終止治療並和我道別，很可能喚起其他的失落，也挑起了他對死亡的看法。這夢裡有兩個景象格外引起我的注意：沙子如同沙漏般流下來，以及倉庫的好幾道門。我沒說出我對這些景象的想法，反而是刺激他對這些景象做一些聯想。

「沙漏讓你想到什麼？」

「時間，時間快用完了，生命已過去一半。」

「倉庫呢？」

「存放屍體，停屍間。」

「今天是我們最後一次晤談，凱文，我們在這裡的時間快用完了。」

「是啊，我也正想到這一點。」

「至於停屍間和存放屍體：你有好幾個禮拜沒談到死亡，而你最初來找我就是為了那個原因，看來結束治療引發了你的老問題。」

「我也這樣想——我在想，我們是不是真的準備好要終止治療？」

老練的治療師都知道，別太把這種疑慮當真以致於真的延長治療。走過一段有意義的治療的病患在接近治療終點時，通常會相當猶豫不決，而且往往會再度經歷最初的症狀。有人曾把心理治療稱為「循環治療」：病患會一而再地面臨同樣的問題，而每一次都更鞏固了個人身上的轉變。我建議凱文，我們按照原訂計畫結束治療，但在兩個月內安排一次追蹤的會面。那次的會面，凱文看來神采奕奕，治療的效益正順利地在他外在生活中發酵。

❁　❁　❁

如此看來，覺醒經驗遍佈人生的各個時期，從伊凡的病入膏肓，到癌末病患的臨終經驗，或日常生活中，會促使個體去檢視存有議題的更幽微情況（譬如生日、哀悼、同學會、夢、空巢期），皆可見其蹤跡。對存有議題有更高敏銳度（如我所期盼的從此章受益）的人——朋友或治療師——也經常有助於人的覺醒。

遇上這類突襲時，記得一點：**正視死亡雖然會挑起焦慮，但它也是讓生活更為豐富的契機**。覺醒經驗也許很震撼，卻也稍縱即逝。下一章我們將討論如何延長、深化覺醒經驗。

【第四章】

觀念的力量

「你過得有多不好？你此生有什麼遺憾？」我的提問不是要讓你陷溺在悔恨之海裡，而是讓你最終把眼光放遠，看向未來，思考如何改變人生：你現在可以怎麼做，好讓你在一年或五年後回頭看時，不會因為累積了新的悔恨而感到同樣的沮喪？換句話說，你能找到一種不會持續累積悔恨的生活方式嗎？

觀念有其力量。史上很多偉大的思想家和作家的真知灼見，數世紀以來幫助人平息死亡所掀起的混亂，找到有意義的人生道路。我將在這一章裡，討論我在處理病患的死亡焦慮的過程中，被證實是最有用的觀念。

伊比鳩魯及其永恆的智慧

伊比鳩魯認為，哲學的任務是減輕人的痛苦。而人痛苦的根源何在？伊比鳩魯的答案相當篤定：**無所不在的死亡恐懼**。

根據伊比鳩魯的說法，「人終有一死」這駭人的念頭，妨礙人享受生命，人生所有的樂趣無不遭受破壞。這是因為人對永生的渴望是無從得到滿足的，無論做任何的努力，都是徒勞無功。他曾寫道，很多人從而生出厭世的想法，甚至走到自殺的地步，另有些人狂熱而漫無目標的從事某些活動，這些活動除了讓他逃避人類處境固有的痛苦之外，別無意義。

許多人會永無休止、永不饜足地追求新鮮事，對此伊比鳩魯並不認同。他勸導人們去收藏和喚起深深印刻在記憶中的愉悅經驗。若學會一再地運用這類回憶，他說，人們就不需要無止境地一味追求快樂。

傳說伊比鳩魯身體力行自己的教誨，以身作則。臨終前躺在病榻上時（腎結石引起的併發症），儘管痛苦難當，他靠著回想自己與圈內朋友及弟子們的愉快談話，來保持心靈的平靜。

伊比鳩魯的天賦之一，是預見了當代對無意識的看法。他強調，對於死亡的憂慮，大多數人是意識不到的，而是要從偽裝過的表現來推測，譬如：對宗教過分狂熱、汲汲營營累積財富、盲目追求功名利祿和權力等，而這些都是不朽的假象。

伊比鳩魯減輕死亡焦慮的心法何在？他提出一系列嚴謹的論點，其弟子們以問答的方式牢記於心。其中許多論點不僅在過去兩千三百多年來，不斷掀起世人的激辯，而且依舊有助於我們克服死亡焦慮。我將在這一章裡討論他最出名的三項論點，這些見解不論就我的臨床工作，或就克服我個人的死亡焦慮而言，都相當寶貴。

1. 靈魂將滅
2. 死亡是全然無知覺的狀態
3. 生死對稱

靈魂將滅

伊比鳩魯認為，靈魂會隨著形體的死滅而消亡，這推論和蘇格拉底所持的看法南轅北轍。西元前一百多年，蘇格拉底從容就義前，他所相信的靈魂不滅，以及死後將和志趣相投的同好，一起在永生之中追尋智慧的信念，帶給他莫大的安慰。蘇格拉底的諸多立論——在柏拉圖《對話錄》的〈斐多篇〉有詳盡的描述，後來由新柏拉圖學派發揚光大，最終對基督教的來世概念投以深遠的影響。

伊比鳩魯嚴厲譴責當時的宗教領袖為了提高自身權力，告誡人們若違反特定教規和教條，死後將遭受懲罰，從而加深了信徒對死亡的焦慮。（接下來的幾世紀，描繪地獄苦刑的中古世紀基督教聖像畫，為死亡焦慮添加了令人毛骨悚然的視覺效果。）

伊比鳩魯說，如果人死後靈魂亦隨而消失，那麼死後的世界就沒什麼可怕的。屆時，人沒有意識，不會對失去的生命感到懊悔，也不用怕神會對人做些什麼。伊比鳩魯並未否認神的存在（這論點就當時而言相當冒險，因為不到一個世紀前，蘇格拉底才被當權者斥為異端而致死）。不過他的確宣稱，人察覺不到神的存在，祂對人的用處，僅是作為人所嚮往的平靜喜樂的典範。

死亡是全然無知覺的狀態

伊比鳩魯的第二個論點是，死亡根本沒什麼，因為人一死，靈魂就消失了。宗教所散播的死後情景，人其實看不見，看不見的事等於不存在。換句話說：我存在時，死亡並不存在；死亡存在時，我並不存在。伊比鳩魯認為：「人何必害怕根本察覺不到的死亡？」

伊比鳩魯的觀點和伍迪．艾倫的妙語──「我不怕死，我只希望它發生時我不在場。」──大相逕庭。伊比鳩魯的意思是，我們真的不在場；死亡發生時，我們毫無知覺，因為死亡和「我」無法共存。因為我們死了之後，不曉得自己已經死了，如此一來，有什麼好怕的呢？

生死對稱

伊比鳩魯的第三個論點是，人死後的不存在，就像人出生之前的不存在一樣。儘管很多哲學家對這古老的論點爭論不休，但我相信這觀點仍然保有安撫將死之人的力量。

幾個世紀來支持這論點的人當中，納博科夫（Vladimir Nabokov）的見解之精妙，無人能及，這位偉大的蘇俄小說家在他的自傳《說吧，記憶》〔編註一〕一開頭如此寫道：「搖籃在深淵之上搖啊搖。常識告訴我們：存在不過是一道光縫，稍縱即逝，前後俱是黑暗的永恆。人凝視自己出生前的那個深淵，總是平靜得多，不像朝向另一個的時候（每小時心跳

編註一　*Speak, Memory*，大塊文化出版，2007。

四千五百下）——儘管這兩個深淵有如孿生子。」

我個人發覺，出生之前和死亡之後這兩種不存在的狀態如出一轍，而人既然不擔心未出生時的狀態，也就毋須擔心死後如何，這想法許多時候帶給我很多安慰。

一位讀者的電子郵件表達了類似的想法：

死後什麼都感覺不到的想法，此時或多或少讓我感到安慰。那似乎是唯一合理的推論。我從小就認為，人死後要回到出生前的狀態才合理。來世的概念和這推論的簡單明瞭相比，既矛盾又攪擾。來世的概念安慰不了我，因為無止境的活著，無論快樂或不快樂，遠比有限的生命更令我感到可怕。

一般說來，處理為死亡焦慮所苦的病患時，我會在治療之初就導入伊比鳩魯的觀點。這樣做一來可讓病患瞭解治療所採行的觀念，二來可傳達我願意和他們感同身受的心意，也就是說，我樂意進入他們心中恐懼的內殿，並提供一些輔助工具，讓我們這段路走得順遂。雖然有些病患覺得伊比鳩魯的想法隔靴搔癢、薄弱無力，但還是有很多人從他的概念得到安慰和幫助，這也許是因為他們發覺，自己所關心的問題世人皆有，而且如伊比鳩魯這般偉大的心靈也為此同樣的問題搏鬥過。

漣漪的概念

在我處理病患的死亡焦慮，和他們對人生無常的苦惱多年下來，我發覺漣漪的概念格外有用。

漣漪在此指的是，我們每個人往往在不知不覺中，起了同心圓般向外擴散的影響力，可能影響他人好幾年，甚而好幾代。也就是說，我們對別人起的作用，會由這些人進一步擴散至其他人，彷彿池塘的漣漪一波波蕩漾開來，終至看不見，但依然持續在人心深處起波瀾。

凡走過必留下痕跡，而且往往是在不自知的情況下，這概念給了那些因為生命的有限與無常，而不免聲稱人生在世了無意義的人，一個強有力的答案。

漣漪效應不見得意味著名垂千古、流芳百世。我們很多人早在課堂上讀到雪萊描寫荒地裡坍塌殘敗的古代巨像的詩句時，便知道那樣的努力終究只是一場空。

吾乃阿西曼達斯，萬王之王，

看看我的豐功偉業，汝當絕望。

企圖名留青史的努力，到頭來總是徒然。無常才是永恆。因此，我此處所謂的漣漪，不如說是，留下你的人生體會、個人風範、智慧、懿行，澤被相識或不相識的人。芭芭拉的故事便是個例子。

「在她的朋友身上尋找她的蹤影」：芭芭拉的例子

多年來為死亡焦慮所苦的芭芭拉，描述了讓她的焦慮驟減的兩件事。頭一回發生在同學會上。相隔三十年之後，芭芭拉再次見到愛麗森，年紀比她稍小的國中好友。愛麗森一見她便上前緊緊擁抱親吻她，感謝她在十幾歲時給她的很多指引。

芭芭拉很早以前就意識到漣漪這概念。身為教師，她理當知道她對學生有多方面的影響，但從沒想過他們會懷念她。然而，和早已遺忘的兒時友伴重逢，漣漪這概念真實了起來。她開心而稍稍吃驚地發覺到，當年的許多建議一直留在好友的心裡。不過真正令她深受震撼的，是隔天見到愛麗森的十三歲女兒，這位少女的興奮之情全寫在臉上，因為她終於親眼見到母親口中的傳奇人物。

同學會結束後在回程的飛機上，芭芭拉細想此事時，忽然間豁然開朗，對死亡有了全新的體悟。也許死亡不是她先前所認為的滅絕狀態。也許，她個人的長生不老甚或她的記憶可以永不消失，其實沒那麼重要。也許重要的是，她激起的漣漪可以一直擴散下去：那些她幫助人獲得生命喜樂的言行所激起的漣漪，那些讓她引以為豪的漣漪。

在經歷第二件事情之後，她的這些想法更形穩固。兩個月後，芭芭拉的母親過世。在喪禮上簡短致詞時，她想起了母親最喜愛的一句話：**在她的朋友身上尋找她的蹤影**。這個句子有其力量：她知道，母親的關懷、溫和以及對生命的熱愛，常存在她這個獨生女心中。致詞時，她環顧喪禮場面，真切地感受到母親的美好在她的朋友身上激起了漣漪，而這漣漪將一波波擴及他們的子子孫孫。

從小以來，沒什麼比化為烏有的念頭更讓芭芭拉感到恐怖的了。我援引的伊比鳩魯學派想法，對她毫無作用。比方說，當我指出，人死後根本毫無意識，萬物皆空，所以她不會感覺到化為烏有的可怕時，她還是無法寬心。可是漣漪的概念——她因為給予別人關懷、協助和愛而持續存在的概念——卻大大削弱了她的恐懼。

「在她的朋友裡找尋她的蹤影」，這念頭裡藏有多麼撫慰人心、充滿人生意義的強大力量。一如我將在第五章討論到的，我相信，中世紀的道德劇「每個人」（*Everyman*）所傳遞的關乎現世的信息是：唯有「善行」（Good Deeds）陪伴人走入墳墓，德澤庇蔭代代子孫。

一年之後，芭芭拉重返墓地為母親的墓碑揭幕，感受到別於以往的漣漪。看見父母親的墓位在眾多親族的墳墓之中，她有一種奇妙的解脫感和精神上的輕鬆。何以如此？她難以形容，最貼近的說法是，「他們做得到，我也做得到。」就連去世的祖先也能帶給她啟示。

漣漪的其他例子

漣漪的例子有一籮筐，而且大家都很熟悉。當人知道自己對另一個人很重要，誰不會覺得光彩？我將在第六章提及先師聖賢們如何激起我智識上的漣漪，好讓這些漣漪透過這本書擴及諸位。事實上，早就超過法定退休年紀的這個歲數，我還努力在鍵盤上敲敲打打，說穿了不就是希望自己對別人有價值。

在《生命的禮物》〔編註二〕裡，我說到有位病患因為化療掉髮而對自己的外貌感到極其不自在，深怕人家看見她沒戴假髮的模樣。當她鼓起勇氣在我面前拿掉假髮時，我用手指溫和地撫摸她僅剩的幾綹頭髮。幾年之後，我再度和她進行短期治療，她告訴我，她近來重讀我書裡關乎她的片段，因為我把她的故事寫進書裡以供別的治療師和病患參考而感到開心。她說，知道自己的經歷能讓其他人甚至是不相識的人受惠，她由衷地感到喜悅。

許多揪心渴望延續自己生命的人，會使用的對策和漣漪效應很相似。最堂而皇之的做法，就是藉由生育把基因傳給下一代，或是透過器官捐贈，讓我們的心臟在另一個身體裡跳動，讓我們的角膜使另一隻眼睛看得更清楚。大約二十年前，我雙眼動過角膜置換手術，雖然我不知道捐贈的死者身分，但我時常對那位不知名的人心懷感激。

其他的漣漪效應包括：

因政治、藝術、財經上的成就而享譽社會

建築物、機構、基金會及獎學金以自己的名字命名

對基礎科學做出貢獻，以供其他科學家做更進一步的研究

犧牲小我，完成大我

我特別著眼於漣漪效應，或許是我身為治療師的優勢，讓我極其有幸地看見人與人之間無言、無形又溫和的傳遞作用。

編註二　*The Gift of Therapy*，心靈工坊出版，2002。

日本導演黑澤明在他一九五二年上映、繼而走紅國際的《生之慾》這部經典大作中，強而有力地描述漣漪的歷程。片中主角渡邊先生，是位卑躬屈膝的日本公務員，得知自己罹患胃癌，只剩幾個月可活。之前他活得十分狹隘，下屬還取了個「木乃伊」的綽號給他。知道自己患了絕症後，他猶如大夢初醒。

診斷結果出爐那天，渡邊三十年來頭一回蹺班。他從銀行提了一大筆錢，上熱力四射的日式夜店大肆揮霍。就在他無益的狂歡作樂就要結束之際，巧遇了他之前的下屬。她因為工作太麻木不仁而從他那處室離職，她渴望有活著的感覺。渡邊為她的生氣與活力著迷，於是懇求她教他過生活的訣竅。但她也不知如何回答，只能跟他說，她之所以討厭舊工作，是因為受不了毫無意義的官僚作風。她目前在玩具工廠製作洋娃娃，想到自己可以把快樂帶給孩子們，就做得很起勁。當他告訴她，他得了癌症就要死了，她一聽滿臉懼色，倉皇快步要離開，臨走前轉過頭抛下一句：「做點什麼事吧。」

渡邊回到工作崗位之後，變得判若兩人，拒絕再被官僚體制所束縛。他打破所有規則，奉獻剩餘的時日，在街坊一帶蓋一座公園，好讓世世代代的孩子們在此玩耍遊憩。最後一幕，渡邊坐在公園的鞦韆上就要死了。雪一陣陣飄下來，但他平和安祥，帶著新發現的寧靜走向死亡。

漣漪現象——創造某個可以傳遞下去並拓展他人生命的事物，把渡邊的恐懼轉化為湛深的喜樂。這電影也強調，最重要的是蓋公園，不是讓後人記得他。事實上，渡邊大徹大悟之際，醉醺醺的公務員同僚卻冗長而反諷地開始討論起，渡邊是不是真要蓋一座公園。

漣漪效應與世事無常

很多人說，他們很少想到自己會死，可是關乎死亡的意念，以及對人生無常的恐懼卻揮之不去。結果，「眼前的一切稍縱即逝」這底層的念頭，侵害了每個愉悅的時刻。和朋友開開心心散步時，一想到眼前一切終將化為烏有——朋友終究會死、林地在都市無聲無息的擴展下終將逐漸改觀，快樂剎那間消失無蹤。如果世事終歸灰飛湮滅，一切還有何意義？

佛洛伊德在他一篇附帶的短文〈論無常〉〔作者註一〕中，精妙地論及這觀點（以及反駁的

作者註一　"On Transience"，收錄於《標準版佛洛伊德心理學著作全集》（*Standard Edition of the Complete Psychological Works of Sigmund Freud*）Vol. 14，J. Strachey 編譯，London: Hogarth Press, 1955, pp. 304-307.（Originally published 1915）

論點）。文中敘述他和兩位同伴，一位詩人和一位分析界的同僚，於夏日散步的對話。其間詩人哀嘆道，美麗的事物注定轉瞬成空，他所鍾愛的一切終會化為烏有，變得毫無價值。佛洛伊德質疑這詩人陰鬱的看法，強烈反駁「無常」會抹煞價值或意義這種看法。「相反地，」他說：「會有增無減！某種樂趣的可能性若是有限，這樂趣的價值會因而提高。」隨即強力駁斥無常讓事物了無意義的看法：

我說，美之稍縱即逝破壞了人從中獲得樂趣的這個想法令我不解。說起大自然之美，它每到冬天都會被破壞無遺，但來年總會再度重現，相較於人有限的一生，大自然其實可視之為永恆。而人的容貌和形體之美，有一天會在人生的盡頭永遠消逝，可是它們的短暫只會增添其迷人的魅力。由此說來，只綻放一夜的花朵，其嫵媚不因而少一分。所以我也無法理解，一件藝術品或知識成就的完美，為何會因為時間上的限制而失去價值。也許我們今天所讚賞的畫作及雕塑，終有一天會化為塵土。或者，未來世代將不識當今詩人及思想家作品之精妙。又甚或有一天，地球上所有生物將全數滅亡，從而開啟地質的新紀元。只要這些完美事物的價值對我們的情感生活有意義，它們就無須比我們的生命更長久，因而其是否永垂不朽也就無關緊要了。

如此一來，佛洛伊德把人類的美感和價值感從死亡的掌控中掙脫開來，並主張「世事無常」無法奪走個人情感生活裡意義重大的事物，他試圖藉此緩和人對死亡的恐懼。

很多傳統思想用強調活在當下、專注於此時此刻的經驗來抵抗無常。舉例來說，佛門修行包括了一系列關乎無常的冥想，從默想落葉的凋零，到了悟樹木本身終有枯朽的一天，到最後體會人軀體最終的消逝。有人可能會認為這種修行是去制約化（deconditioning），或者說，是讓人一再面對恐懼而習於恐懼的暴露療法（exposure therapy）。說不定對某些讀者來說，閱讀這本書也有類似的效果。

漣漪的概念緩和世事無常所帶來的痛苦，因為它提醒我們，人生在世都會留下某些東西，縱使我們不自知或察覺不到。

克服死亡焦慮的偉大思想

哲學家或其他思想家的語錄或箴言，往往有助於我們反思自身的死亡焦慮及生命意義。無論是透過遣辭用字的巧妙還是字裡行間的韻味，或是貫穿其中的氣勢，這些了不起的想法可把孤獨的讀者或病患，拉出熟悉而停滯的存有狀態。如同我先前說過的，說不定得知一些偉大的心靈也曾為同樣的苦惱搏鬥並且終而告捷，是很令人欣慰的。又或者，說不定這些難忘的字句展現出，絕望可以化為藝術。

尼采，最偉大的警句家，一針見血地描繪了偉大思想的力量：「好的警句，時間之齒咬不斷，千年光陰吞噬不了，卻每每能供以養分：所以它是文學最弔詭之處，是瞬息萬變中的恆常不變，是永遠備受重視的食物，就像鹽一樣，絕不會失去它的味道。」〔作者註二〕

有些警句明明白白地論及死亡焦慮，另一些則鼓舞我們看得更深入，別被瑣碎的煩惱所淹沒。

「一切終會消逝：無從選擇」

嘉德納（John Gardner）的精采小說《格蘭戴爾》〔作者註三〕裡，貝武夫（Beowulf）傳奇中飽受折磨的怪獸向智者請益，以解生命之謎。智者告訴牠：「終極的邪惡就是時間不斷在消逝，存在其實意味著死亡。」他以言簡意賅的兩句話，總結一生的沉思：「一切終會消逝：唯有選擇除外」

我對「一切終會消逝」這一點已多有著墨，現在來看看第二句話的含意。「唯有選擇除外」是很多人被非做決定不可逼得快抓狂的真正原因。因為肯定某個選項，意味著否定另一個選項，當你積極做出選擇，表示你得放棄其餘的可能性。很多人一想到生命必然有限度、必然會消亡就害怕。

舉個例子，對雷斯這位三十七歲的醫生來說，放棄其他的可能性就是個大問題。雷斯因為決定不了和哪個女友結婚而苦惱多年。他終於成婚之後，遷入了百哩之外的妻子住所，在新的社區開了第二家診所。然而多年來，他依然在舊診所維持一週一天半的看診時間，並每週在此過上一夜和舊女友們約會。

治療時，我們把焦點放在他無法對其他的選項說不這一點上。我促使他談談「說不」意味著什麼——也就是說，把舊診所關了，結束所有的出軌戀情——時，他慢慢察覺到浮誇的自我形象。從小他就是家裡最多才多藝的金童，不僅有音樂天分、運動細胞，還得過全國科學獎。他知道自己不論選哪一行都會有所成就，自認和其他能力有限的人不同，無需放棄任何東西。「唯有選擇除外」這句話只適用於別人，不適用於他身上。他活在生命是永無止境

作者註二　《人性，太人性》（*Human, All Too Human*）Vol. 2. Cambridge: Cambridge University Press, 1986, p. 250.（Originally published 1986）

作者註三　*Grendel*, New York: Vintage press, 1989, p. 133.（Originally published 1971）

地向上提升、邁向更寬廣美好未來的個人神話裡，他抗拒任何會威脅到這神話的事情。

起初，雷斯的治療看似必需把焦點放在肉慾、不忠和優柔寡斷上，然而最終還是免不了探究到更深刻的存有議題：他深信自己注定有更寬廣光明的未來，同時也深信自己可免除凡人皆有的局限，甚而免於死亡。任何帶有放棄意味的事，都會猛然威脅到雷斯（就像第三章佩特的例子一樣）：他拚命逃開「唯有選擇除外」這條規則。釐清這一點後，治療的焦點才清晰起來，加速了治療的腳步。一旦他接受放棄，不再瘋狂地緊抓著所擁有的一切，我們才能處理他對生活的體驗，尤其是他當前的婚姻生活和親子關係的狀況。

深信生命會不斷向上提升的信念，經常在心理治療中冒出來。我曾治療過一位五十歲的女人，她七十歲的丈夫是個傑出的科學家，中風後患有癡呆。看見病弱的丈夫終日無所事事地呆坐在電視機前，格外讓她感到不安。她盡力克制，但就是沒法不讓自己對丈夫嘮叨，要他做點事，譬如讀書、下棋、練西班牙文或填字遊戲，以增進腦力。她相信生命總是不斷學習以獲得更多掌聲的人生觀，因為丈夫患癡呆後而搖搖欲墜。有別於此的另一種可能性——人是有限的、注定會經歷生老病死——則讓她難以承受。

「當我們疲憊時，容易遭受曾經克服過的念頭突襲。」

尼采的這段話，在我治療凱特的過程中，起了很大的作用。凱特是個離了婚的醫師，之前曾三度和我進行治療。她這一回來找我時已經六十八歲，因為退休在即又踏入遲暮之年，經常害怕死亡而焦慮不堪。

治療期間的某一天，她清晨四點醒來，不小心在浴室滑倒，頭皮劃破了一道深深的傷口。儘管血流如注，她沒打電話給鄰居，也沒打給孩子或掛急診求助。由於她的頭髮已相當稀疏，早就開始戴起假髮，她不願意以沒戴假髮的禿頭老太婆面目來面對醫院的同事。

於是她抓來一條毛巾、冰袋和一桶咖啡霜淇淋，躺回床上，以毛巾裹著冰袋冰敷傷口，一面吃著霜淇淋，一面為母親（如今已過世二十二個年頭）掉淚，感到天地孤寂。待天一亮，她撥電話給兒子，兒子才帶她到某位同僚的私人診所就醫。同僚把傷口縫合後，叮嚀她至少一個禮拜內別戴假髮。

三天後我見到她時，她綁著頭巾，因為沒戴假髮而覺得難為情，也因為離婚獨居而覺得顏面無光——我們的文化總是期待夫妻要白頭偕老。她想起不堪的往事：性子粗野而患有精神病的母親（她心情一不好，母親就會餵她咖啡霜淇淋）、一貧如洗的童年生活，以及在她年幼即拋家棄子的不負責任的父親……，一度克服的羞愧感再次朝她襲來。她覺得兩年來的治療毫無進展，之前幾回的治療也毫無成效，所以相當洩氣。

由於不想讓人看見她沒戴假髮的模樣，她一整個禮拜都待在屋內（和我會談除外），把屋子大大清掃一番。清理衣櫃時，她找到從前治療時記錄的一些感想，驚訝地發現，紙上所寫的苦惱和二十年前的沒兩樣。當時我們不僅要化解她的羞愧，還費盡心思幫她安頓當時還活著的心智失常的母親。

我們見面時，她手握著筆記，頭上綁著時髦的頭巾，對自己毫無進步沮喪至極。

「我因為衰老和怕死的問題來找你，如今我又來到這裡，坐在同樣的位子上，這麼多年後，內心還是充滿羞愧，想念我發瘋的母親，用她的咖啡霜淇淋安慰自己。」

「凱特，我瞭解妳提起這些老問題時的感受。讓我告訴妳一個觀點，也許能幫得上忙。一個世紀之前，尼采曾說過：『當我們疲憊時，容易遭受曾經克服過的念頭突襲。』」

凱特一向不容許會談裡有半刻沉默，講話通常像連珠砲但又頭頭是道，這會兒卻突然安靜下來。

我把尼采的那句話覆述一遍，她緩緩地點點頭。下一回見面時，她的羞愧感消退了，我們又回過頭來處理她對衰老和死亡的恐懼。

這警句其實了無新意。我早安慰過她，她所經歷的單純是創傷引起的退化反應。不過，這簡練的警句提醒了她，如尼采這般偉大的靈魂也和她有過同樣的體驗，因而她體認到，那羞愧感只是暫時的。這給了她一種預感：既然自己曾經打敗內心的惡魔，那麼這一次也可以再度讓它束手就擒。好的觀念，甚至是觀念的力量，很少一次奏效，得要反覆咀嚼玩味幾次才行。

無止境地反覆過同樣的人生

在《查拉圖斯特拉如是說》一書中，尼采描述一位悟透許多真理的老先知，決定揮別隱居生活，下山與眾人分享他的體悟。

這位老先知所教誨的許多道理中，有一則被他視為「至高思想」——永劫回歸的概念。查拉圖斯特拉提出一項挑戰：假使你會週而復始地重覆過著一模一樣的人生，你會有什麼改變？下列這段令人不寒而慄的話，是他頭一次描述「永劫回歸」這思考實驗的文字。我常唸這段文字給病患聽。讀者不妨大聲唸給自己聽（作者註四）。

作者註四　「永劫回歸」的概念在《查拉圖斯特拉如是說》一書中有充分的闡述，以下這段文字則是摘錄自尼采更早期的作品：《快樂的學問》（*The Gay Science*），New York: Vintage Books, 1974, p. 273.（Originally published 1882）

假使某天或某晚，惡魔趁你不備，偷偷潛入你最深的孤寂裡，對你說：「你從前至今的此生，將無止境地重覆無數次，每一次均毫無變化，同樣的痛苦和喜悅，同樣的思維和嘆息，此生中每件極大極小的事，都將一而再重演，以同樣的順序和因果——就連眼前的蜘蛛、林間的月光、此時此刻以及我的出現，也不例外。存在的沙漏將永無止盡地上下翻轉，你就如同那裡頭的一粒沙！」你難道不會崩潰，咬牙切齒地詛咒說這話的惡魔？還是你曾經歷過這驚人的一刻並回答他：「你是神，我不曾聽過比這更神聖的話？」如果這想法佔據你的心，它將從此改變你，或者，將你擊垮。

無止境地重覆過著同樣的人生，這概念聽起來也許很刺耳，卻不失為一種迷你存在震撼療法。它往往用來當作一種讓人清醒的思考實驗，帶領你嚴肅地回顧，自己到底是如何過生活的；正如未來精靈讓你覺悟，悟透你唯一的此生，應該活得美好充實，遺憾越少越好。所以，尼采可作為我們的心靈嚮導，讓我們不再為瑣事煩擾，進而活得熱情有勁。

只要你一直緊抓著一種思維，認定自己活得不好的原因，不是出在自己身上，那麼就不會有任何正面的改變發生。只要你把責任一概推給錯待你的人：死腦筋的丈夫、要求很多又不支持你的上司、不好的基因、克制不住的衝動，那麼你就是鑽入了死胡同。要對這險惡的生命處境負責的，**就是你自己**，**別無他人**，唯有你才有力量去改變它。即使你要面對的外在限制難以消除，你依然擁有自由，可以選擇採取哪一種態度去面對它們。

尼采最愛的句子之一，是**熱愛命運**（amor fati），換句話說，就是**創造你熱愛的命運**。

起初，尼采把「永劫回歸」當成嚴肅的命題來推演。假如時間是無限的，他如此推理，而事物是有限的，那麼事物所有的各種排列組合，一定會一而再地隨機出現，這好比一大群猴子打字員一齊胡亂打字，亂打個十億年後，也會創作出莎士比亞的《哈姆雷特》一般。此處的數理完全站不住腳，曾遭受邏輯學家的猛烈批評。數年前我曾造訪普夫達（Pforta）中學，尼采從十四歲至二十歲所就讀的學校。我在校方的同意之下，翻閱他的成績紀錄，他在希臘文、拉丁文以及古典學科上成績很好（負責檔案保管的老職員細心地指給我看，他在古典學科上的表現，**不是**班上最出色的學生），可是他的數學成績尤其差。也許是對數理的推論非自己的強項有自知之明，尼采最終只把永劫回歸的概念當成一種思考實驗。

如果你加入這種思考實驗，發現這過程很痛苦或不堪忍受，那麼原因也許很明顯：你不認為自己的人生過得好。我會進而提出一些問題，譬如：你過得有多不好？你此生有什麼遺憾？

我的用意不是要你陷溺在悔恨之海裡，而是讓你最終把眼光放遠，看向未來，思考如何改變人生：**你現在可以怎麼做，好讓你在一年或五年後回頭看時，不會因為累積了新的悔恨而感到同樣的沮喪？換句話說，你能找到一種不會持續累積悔恨的生活方式嗎？**

尼采的思考實驗，提供了一個強有力的工具給臨床醫師，來幫助那些由於人生過得不充實而有死亡焦慮的人。且看桃樂斯的例子。

・一成的比例：桃樂斯　四十歲的簿記員桃樂斯，時常覺得生活陷入困境。她為自己無數的作為而活在悔恨之中，譬如無法原諒丈夫外遇，從而決定離婚、沒在父親死前和他言歸於好、讓自己困在討厭的地方做一份索然無味的工作。

一天，她看到徵才廣告，工作地點在奧勒岡州的波特蘭，她覺得那裡的居住環境更好，有一陣子她還認真地考慮過搬家。不過，興奮之情很快就被令人洩氣的負面思維澆息：自己年紀大了，不適合搬家；孩子們也不願意離開朋友；自己在波特蘭人生地不熟的，況且那份工作的薪水更少，也不曉得和新同事處得來處不來。

「所以我夢想了好一陣子，」她說：「可是你瞧，我還是和以前一樣困在這裡。」

「在我看來，」我答道：「妳不但受困，而且把妳困在這裡的人是妳自己。我瞭解那些情況使妳無法改變生活，但是我在想，那些是不是這一切背後的原因。讓我們這樣說吧，所有這些現實上的、非妳所能掌控的顧慮——妳的孩子、妳的年紀、錢的問題、討厭的同事——佔了妳無法搬家的九成原因，但我不禁想，難道沒有某個比例的原因是出在妳身上，即使這原因只佔一成？」

她點點頭。

「我們想在這治療裡檢視的，就是**那**一成，因為**那**是妳可以改變的部分，唯一的部分。」這時，我說起尼采的思考實驗，唸出關於永劫回歸的那段文字。接著，我要桃樂斯依照這段描述想像自己未來的生活。最後我提議道：「讓我們來假想一下，假設一年過去了，我們又在這辦公室見面。好嗎？」

她點點頭。「好的，不過我懂你的用意。」

「即便如此，我們還是試一下。時間來到一年後。」我相信模擬實境的演練會有功效。「好，桃樂斯，我們回顧這過去的一年，告訴我，妳有哪些新的悔恨？或者套用尼采的思考實驗，妳願意永無止境地一再重覆過去這一年的生活嗎？」

「不要，我一點也不想永遠困在那樣的生活裡——有三個孩子要養，錢不多，工作又很糟糕，像是陷在泥淖裡脫不了身。」

「我們現在來看看妳的責任，屬於妳的那一成，該如何為過去這一年的生活負責。之前的這十二個月裡，妳對自己的作為有哪些悔恨？如果可以重新來過，妳會怎麼做？」

「嗯，牢門開了，只是一條細縫，曾經——有波特蘭的工作機會。」

「如果妳會再重覆過一年的話……」

「是啊，是啊，我知道你的意思。我八成會在接下來的一整年不斷後悔，自己對那波特蘭的工作連試都沒有試一下。」

「那就對啦，這正是我說妳既是囚犯又是獄卒的意思。」

桃樂斯後來的確去應徵那份工作，接受面試，到那社區查看環境，而且被錄取，不過，在她看過學校，考慮過當地氣候、房地產價格和生活花費之後，她回絕了那份工作。然而她在這個過程中開了眼界（也開了她的牢門）。她對自己有全新的感受，純粹是因為她嚴肅地衡量過搬遷。四個月後，她在距家更近的地方謀得一份更好的差事。

❀　❀　❀

尼采有兩句不怕時間侵蝕，有如花崗岩般堅硬的名言〔作者註五〕，分別是「成為你自己」，以及「殺不死我的，將使我更堅強」。而這兩句話也成了治療界的一般行話。我們依次來檢視它。

「成為你自己」

第一句花崗岩名言，「成為你自己」這概念，亞里斯多德絕對不陌生，而且從斯賓諾莎、萊布尼茲、歌德、尼采、易卜生、荷妮、馬斯洛以降，到一九六〇年代的人類潛能運動，皆一脈相承，並延續到當代的自我實現概念。

「成為你自己」的概念，和尼采的其他箴言「活得精采」和「死得其時」密切相關。尼采透過這些變化多端的警句敦促我們，人絕不能活得如行屍走肉。他生前常說，人要充分發揮自己的才能，瞭解自己的潛能，勇敢而盡情地生活。也**唯有如此**，才能死而無憾。

舉個例來說，三十一歲的珍妮，是一位法務祕書，因為嚴重的死亡焦慮來找我治療。她和我晤談了四次之後，做了以下這個夢：

作者註五　見《查拉圖斯特拉如是說》。

我在華盛頓，我的出生地，和已故的祖母一起在城裡走。我們走進一個很漂亮的街區，裡頭都是豪宅。稍後來到一棟宏偉的白色豪宅前，我高中老友一家子就住這裡。我很高興見到她，她帶我參觀她的家。一入內我不禁嘖嘖稱奇，那房子美呆了，而且有好多房間，共有三十一間，全都擺了整套家具！於是我跟她說：「我家只有五間房，其中只有兩間有家具。」我焦慮得醒過來，不停地對我丈夫發脾氣。

她對這個夢的直覺是，那三十一個房間代表她活著的這三十一年，以及她需要去探訪的各個不同的內在領域。而她自己家裡只有五間房，其中僅兩間有擺家具這件事，強化了她覺得此生虛度的意念。她祖母——才過世三個月——的出現，則為這個夢蒙上恐怖的陰影。

她的夢使得我們的治療峰迴路轉。我問及她對丈夫的憤怒，令人尷尬的是，她因而吐露丈夫經常對她暴力相向。她知道她必須為自己採取某些行動，但是結束婚姻的意念令她驚恐：她很少有和男性接觸的經驗，覺得離開丈夫後鐵定遇不到另一個男人。多年來她委曲求全，寧願忍受丈夫施暴，也不願正視婚姻的危機，對丈夫攤牌，要求他做出重大改變。那次晤談後，她沒有回家，而是直接回娘家，一住就是好幾個禮拜。她對丈夫發出最後通牒，要求他參加夫妻治療。他依了她，一年的夫妻治療和個別治療後，她的婚姻狀況大幅改善。

「殺不死我的，將使我更強壯」

很多當代作家闡述過，而且是過度闡述尼采的第二句花崗岩名言。譬如說，這句話的概念正是海明威喜愛的主題之一。（他在《戰地春夢》中說：「在斷垣殘壁之中，我們會變得更堅強。」）不過，這概念仍不失為有力的提醒：逆境將使人越挫越勇，越能絕地逢生。這句箴言也和尼采對樹木的比喻很相近：在狂風暴雨之下，越是往地底紮根的樹，越會長得堅固高大。

我的一個病患，對這道理有另一番體悟。她是一家大企業的總裁，精明幹練，小時候常受到父親惡狠狠的言語暴力。一回晤談裡，她提到某個白日夢，幻想著某種科幻式的治療。「在我那白日夢裡，我看見一位治療師，他擁有消除記憶的科技。我想必是看了金凱瑞演的《王牌冤家》才會有這念頭。我想像有一天那治療師問我，要不要他把關於我父親的記憶全數消除。我知道這樣一來家裡頭父親這個人就永遠消失了。這點子乍聽之下很不錯，可是當我仔細一想，我卻覺得這是個很困難的決定。」

「為什麼很困難？」

「嗯，這樣說吧，起初那點子似乎是想都不必想的好主意，因為從小我和兄弟姊妹就覺得父親像怪物一樣可怕。可是最後，我決定把所有的記憶保留下來。儘管我有悲慘的童年，可是我今生的成就已遠遠超乎我最大的夢想。我不知是打哪生出那麼多的復原力，讓我變得精明能幹。我該否認有這個父親呢？還是說多虧有他？」

這個幻想是她重新看待從前的第一步。對她來說，原諒父親漸漸不再是個問題，重要的是如何和改變不了的過去和平相處。我點醒她，希望有個更美好過去的願望遲早會破滅。她因為要面對家中的逆境而變得堅強，她學會怎麼因應，想出各種巧妙的對策，讓她這輩子受用無窮。

「有些人不願借貸生命，就怕欠下死亡之債。」

柏妮絲帶著苦惱尋求我的治療。雖然她和結縭超過二十年的丈夫史蒂夫婚姻幸福，可是她卻對他有種說不出的憤怒，甚至到了幻想著和丈夫分居，並以此為樂的地步。

我想著時間點的問題，於是問她對史蒂夫的觀感是從何時開始起變化。她回答得很精確：從他七十歲生日起。當他從證券經理人的工作退休，在家著手個人的財務規劃後，事情開始變得不對勁。

她不明白自己為何對他生氣，他絲毫沒變，她卻凡事看不順眼，對他處處挑剔：嫌他把屋子弄得亂糟糟、成天看電視、不注重外表、不運動。史蒂夫大她二十五歲，她和他在歲數上永遠有二十五年的差距。丈夫退休這件事讓她驚覺到，他如今已垂垂老矣。

我們談話間湧現了若干的動力。首先，她希望遠離史蒂夫，以免如她所說的，會「往前快轉」進入老年。其次，她從沒忘記母親在她十歲時過世的傷痛，她不想面對史蒂夫若是過世將再度掀起的痛苦失落。

在我看來，柏妮絲想減少自己對史蒂夫的依戀，以保護自己不會因為失去他而痛苦。我提醒她，無論是她的憤怒，或是史蒂夫的退縮，都無法迴避人生的終點與失落。我引述蘭克（Otto Rank），佛洛伊德的同僚之一，說的一句話：「有些人不願借貸生命，就怕欠下死亡之債。」〔作者註六〕，讓她看清楚自己的動力。這種動力並非罕見。我相信大部分的人都多少認識一兩個這種活得渾渾噩噩、不敢揮灑熱情、就怕失去太多的人。

隨著我們繼續談下去，我說：「這就像搭上郵輪旅遊，卻不願意交朋友，也不想參加好玩的活動，只想著如何躲避旅遊不免要結束時的痛苦。」

「你說得沒錯。」她說。

作者註六　《意志療法及其真理與真象》（*Will Therapy and Truth and Reality*），蘭克著。New York: Knopf, 1945, p. 126.（Originally published 1930）

「又或者說，不願意享受日出，只因為……」

「知道了，知道了，你說得夠清楚了。」她笑著打岔。

我們討論過「改變」這回事後，數個主題又陸續浮現。她害怕再次掀開十歲時母親過世的舊傷口。幾次會談後，她逐漸瞭解到自己不應再受無意識擺佈。首先，她不再是個無助而不知所措的十歲小女孩。再者，萬一史蒂夫過世，不僅哀傷在所難免，而且她在丈夫最需要她的時候遺棄他所造成的罪惡感，將大大地加深這哀傷。

巒克提出一種有用的動力〔作者註七〕，「生之焦慮」和「死之焦慮」之間持續的張力，對治療師來說也許極為有用。就他的觀點，發展中的人會努力追求個體化、成長和實現潛能，但要付出代價！個體本能地會想發展自我，在這向外延伸、拓展的過程中，便會面臨生之焦慮，那是一種可怕的孤單、脆弱感，以及和更廣大的整體失聯的失落感。一旦這生之焦慮變得不堪忍受，人會如何？我們改變方向：掉頭往回走，從融合中尋求慰藉，也就是說，和他人融為一體而放棄自我。

然而，儘管和他人融合可帶來慰藉和舒適，但如此的解決之道並不牢靠，人終究會從喪失獨特自我和停滯之中反彈。如此說來，融合將促使「死之焦慮」崛起。人終其一生將在這兩極之間，也就是生之焦慮和死之焦慮之間，或者說，個體化和融合之間，來回穿梭擺盪。

貝克（Ernest Becker）的力作《抗拒死亡》〔作者註八〕，歸根結底就是以這個觀點為主軸。

幾個月後，柏妮絲中止治療，隨後做了個古怪而令她惴惴不安的惡夢，於是和我安排會晤。她在電子郵件中如此描述她的夢：

> 鱷魚追著我跑，我嚇壞了。雖然我可以跳到二十呎高的高空上躲開牠，但牠緊追著我不放。不管我躲到哪裡，牠都找得到我。我驚醒時渾身發抖，還嚇出一身冷汗。

會談時，她努力想找出這夢的意義。她知道追著她跑的鱷魚代表死亡，也知道自己逃不了，但是為何會在這個時候做這種夢？當我們談到做惡夢當天發生的事時，答案變得清晰起來。那晚她丈夫史蒂夫開車差點出車禍，後來當她以他的視力不佳為由，執意要他晚上別再開車時，兩人大吵了一頓。

作者註七　《意志療法及其真理與真象》，p. 119, 133。

作者註八　*Denial of Death*, New York: Free Press, 1973.

但又為何是鱷魚？那是打哪來的？她想起那晚就寢前看到電視新聞報導，澳洲的「鱷魚先生」史蒂夫．歐文（Steve Irwin）在潛水時遭魟魚攻擊當場斃命的可怕消息。說著說著，她忽然「豁然開朗」，發覺史蒂夫．歐文的名字正好是她丈夫和我的名字的組合，而她最害怕的事，莫過於我們這兩個垂垂老矣的人過世。

叔本華的人之三部曲：人是什麼、人有什麼、人代表什麼

我們當中有誰不認識某個終日汲汲營營、醉心於功名利祿、或在乎別人的眼光，以致於失去自我的人（說不定就是我們自己）？這樣的人，一旦心生疑問，總是會向外在世界去找答案，而不是回歸內心；也就是說，他們會察言觀色，找出他們想聽到或期待的那個答案。

對於這樣的人，叔本華晚年所寫的人之三部曲將很有幫助（作者註九），我特地在此總結出來。（對於喜好思辨的人來說，叔本華的這些論述寫得清晰易懂。）這些論述基本上強調，唯有個體的本質**才是**重要的，能帶來快樂的絕不是功名利祿等身外之物。雖然這些想法不是明明白白地和存有議題有關，但是它們仍然有助於我們穿越表象，進入核心。

1. **我們所擁有的**。物質好比引人走入歧途的鬼火。叔本華簡練地論述說，人對錢財和物質的慾望永無止境、貪而無饜，我們擁有的越多，想要的越多。錢財就像海水，越喝越渴，到頭來，人不是擁有財物，而是**役於財物**。

2. **我們在他人眼中的樣子**。名聲如財富一樣有如過眼雲煙。叔本華寫道：「我們所擔心憂慮的事，半數起因於我們介意別人的看法……我們必須把這根刺從肉裡拔出來。」人渴望風光體面的強烈慾望，從某些刑犯行刑前腦子裡最在意的，莫過於穿戴整齊以示尊嚴可見一斑。他人的眼光是飄忽不定的魅影。別人的看法將我們綑綁，把我們變成他人眼光的奴隸，或更糟的，變成「**別人可能怎麼想**」的奴隸。而別人到底怎麼想，我們從來不得而知。

3. **人的本質**。唯有我們的本質才是真正最重要的。叔本華說，良知比美名更有意義。人該追求的至高目標，應該是身體健康和知識上的財富，如此一來，人才能有源源不絕的想

作者註九　〈人是什麼？〉（"What a Man Is"）、〈人有什麼？〉（"What a Man Has"）、〈人代表什麼？〉（"What a Man Represents"），《哲學小品》（*Parerga and Paralipomena*）Vol. 1. Oxford: Oxford University Press, 1974, pp.323-403.（Originally published 1851.）

法、獨立的心靈和有道德的生命。內心的平靜來自於悟透一件事：**困擾人的不是事物本身，而是人如何解讀它。**

這最後一點——生活的品質，取決於我們如何解讀經驗，而非經驗本身——是治療的要義，可遠溯自古代。它是斯多葛學派的核心宗旨，從季諾、塞尼加、馬可奧里略、斯賓諾莎、叔本華，到尼采一脈相承，最後成為動力取向及認知—行為取向療法的基礎概念。

❁ ❁ ❁

伊比鳩魯學派、漣漪作用、活得了無遺憾，以及我摘錄的這些箴言，皆是打倒死亡焦慮的利器。然而，這些概念的力量，可由另一個因素的加持而大幅提升，那因素就是人和他者的親密聯繫，這一點我將在下一章闡述。

【第五章】

透過聯繫克服死亡焦慮

當我們體悟人終究會死，而且一切有情眾生也和我們一樣會死，我們開始感到一種灼烈而近乎心碎的脆弱感，並珍惜起每個片刻、每個生命，於是，悲憐眾生的一股深沉、清明、無限的慈悲於焉而生。

——索甲仁波切，《西藏生死書》

死亡是天命。而你對活著的渴望、對消亡的害怕，也從不會消失。那是天性，就嵌在你的基因裡，對於你如何生活有著重大的影響。

數百年來，人類——自覺或不自覺地——發展出無數的方法，來減輕死亡焦慮。有些方法奏效，有些則不然。發出以下這封電子郵件的年輕女子，就是容許自己真誠面對死亡，將這個陰影納到存有的核心（core being）。

兩年前我痛失摯愛的父親，經歷了先前想像不到的成長與蛻變。之前，我總懷疑自己沒有能力面對自身的死亡，而我有一天也會走到人生盡頭的這個想法，經常使我煩憂不堪。而今，我從這些恐懼和焦慮中，找到我從不知曉的對生活的熱愛。有時候我會覺得自己和同事格格不入，因為我不在意他們所關心的事，那些是只關乎一時而又無足輕重的小事。不過，我可以接受自己這樣的反應，這是因為什麼是重要的，而什麼不是重要的，我自有定見。我想我必須學會承受壓力：去做可以豐富生命的事，而非社會期待我做的事……感覺到我重新燃起的雄心，比起害怕老死的壓抑更為強烈，是一件很美妙的事。我實際上是出於自己的意志，接納並看清人不免一死這事實。我想我對自己有能力「看透」，真的有了幾許的自信。

還沒「看透」的人，通常會以否認、轉移焦點或掩蓋的方式，來應付人終有一死的事實。我們先前所舉的例子，在在說明了這些方式之無效：茱莉亞因長期恐懼使然，不敢參加任何有冒險意味的活動、以小煩惱來取代死亡焦慮的蘇珊（第三章）、還有遭夢魘糾纏，或「不願借貸生命，就怕欠下死亡之債」而劃地自限的人。另有些人則是不由自主地追求新鮮刺激、性愛、永無止盡的財富或權力。

這些受死亡焦慮折磨的男男女女們，不是得了怪病的孤單邊緣人，而是他們所處的家庭和文化，沒能織出保暖的衣裳，讓他們抵擋「人終有一死」這事實所帶來的淒涼。他們很可能在很小的時候，便遭遇太多的死亡事件，沒有從家庭中感受到愛、關懷和安全感；他們很可能孤單疏離，從沒對人吐露過最私密的死亡擔憂；他們很可能是超級敏感、格外有自覺的人，拒絕接受某些否認死亡的宗教迷思的撫慰。

每個歷史時期，皆有一套因應死亡的獨有方式。很多文化，譬如說古埃及，就是以否認死亡和許諾來生為核心。死者的墳墓，至少王公貴族（那些在適者生存法則下存活的人）的墳墓，無不擺滿了日常生活的手工品，好讓死者在來生過得舒適。

舉個詭怪的例子，布魯克林美術館收藏了許多陪葬用的河馬雕像，這些陪葬品是為了供死者在來生中消遣娛樂的。然而，考慮到不讓這些石頭動物嚇到死者，造型上牠們的腿很短，以確保牠們行動緩慢，不會傷到人。

近代的歐洲及西方社會，由於產婦和胎兒在生產過程中死亡的機率比現今要高很多，所以當時的人比現代人更常親眼目睹死亡。在從前的社會裡，垂死的人不像現今常見的，躺在醫院的病床上、隱身在布簾之後；他們大多是在家中，在親人的陪伴下過世。當時，每個家庭都經歷過親人的早逝，而死者就埋葬在家附近的教堂墓園裡，所以家人可以經常前往悼念。由於基督教允諾世人，人死後會進入永生的來世，而人形式上必須透過教會才能進入死後的來生，所以民眾大多數會尋求宗教的慰藉。我將在第六章區分，宗教藉由否認死亡或去死亡化作用所給的慰藉，和認清死亡便是終點所給的安慰有何不同。

對我個人來說，而且就我心理治療的實務經驗來看，處理死亡焦慮最有效的方法，就是存在療法。截至目前為止，我概述了一些相當有價值而強有力的觀念，不過在這一章裡，我想討論一些能使這些觀念真正起變化的附加元素：人與人的聯繫。唯有把觀念融入和他人的親密交流裡，兩者共同作用下，才能發揮其強大的力量，消除死亡焦慮，駕馭覺醒經驗，促使個人改變。

人與人的聯繫

人類與生俱有渴望與他人聯繫的天性。不論我們從哪個角度來探究人類社會，由宏觀的進化史來看也好，或從單一個體的發展來看也罷，我們必然會看到人活在人際脈絡裡，和他人息息相關。這個觀點深具說服力，許多針對人類以外的靈長類動物、人類原始文化以及當代社會所進行的研究，都支持這個說法。它指出人有歸屬的需求，這需求既強烈又基本：人類有史以來總是群居，成員之間常能維持深厚而持續的關係。證據無所不在，單舉一個例子就好〔作者註一〕：正向心理學裡許多新近的研究強調，親密關係是幸福美滿不可或缺的要素。

然而，死亡的過程是很孤獨的，而且是人生最孤獨的處境。它不僅把你和他人隔離開來，而且讓你暴露在第二種、甚而是更駭人的孤獨之中：隔離在這個世界之外。

兩種孤獨

孤獨有兩種：日常性的和存有性的孤獨。前者屬於人際上的，一種孤立於他人之外的痛

作者註一　「幸福的學問」（The Science of Happiness），Lamber C. 著，Harvard, Jan/Feb. 2007. www.harvardmagazine.com/on-line/010783.html

苦。這種孤獨大家都很熟悉——往往和害怕親密，或和遭拒、羞愧、沒人愛的感覺有關。事實上，心理治療大半的任務，就是幫助個案學會與人建立更親密、穩固、持久的關係。

孤獨大大加劇了死亡的痛苦。我們經常在垂死之人的周圍，以沉默和疏遠築起一道無形的牆。在將死之人的面前，親友往往不曉得該說什麼。他們擔心自己說錯話而讓他更沮喪，也因為害怕面對死亡而不敢和他太親近。就連希臘諸神也在人死亡的那一刻逃得無影無蹤〔作者註二〕。這種日常性的孤獨有兩方面的作用：不僅讓我們可以迴避垂死之人，而且也使得垂死之人和我們心照不宣，甘願被孤立。他們擁抱沉默，就怕把所愛之人拖進他們恐怖而沮喪的世界裡。身體上沒有病痛，但卻受死亡焦慮所苦的人，也有同樣的感受。這種孤單當然會加重恐懼。一如威廉．詹姆斯（William James）於一個世紀前寫的：「人類想得出來的酷刑之極致——若我們的身體承受得了這刑罰的話——莫過於任由某人在社會上遊走，但其所有成員皆對他完全視若無睹。」〔作者註三〕

第二種形式的孤獨，存在性的孤獨，更為深刻，而且源於個體和他人之間無法跨越的鴻溝。這道鴻溝的存在，不僅是因為人人皆是隻身來到這世界，並且要隻身離開，也是因為每個人所棲居的世界，唯有自己深諳其中奧妙。

十八世紀時，康德探究普遍存在的一個常識性假設：人一生下來便處在一個已然存在、嚴整的客觀世界。而今我們都知道，由於我們的腦神經組織，每一個人在創造自身的現實時，皆扮演了重大的角色。換句話說，你腦中具有一些先天的認知領域（譬如說，數、量、因果），當頭腦接收到外來的感知資料時，它們便會起作用，讓你在不知不覺中自動地以獨有的方式建構這世界。

如此說來，存在性的孤獨指的不僅是失去生物形式的生命，也是喪失了個人豐富奇妙的主體世界，而這個世界不會以同樣的方式存在於另一個人的腦海裡。我個人的深刻回憶——把臉埋在母親一襲波斯羔羊毛大衣時，聞到的黴味夾雜淡淡的樟腦味；小學情人節時和女生們眉來眼去，流轉的目光裡充滿興奮和各種可能性；在有紅皮革桌面和黑檀木製的圓桌上和父親下棋，和舅舅們玩牌；以及二十歲時和表兄們一起放煙火的情景——這些回憶，還有其他有如天上繁星般數不清的往事，只存在我腦海裡。每一則都不過是幽靈般的幻影，將在我死亡的那一剎那頓時化為烏有。

作者註二　請參見，比如，尤里皮底斯（Euripides）所著之戲劇《希波里特斯》（*Hippolytus*），劇終時月亮及狩獵女神阿提密斯（Artemis）的台詞。

作者註三　《心理學原理》（*The Principles of Psychology*），Vol. 1. New Y⊃rk: Henry Holt, 1893, p. 293.

我們每個人都在人生的不同階段，以各種方式感受過人際的孤寂（日常的寂寞感受）。然而，**存有性的孤獨**在年少時並不常見，進入遲暮之年感受會最強烈。在這段期間，我們看得越來越清楚，我們的世界有天將消失，而且走向死亡的這段嚴峻的旅程，沒有人真的陪得了我們。就像老聖歌提醒我們的：「你得要獨自走過寂寞幽谷。」

歷史和神話充滿了人試圖緩和垂死之孤單的努力。想想集體自殺的約定、奴隸必須陪葬君王的文化，或印度「自焚殉夫」（sati）的古習俗——要求寡婦必須跳入丈夫火葬用的柴堆裡自焚。想想天堂的團聚與復活。想想蘇格拉底堅信自己死後將在永生之中，和其他偉大的思想家對話。也想想中國的鄉下習俗——舉一個最近在黃土高原的奇特案例——有對夫妻，單身兒子過世，他們（向掘墓人打聽）想買一具女屍，來和兒子成親合葬〔作者註四〕。

哭泣與耳語：同理的力量

我們想和別人建立關係時，同理是最強有力的工具。這個把人與人繫在一起的黏膠，讓我們打從心底和他人感同身受。

描寫死亡的孤單和人對親近的渴望最生動而震撼的，莫過於柏格曼（Ingmar Bergman）的傑作《哭泣與耳語》。在這部電影裡，病魔纏身、將步入死亡的阿格妮，渴望親密的人際接觸。而阿格妮不久於人世的這個事實，讓她的兩個姊姊大受打擊，其中一個甚而驚覺自己的一生是「一套謊言」。但是兩人都無法親近阿格妮，也沒有能力與任何人聯結，包括她們自己。於是，兩個人都驚恐地躲避著垂死的妹妹，唯有女僕安娜，願意和阿格妮貼身擁抱。

阿格妮不久後即過世，她寂寞的鬼魂回到屋子裡，像個孩童般的發出令人毛骨悚然的嗚咽哀嚎，懇求姊姊們的擁抱，好讓她真正的死去。兩位姊姊試著靠近她，但她死後佈滿屍斑的皮膚嚇壞了她們，再加上她們想到自己也不免一死，因此又是驚恐地奪門而出。安娜的擁抱再一次讓阿格妮結束旅程，走入死亡。

你無法像電影中的安娜那樣，對垂死者感同身受或付出，除非你願意面對自身相同的恐懼，並和他人相濡以沫。為他人如此奉獻，是真正的慈悲及同理。願意苦人所苦的精神，一直是數百年來世俗和宗教的療癒傳統的一部分。

這做來不易。就像阿格妮的姊姊們或家人親友，她們也許很想幫她，但卻嚇得不敢上

作者註四　「中國偏遠鄉下，蹺辮子的單身漢依舊討得到老婆」（"Dead Bachelors in Remote China Still Find Wives"），Yardley, J. 撰述，New York Times, Oct. 5, 2006. www.nytimes.com/2006/10/05/world/asia/05china.html?ex=1180065600&en=3873c0b06f9d3e41&ei=5070

前；人們也許會擔心，提起灰暗的話題對垂死者是一種侵犯，或是會擾得他們惶惶不安。垂死的人通常必須主動談起對死亡的恐懼。假使你不久於人世，或對死亡感到恐慌，朋友家人對你很疏遠或閃閃躲躲的話，我會建議你不妨停留在此時此地的感受（將在第七章詳細說明），打開天窗說亮話，譬如說：「我發現我說到內心的恐懼時，你並沒有直接回應。如果我可以向你這樣的好朋友一吐為快，我會好很多。這對你來說會太過沉重、太過痛苦嗎？」

如今，對於有死亡焦慮的人來說，和人聯繫的機會都比以前大得多，不論是和所愛的人交流，或是和更廣大的社群接觸。由於醫院和媒體更為開放，有機會接觸到各種群體，面臨死亡的人擁有新的資源來緩和孤單的痛苦。譬如說，當今大部分完善的癌症中心，都會提供給病患支持性團體。我為癌症病患開設的臨終團體，就我所知，在當時可是全世界之創舉，但距今不過三十五年罷了。

此外，網路上形形色色、五花八門的支持性團體正急遽增加：一項最新的調查指出〔作者註五〕，在單單一年之內，從線上團體尋求某種形式協助的人，就多達一千五百萬人。我很鼓勵患有絕症的人，多參與由處境相仿的人所組成的團體。這類團體，不管是自助式的或是由專業人士帶領的，都很容易找得到。

最有效的團體，通常是由專業人士帶領的。研究顯示〔作者註六〕，有領導員帶領的團體，可改善同病相憐的組員的生活品質。小組成員彼此的相互同理，提升了他們對自己的觀感和自我效能感。不過，最新的研究也證實了〔作者註七〕自助團體和線上團體的功效，所以，假使你沒法加入由專業人士帶領的團體，不妨尋找自助或線上團體的協助。

陪伴的力量

對於面對死亡的人，你能夠給的幫助，沒有什麼比單純的陪伴更好的了。（從此處起，

作者註五　《網路保健資源》（*Internet Health Resources*），福斯（Fox, S.）及費洛斯（Fallows, D.）合寫，2003。http:www.hetinitiative.org/sub-resources/ehlstudentresearchthorndike.html. 普優網際網路與美國生活計畫（Pew Internet & American Life Project）於二〇〇七年一月二十七日轉載，http:www.pewinternet.org/PPF/r/95/report_display.asp.

作者註六　〈轉移性癌症病患之團體性支持：前瞻性成果之抽樣研究〉（"Group Support for Patients with Metastatic Cancer: A Randomized Prospective Outcome Study"），史拜格（Spigel, D.）、布魯姆（Bloom, J. R.）、亞隆（Yalom, I. D.）合著，*Archives of General Psychiatry*, 1981, 38 (5), 527, 533；〈團體共同面對死亡及垂死之成效〉（"Effects of Group Confrontation with Death and Dying"），史匹格（Spigel, D.）、葛列夫凱茲（Glafkides, M. S.）合著，*International Journal of Group Psychotherapy*, 1983, 33 (4), 433-447.

作者註七　〈乳癌之線上支持團體〉（"Electronic Support Groups for Breast Carcinoma: A Clinical Trial of Effectiveness"），賴柏曼（Lieberman, M. A.）等著，*Cancer*, 2003, 97 (4), 920-925；〈線上自助：乳癌告示板之成果評估〉（"Self Help Online: An Outcome Evaluation of Breast Cancer Bulletin Boards"），*Health Psychology*, 2005, 10 (6), 855, 862.

我所謂的面對死亡的人，包含患有不治之症，以及身體健康卻有死亡焦慮的人）。

以下的例子，描述了我減輕一位女子的死亡恐懼的經過，提供給有心幫助的家人親友們參考。

尋求奧援的艾莉絲

這位艾莉絲，就是我在第三章談過的那位，因為要搬入安養中心，必須出售房產以及充滿回憶的樂器，而悲傷難過的寡婦。就在她搬遷之前，我出城休假幾天，我知道她這段期間會很不好受，所以留手機號碼給她，以備不時之需。搬家工人清空房子時，艾莉絲精神簡直要崩潰，朋友、醫師、按摩師都平息不了她的恐慌。於是她撥手機給我，我們談了二十分鐘。

「我坐也坐不住，」她劈頭就說：「整個人焦躁不安，快要崩潰，怎麼樣都放鬆不下來。」

「直視妳恐慌的核心，告訴我妳看到什麼。」

「就要結束了，一切就要結束了。就是這樣。我的房子、我的東西、我的記憶、我對往日的依戀，都要結束了。我看到我的終點，這就是恐慌的核心。你想知道我怕什麼，它很簡單，就是我將不存在了。」

「我們之前談過這一點，艾莉絲，所以我知道我是老調重彈，但我想提醒妳，賣掉家當搬到安養中心是個非比尋常的創傷，妳當然會覺得流離失所，震撼不已。換作是我的話，我也會和妳有相同的感受，任何人也一樣。不過，妳記得吧，我們談過，如果妳把時光快轉二個禮拜，這一切看起來會……」

「歐文，」她打岔：「那毫無幫助——這痛苦太劇烈，圍繞著我的是死亡，死亡無所不在，我很想尖叫。」

「忍著點，艾莉絲，聽我說，我要問妳一個之前問過的簡潔問題：死亡最令妳害怕的是哪一點？我們來仔細瞧瞧。」

「這些以前都談過了。」艾莉絲的口氣聽起來惱火而不耐煩。

「可是談得不夠，繼續說下去吧，艾莉絲，遷就我一下，好不好，我們來談談。」

「好罷，讓我痛苦的不再是快要死了。我信賴我的腫瘤科醫師，我需要嗎啡之類的話，可以去找他。它也跟死後來世沒有關係——你知道，早在半世紀之前我就不相信有來世了。」

「所以說，不是垂死這件事，也不是害怕死後的來世。繼續說下去，死亡到底哪裡叫妳害怕？」

「也不是此生虛度的緣故，我知道我這一輩子活得很充實，此生我了無遺憾。這些我們都談過了。」

「繼續說，艾莉絲。」

「就是我剛剛說的，**我將不存在了**。我只是不想結束這一生……讓我來告訴你原因何在：我想知道結局。我想親眼看見我兒子……到底會不會決定要生小孩。我將永遠不得而知，這一點讓我很痛苦。」

「可是妳不會曉得妳不在場。妳不會曉得妳不曉得。妳說妳相信（就像我一樣）人死了以後就毫無意識了。」

「我知道，我知道，你說過很多次了，你會說的話，我都可以倒背如流了，譬如說，**不存在的狀態並不可怕，因為我們不曉得自己並不存在**，諸如此類的，那表示我不曉得我將錯過重要的事。我也記得你曾經說過，那不存在的狀態，和我出生前的狀態沒兩樣。這些觀點以前很有效，可是現在沒用了——這感覺太強烈了，歐文，觀念現在不管用了，一點也使不上力。」

「倒也不是真使不上力，那只代表我們得繼續加把勁，把情況搞清楚。我們可以一起來，我會一直陪著妳、幫妳的忙，看可以走多深就走多深。」

「恐懼緊抓著我不放。有一種說不出或看不見的恐怖。」

「艾莉絲，我們對死亡的所有感受的源頭，是人與生俱來的生物性恐懼。我知道這種恐懼是很原始的——我自己也感受過，那感覺無以名狀。每一種生物都渴望能一直活下去，斯賓諾莎在三百五十年前就說過這樣的話。我們只需明白這一點，讓心裡有個底，知道這頑強的感覺人人都有，讓我們不時活得戰戰兢兢。」

約莫二十分鐘後，艾莉絲聽起來平靜些了，我們掛斷電話。不過，幾個鐘頭後，她傳了個簡訊給我，說我們剛才的那通電話，像是當面賞了她一巴掌，而我是既冷漠又沒同情心。語末，她補了一句話，簡直像附註一般，說她不知怎地覺得好多了。隔天，她又發了個簡訊，說她的恐慌完全退去了，而且又說是不明所以的消失了。

那麼，艾莉絲從那通電話得到什麼幫助？是因為我說的那些話嗎？恐怕不是。她聽不進我引自伊比鳩魯的觀點——也就是說，她的意識消失後，她不會知道自己永遠不曉得親人將有何遭遇和結局，而且死亡後將和出生前一樣毫無知覺。我的其他建議，譬如說，把時間往後推，想像三個禮拜後她對生活有何看法，也一點效果都沒有。她就是恐慌得不得了，就像她說的：「我知道你很努力，但這些觀念就是不管用，一點也使不上力——搬不走讓我痛苦萬分、壓在我胸口的沉重感。」

好，觀念使不上力。不過，讓我們從關係的角度來檢視這段談話。首先，我在放假期間撥空和她談話，這表示我全心全意想幫助她。實際上我說，我倆共同來面對這問題。我沒有一發現到她有這方面的焦慮就閃躲，而是持續釐清她對死亡的感受。我承認我自己也有這方面的焦慮。我讓她明白，我們的處境相同，她和我和所有人一樣，天生會對死亡感到焦慮。

其次，在我陪伴她的背後，有一則強烈而具有暗示性的訊息：「無論妳的恐懼有多深，我永遠不會迴避妳、遺棄妳。」我所做的，單純是《哭泣與耳語》中女僕安娜的作為，就是摟著她，陪著她。

儘管我對她感同身受，但我確保自己承接住她的恐懼，而沒有感染到她的恐懼。我鼓勵她和我一起剖析這恐懼時，我維持冷靜而就事論事的口吻。雖然她批評我既冷漠又沒同情心，但我的鎮定的確穩住她的心情，消除了她的恐懼。

這裡所學到的一課很簡單：**關係是最重要的**。不論你是家人、朋友或治療師，縱身躍下便是，以合宜的方式拉近彼此的距離。說真心話，顯露你自身的恐懼，即興表達，以受苦的人能得到安慰的方式，承接住他們的恐懼。

數十年前有一回，我探望一位臨終病人，臨要告別之際，她要求我在她身旁躺一會兒。我答應她並照做，我相信她能從中得到安慰〔作者註八〕。對一個即將死亡的人（或身體健康卻有死亡焦慮的人）來說，純粹的陪伴是莫大的贈禮。

自我坦露

治療師的養成，如我將在第七章討論的，大半以關係的訓練為重心。這項訓練的核心，依我看，有賴於治療師的意願，以及藉由把自己透明化之後深化關係的能力。

由於很多治療師受的訓練強調別讓病人看透，以及中立的重要性，所以願意彼此坦露的朋友，就這方面說來，比專業治療師更有優勢。

在親近的關係裡，一方越能坦露內心的感覺和想法，另一方也就越容易跟著坦露自己。自我坦露在發展親密關係的過程中，扮演關鍵性的角色。一般來說，關係是由雙方相應地打開心扉建立出來的。一方先主動吐露某些私密的事，因而讓自己冒風險，另一方也相應地回以同性質的事，如此一來一往，在雙方自我坦露的交疊纏繞下，深化了關係。假使冒險坦露自己的人，懸在半空中得不到接應，雙方的友誼往往難以為繼。

你越能忠於自己，就越能盡情分享自我，友誼也就越深厚越持久。當這種親密出現時，

作者註八　我把躺在某位臨終女子身旁的經歷，寫在我的小說《診療椅上的謊言》（張老師文化，2007）裡。

所有的語言，所有的安慰方式，所有的觀念，將會承載更重大的意義。

朋友們必須不斷提醒彼此（還有自己），自己也會害怕死亡。所以在我和艾莉絲的談話裡，我也提及自己也不免一死。如此的坦露不必冒很大的風險，不過是把隱晦的事挑明罷了。畢竟，我們都是一想到「我將不存在了」就會心生恐懼的生物。畢竟，和宇宙的浩瀚相比，我們都有滄海一粟的渺小卑微之感（有時稱之為「顫慄經驗」）。在廣袤無垠的宇宙裡，人的存在不過是一顆砂粒。就像帕斯卡（Pascal）於十七世紀說的：「無邊無際的空間裡，那恆久的沉默嚇壞了我。」[作者註九]

面對死亡時對親密的需求，在最近由安娜．迪佛．史密斯（Anna Deavere Smith）主演的新戲《讓我安息》[作者註十]，有令人心碎的描述。在這齣戲裡，主角之一詮釋了一位關心非洲愛滋兒童的非凡女性。她的收容所得到的協助少之又少，每天都有病童死亡。有人問她如何撫平垂死兒童的恐懼，她答道：「我從不讓他們孤單地在黑暗中死去，而且我會對他們說：『你們將永遠活在我心中。』」

縱使是心門緊閉、總是不與人深交之人，死亡的念頭也會是一種覺醒經驗，能催化出巨大的改變，從而讓他們開始渴望親密，並願意花心思去追求、建立親密關係。很多從事臨終關懷的人發現，那些原本與人疏遠的人，在面對死亡後，突然間變得容易親近而能夠與人交心。

漣漪作用

如同我在前一章談過的，對於因為人終有一死而惶惶不安的人來說，相信個人的價值和作為將有如漣漪一圈圈擴散般，代代傳遞下去的這個信念，是個莫大的安慰。

減輕面對死亡的寂寞

儘管中世紀的道德劇《每個人》把人面對死亡的寂寞誇張戲劇化，但它卻生動地描繪出漣漪作用的撫慰力量。數世紀以來，深受劇場觀眾喜愛的《每個人》，在教堂前上演給大批教區居民觀賞。該劇述說主人翁「**每個人**」寓意深長的遭遇——死神找到了「每個人」，告知他，他的死期將至。「每個人」懇求死神暫緩死期，「免談。」死神說。「每個人」隨即提出另一項請求：「可否讓我找個夥伴，共赴這趟極其孤單的旅程？」死神咧嘴一笑，欣然同意：「好吧——如果你找得到的話。」

作者註九　《思想錄》（*Pensées*），帕斯卡（Pascal B.），New York: Penguin, 1995.（Originally published 1660）

作者註十　*Let Me Down Easy*，請參見 http://mednews.stanford.edu/releases/2006/october/deavere.html

接下來的故事描述「每個人」努力尋找夥伴，共赴黃泉的經過。所有的親朋好友都回絕了他，譬如說，「遠房」聽到他的請求還厭惡地腳趾抽筋。劇中每個隱喻性的人物（財富、美貌、力量、知識），都一一離他而去，最後，他只好獨自走上孤單的旅程。這時，他發現了一個夥伴「善行」，「善行」不僅願意陪伴他，甚而願意和他一同走入墳墓。

「每個人」找到願意陪伴他的夥伴「善行」，無疑是要傳遞出這齣道德劇的基督教教義：人帶不走從世間獲得的東西，能帶走的唯有人在這世間所付出的。從世俗的角度來看，這齣劇隱含了漣漪的概念，可以緩和人走在黃泉路上的孤單痛苦。也就是說，唯有人的善行，唯有人對他人的德澤，能夠超越己身的有限而永垂不朽。

感恩的角色

如同其他許多我覺得很有用的觀念，漣漪的概念在親密關係中，這種會直接感受到自己的生命使他人受惠的脈絡裡，力量尤其強大。

朋友之間會相互感謝彼此的幫助和善意，但感謝本身不是重點，真正有效的訊息是：「我把某部分的你融入我心裡，它改變我、滋養我，我將把它傳遞給其他人。」

我們通常不會在對方生前，而往往是在他死後的悼詞裡，對他所掀起的漣漪表達感謝。有多少回你參加喪禮時，總是希望（或不經意聽見別人有同樣的心聲）死者能夠在場聽見那些讚辭和感恩？我們有多少次暗自希望自己能像施顧己一樣，預見自己的喪禮？至少我會。

解決這個「總是太遲」的方法之一，就是「感激小敘」，這是在有生之年激起漣漪的妙方。我頭一次做這個練習，是在馬汀．塞利格曼（Martin Seligman），正向心理學運動的先驅之一，主持的研習會上。當時他要求在場為數眾多的學員做一項練習，我記得步驟如下〔作者註十一〕：

想想某個還活著的人，你對他滿懷感恩之情，卻從沒對他直接表達過。花十分鐘的時間，寫一封感恩函給他，然後兩人一組，把這封信唸給對方聽。最後一個步驟是，你在近期內找個時間親自登門造訪那個人，再把這封信唸給他聽。

小組的兩人唸完信後，主持人挑了幾個自願者上台，把他們的信唸給全場聽。這些人上台唸時，毫無例外地個個激動哽咽。我發現做這項練習的人總會真情流露，少有人可以心如

作者註十一《真實的快樂》（*Authentic Happiness*），塞利格曼著，New Yo-k: Free Press, 2002.

止水地唸完，內心沒掀起洶湧波濤的。

我當時也做了這個練習，寫了一封感恩信給大衛．漢伯格（David Hamburg），我在史丹佛大學任教的頭十年，他是精神醫學系英明的系主任。當我再度到紐約出差時，他正好也定居於此，我們共度了一個感人的夜晚。我因為說出我的感激而喜悅，他得知我的感恩也頗開懷，他說他讀著我的信時，內心洋溢著歡喜。

隨著我年事越長，我越常想到漣漪這概念。作為一家子的大家長，我們全家人上館子時，我總是付帳的那個人。我四個孩子（在虛弱無力地謝絕我埋單後）會殷勤地道謝，我總會跟他們說：「感謝你們的祖父班．亞隆吧，我只是把他的慷慨轉送給你們。以前他也總是替我埋單。」（順道一提，我也只是虛弱無力地謝絕他。）

漣漪與示範

我頭一回帶領癌末病患的團體治療時，時常發覺團員的意氣消沉會互相感染。於是很多成員終日陷在絕望中，日復一日地等待死神的腳步逼近，聲稱生活空虛，了無意義。

然而，有一天，有位成員在一開始便大聲宣布：「我決定了，畢竟我還是可以給出某些東西，我可以示範出如何面對死亡，我可以為孩子們和好朋友立個榜樣，以勇氣和尊嚴面對死亡。」她因為想通了而精神大作，我和其他組員也跟著士氣大振。她找到了方法，為生命注入意義，直到生命的盡頭。

漣漪的現象也顯現在癌症病患團員對旁觀學員的態度上。觀察資深的治療師帶領團體，是團體治療師受訓的重要一環，所以我帶團體時，通常有學生在一旁見習，有時候透過電視監視器，通常是透過單面鏡。雖然在教學機構裡的團體治療允許這類的觀察，一般而言，團體成員還是會抱怨觀察員的存在讓他們覺得受侵犯，時常會公開大表不滿。

不過，我團體裡的癌症病患卻不會如此反應：他們歡迎觀察員。他們覺得，自己因為要面對死亡，所以變得更有智慧，有很多體會想和見習生分享。如同我先前提過的，他們只會覺得遺憾，自己要等上這麼久才懂得如何生活。

發覺你自己的智慧

蘇格拉底認為，老師的最好教材（容我補充一點，這也是朋友的最好教材），是問一些能夠發人深省的問題。朋友經常這樣做，治療師亦然。以下的例子說明了我們所有人都做得到的方法。

如果人終究會死，那麼人為何活著，如何活著？吉兒的例子

人們常常會問，如果生命注定會消失，那麼生命的意義為何？我們很多人往自身之外找答案，你不妨依照蘇格拉底的建議，把目光轉向內心。

吉兒長期以來為死亡焦慮所苦，習慣性地認為生命毫無意義。當我問她這想法從何而來，她鮮活地回想起頭一回有這念頭的時刻。她闔上眼，娓娓道出九歲那年某天，她坐在前廊，哀悼家裡狗狗的死亡。

「在那一刻，」她說：「我發現，如果說每個人都會死，那麼一切將失去意義：學鋼琴、整理床鋪、上學全勤得到的金色星星。如果金色星星會消失，它們有什麼意義？」

「吉兒，」我說：「你有個女兒正好大約九歲，想像一下，她如果問妳：『如果我們所有人都會死，那麼我們為什麼要活著？要如何活著？』妳會怎麼說？」

她毫不猶豫地回答：「我會告訴她活著的很多樂趣，森林之美，和朋友家人相處的快樂，把愛傳遞給他人的美妙，以及讓這世界更美好的喜悅。」

說完，她往椅背一靠，眼睛睜得斗大，很訝異自己竟說出這些話，表情彷彿是說：「那是打哪來的？」

「說得好，吉兒，妳內在有很多智慧。當妳想像自己如何回答女兒時，妳不是頭一回發覺到真理。眼下妳要學的，是如何當妳自己的母親。」

此處的任務，不是給答案，而是找方法幫助別人發覺他們內心的答案。

同樣的原則也用在我對茱莉亞的治療上。茱莉亞是個心理治療師，有繪畫天分，她的死亡焦慮源自於她為了和丈夫比較誰賺的錢多，而忽略自己的藝術才華（翻閱第三章）。我在治療時運用同樣的手法（作者註十二），要她拉遠距離來看，想想看若是有個病患處境和她相仿，她會如何回應。

茱莉亞立即的答案——「我會跟她說，妳活得很荒謬！」——顯示出她只需要些微的提示，便能發覺她內在的智慧。治療師的工作總有個前提，那就是人從自身得出的真理，其威力遠比別人灌輸的大得多。

作者註十二　有些人可能會認為我的做法不公平。當治療師需要協助而尋求治療時，難道他們不該和其他病患一樣，理當享有同樣的關懷和照顧嗎？我的病患中有不少是治療師，我從沒落入這種思路的陷阱。我和具有治療專業能力的人會談時，總會試著讓他們的專業在自己身上發揮作用。

活得充實

很多人的死亡焦慮，如同茱莉亞一樣，是無法發揮潛能的沮喪和絕望所致。很多人活在絕望之中，因為夢想未能實現，甚而因為無法將夢想付諸實現而更絕望。正視這種深層的不滿，往往是克服死亡焦慮的起點，且看傑克的例子：

死亡焦慮與人生虛度：傑克的例子

六十歲的傑克是個高大體面的律師，苦於生活全面失調的折磨，而來到我的辦公室。他以相當單調、毫無情緒的語調，告訴我死亡的意念糾纏著他，使得他經常失眠，工作效率大幅滑落，以致於收入大不如前。他每個禮拜耗費好幾個鐘頭，不由自主地翻閱日曆，數著自己餘生還擁有多少年月。每禮拜會因為噩夢而驚醒兩三回。

他的收入下滑，是因為他沒辦法再處理遺囑和遺產法的案件，而這些案件佔了他大半的業務。這類業務老是讓他想到自己的遺囑和死亡，以致於每每在恐慌大作之際，不得不草草和客戶結束研商。和客戶開會，遇上「先死」、「過世」、「未亡人」等字眼時，他會變得結結巴巴，偶爾甚至為之語塞，把自己弄得很尷尬。

我們頭一次會談時，傑克顯得疏冷而防衛。我試著用此書所描述的很多觀念企圖和他搭上線或給予安慰，都沒成功。但有一件奇特的事吸引我的注意：他描述的許多夢裡，有三則和香菸有關。譬如說，他在某個夢中走過丟滿菸蒂的地下道，但他說他二十五年來沒再抽菸過。我要他對香菸做一些自由聯想，他總想不出什麼來，直到第三次會面末了，他突然大聲說，他太太和他結婚四十年來，每天抽大麻。語畢，他垂下頭，雙掌摀著臉，陷入沉默，當他手上的錶發出聲響，顯示五十分鐘的時間到了，他沒道再見便奪門而逃。

接下來那一回，他談到內心的奇恥大辱。他痛苦的承認，自己是個受過良好教育、聰明又受人敬重的專業人士，竟愚蠢到和一個有菸癮、認知有問題、外表邋遢到帶出門自己會覺得丟臉的女人，維持了四十年的婚姻。

傑克對自己的坦白顯得很驚訝，但在會談尾聲時，他似乎因此輕鬆了些。這些年來，他從未向人吐露這個祕密，只暗自以某種奇怪的方式讓自己漠視這件事。

往後的會談裡，他承認自己勉強守著殘缺的婚姻，是因為他認為自己不配享有更多，他承認搞不懂自己的婚姻怎會走到這步田地。也因為羞恥和想要保有隱私，他杜絕一切的社交生活。他早就決定不生小孩：他太太在懷孕期間戒不了癮，況且她也無法為孩子樹立負責任的榜樣。他打從心裡認為自己是個傻瓜，才會對她不離不棄。他從沒跟別人吐露心聲，連親姊姊也不例外。

而今，到了六十這個歲數，他深深覺得自己年事已高又孤立無援，所以離不開妻子，他清楚向我表明，任何關乎結束婚姻或危及婚姻的話題，都是碰不得的禁區。雖然他太太有菸癮，但他真心愛她，需要她，絕不會違背夫妻的誓約。他也知道，沒有他，她活不下去。

我發現，他的死亡焦慮，和他活得不完整的遺憾以及破碎的美夢有關。他的恐懼和夢魘，則來自於時間就要用完、人生悄悄流逝的感受。

我對他的孤立格外關心。保有隱私的需要，使得他除了和妻子之間愛恨交織的感情之外，任何的親密關係皆付之闕如。我從我和他的關係著手，處理他親密關係上的問題，並表明我絕不會認為他是傻瓜，反而因為他願意和我分享這麼多心事，而感到很自豪。同時，我也同理他和一個失能的配偶生活，道德上所面臨的困境。

會談沒幾次後，傑克的死亡焦慮明顯消失，取而代之的是其他的擔憂，主要是他和妻子的關係，以及他因為羞恥而排斥其他親密關係的問題。我們一起腦力激盪，想法子打破讓他這麼多年來沒辦法交朋友的保密禁令。我提起參加團體治療的可能性，但這對他似乎是個過大的威脅：他拒絕任何可能讓他和妻子的關係瓦解的治療。不過，他倒是點出兩個他會願意吐露祕密的人，一個是他姊姊，一個是他從前的好友。

我特別把重點擺在自我實現的問題上。他有哪些受到抑制但仍有發揮空間的潛能？他做白日夢時都幻想些什麼？當他還小時，他想像自己長大之後要做什麼？從前做過什麼事讓他感受過深切的快樂？

緊接著那一回，他帶著一本厚厚的資料夾來見我，說那裡頭全是「胡言亂語」——他數十年的詩作，大多關乎死亡，多半是被惡夢驚醒後在清晨四點寫的。我問他可否唸幾首給我聽。他選了最愛的三首。

「寫得真好，」聽他唸完時我說：「看你把絕望描寫得多麼淒美。」

我們談過十二回後，傑克說他已達成目標：他對死亡的恐懼明顯消失，噩夢不再，只剩下淺淺的憤怒或沮喪的夢。他對我打開心門，有了勇氣去信賴別人，從而恢復和姊姊及老朋友的親近關係。三個月後，他捎來一封電子郵件，告訴我他過得很好，不但報名線上的寫作研習，還加入當地的寫詩社團。

我對傑克的治療，顯示了窒息的生命如何以死亡焦慮呈現自身。他當然會感到恐懼：死亡讓他害怕很多事，這是因為他沒有盡情活出自我。眾多的藝術家和作家，以各種珠璣之語表達了這樣的感觸，從尼采的「死得其時」，到美國詩人惠提爾（John Greenleaf Whittier）的詩句：「用舌頭或筆表達的悲傷話語中，最悲哀不過的莫過於：『要是……就

好了！』」（作者註十三）

我對他的治療也零星地穿插了一些做法，幫助他找出他所忽視的自我，並使之恢復活力：比如他寫詩的天分，還有對親密的社會網絡的渴望。治療師會發現，幫助個案移除自我實現的障礙，通常比讓個案依賴你的建議、鼓勵或規勸來得好。

我也試著減少傑克的孤立感，除了向他指出可用的社會資源之外，也點出妨礙他建立親密友誼的最大障礙：他把自己看成傻瓜，也認定別人認為他是傻瓜，而對此感到羞恥。然而，當然啦，他願意與我發展親密的關係是一大關鍵：孤立只存於孤立之中，一旦打開心房，它便煙消雲散。

悔恨的價值

悔恨向來遭汙名化。儘管它通常意味著無法挽回的悲哀，但它還是有建設性的作用。事實上，我用來幫助自己和他人檢視自我實現的所有方法裡，悔恨這想法——無論是生出這念頭或迴避這念頭——最是有用。

用得好的話，悔恨可以幫助你採取行動，避免將來有更深的遺憾。檢視悔恨的方法有二：回顧過去或前瞻未來。假使你把眼光望向從前，你會對沒有實現的一切感到悔恨；你若是把眼光望向未來，你會看到兩種可能性，一是悔恨越積越多，或者，活得比較沒有遺憾。

我常常要我自己和病患去想像，一年或五年倏然過去，在這期間新的悔恨堆積起來會有多高。然後，我會拋出一個真正具有治療契機的問題：「你現在該怎麼過生活，才不會累積新的悔恨？你目前的生活該做什麼改變？」

覺醒

每個人總會在生命的某一點上——也許在年少時，也許在垂暮之年——意識到人終有死。觸動這意識的開關很多：在鏡中瞥見臉上的皺紋、灰白的髮絲、駝了的背脊；過壽，尤其是數十週年生日——五十大壽、六十大壽、七十大壽；遇上好久不見的朋友，驚覺他／她怎麼老那麼多；看見自己的老照片，或看見舊照片中的故人已邈；在夢中和死神會面。

遇上這種情況你有何**感覺**？你要怎麼**應付**？你會做一些瘋狂之舉消耗焦慮迴避問

作者註十三　〈莫德．穆勒〉（Maud Muller），惠堤爾著，1856。請參見 http://en.wikiquote.org/wiki/John_Greenleaf_Whittier

題？還是整容除皺或染髮？多過幾次三十九歲生日？還是趕緊埋首於工作和日常事務，免得自己想太多？把這類經驗忘光光？不理會你的夢？

我勸你別岔開注意力，而是去品嚐覺醒的滋味，好好利用它。凝視相片中年輕的自己久一點，讓辛酸的感覺席捲內心，逗留一會兒，嚐嚐這又甘又苦的滋味。

記得，覺察死亡，擁抱它的陰影，你將受益無窮。如此的覺察猶如在黑暗中劃出生命的火花，並讓你活得精采。**看重生命、以慈悲待人、以至深的愛擁抱萬事萬物之道，就是體悟這一切注定會消失。**

不知有多少回，我曾驚喜地看見病患在人生的尾聲，甚而臨終之前，做出重大而正面的改變。改變從不會太遲。

【第十八章】

覺察死亡：回憶錄

書寫和漣漪的概念息息相關。可以留點什麼給後代世人，我感到莫大的滿足。不過，我不期待「我」、我的形象或我這個人永垂不朽，而是希望我的某些看法、能夠給予人指引與慰藉的觀點長存於世；期待自己關懷他人的良善之舉、領悟和體會，或是面對恐懼的建設性做法，將在識與不識的人們身上，以無法預料的方式激起波瀾和迴響。

我像是繞圈子般，越靠近終點，就越回到起點。像是為了給最後的旅程一些安慰和準備似的，許多沉睡已久的回憶，如今觸動了我的心。

——狄更斯，《雙城記》

尼采曾說，若想瞭解某位哲學家的作品，就要讀讀那人的自傳。〔作者註一〕同樣地，若想知道精神科醫師治療的理路，也是如此。觀察者會影響其所觀察的對象，凡致力於量子物理、經濟學，乃至於心理學、社會學等這廣大範疇的研究者，無不知曉這個道理。在先前幾章裡，我描述了個人對病人的生活及其思維的一些看法，現在該反過來表明我個人對死亡的理解。我要在這一章談談我這些體悟的源頭，以及它們如何影響我。

乍見死亡

就我記憶所及，頭一回遇上死亡約莫是我五、六歲那年，我目睹父親養在雜貨店裡的一隻名叫花斑的貓橫死於車輪下。我看見牠倒臥路面，嘴角淌出一道細細的血注，於是捏了一搓彈丸大小的漢堡碎塊放在牠嘴邊，但牠不為所動，只是靜靜的等待死亡。我記得自己束手無策的楞在那兒。我不記得自己曾得出「如果所有的動物都會死，那麼我也不例外」的結論。不過，花斑過世的細節盤旋在我腦際，清晰無比。

頭一回經歷人類的死亡，則是小學二、三年級時，同班同學 L. C. 的過世。我只記得 L. C. 這縮寫，不記得全名，也許我從來不曉得。我甚至不確定自己和他是不是很要好，還是一起玩耍過而已。他在我腦海裡留下的，僅是些許微光般的零碎記憶。L. C. 有白化症，眼珠子是紅的，他母親為他準備的午餐盒裡，常有夾酸黃瓜的三明治。我從沒看過三明治夾酸黃瓜片，總覺得很奇怪。

可是從某天起，L. C. 就沒再來上學，一個禮拜後，老師告訴我們，他過世了。就這麼一句，之後也對他隻字不提。他就像包著裹屍布的一具屍體，從甲板上滑入又深又黑的大海，無聲無息的消失了。然而他的影像卻烙印在我腦海裡。如今將近七十載過去了，每每我想起他，總覺得一伸出手，便能摸著他一頭蓬亂而硬如鋼絲的白色頭髮。他那白透的皮膚、

作者註一　參見《善惡之彼岸》（*Beyond Good and Evil*），尼采著，New York: Vintage Books, 1966, p.13.（Originally published 1886）：「我逐漸明白，古往今來每一部偉大的哲學著作，說穿了就是作者的個人告白，是無意中寫成的自傳，而每部哲學作品其道德（或非道德的）用意，乃其思想體系萌芽的種子。」

常穿的綁帶短靴，特別是雙眼睜得斗大、一臉驚愕的模樣，歷歷在目，彷彿昨天還看到他似的。說不定這些都是我重組編造過的記憶，說不定，這純粹是我想像他在人生才起步，便遇見死亡先生時驚愕的面容。

「死亡先生」是我自年少起便常用的詞，引自康明思（E. E. Cummings）的一首懷念「野牛比爾」〔作者註二〕〔譯註一〕的詩。初讀此詩時，我煞是驚歎，從此過目不忘。詩文如下：

野牛比爾
動不了嘍
　　他曾經
　　騎著水漾般銀白的
　　　　駿馬
拔槍連射一二三四五隻飛鴿
　　　　老天啊
他可真帥
　　而我想知道的是

你覺得這位藍眼男孩如何

死亡先生

我不記得自己曾因L. C. 消失而難過。佛洛伊德曾寫道，人會把令自己不快的情緒從記憶中抹去。這正是我的寫照，也點出了我鮮活的想像何以獨獨遺漏了情緒。照理說，得知同學過世，我會有很多情緒反應才是。我對L. C. 的記憶如此之清晰，卻對兒時其他玩伴毫無印象，絕非偶然。這麼說來，我腦海裡活靈活現的L. C.，說不定是我曾經駭然體悟到自己、老師、同學們以及所有人，遲早會跟L. C. 一樣消失不見的線索。

我之所以對康明思的這首詩過目不忘，說不定是因為年少時，死亡先生曾造訪我認識的另一位男孩，亞倫．馬利諾夫。亞倫正是如假包換的「藍眼男孩」，他有心臟方面的毛病，

作者註二　Buffalo Bill's, 1923, 1951，康明思信託之託管人版權所有（1991）。《康明思1904-1962 詩集》（*Complete Poems: 1904-1962*），George James Firmage 編，1976，版權所有。經 Liveright 出版公司同意轉載於此。

譯註一　野牛比爾，本名 William Frederic Cody，1846-1917，野牛獵人，亦是神槍手，為美國西部神話的代表人物，孩童心目中的英雄。

體弱多病。我記得他那極度憂鬱的臉龐、一頭淡褐色的頭髮、用手把垂到前額的幾綹髮絲往後撥的習慣動作，還有那只背在他孱弱身軀上，顯得很不搭嘎的又大又重的破書包。一天，我到他家過夜，自以為委婉地問他，「亞倫，你的身體怎麼了？醫生說你的心臟要開個洞是什麼意思？」那實在太嚇人了，就像凝視太陽，刺眼的陽光扎得人難受異常。我想不起來他是怎麼回答的，也想不起當時自己有何感覺或想法。我只知道心裡頭暗潮洶湧，好似要沖走壓在胸口上千斤重的巨石一般，最終留下的只是這些選擇性的記憶。亞倫去世時才十五歲。

我和別的孩子不同，從沒參加過葬禮。在我父母親的文化信仰裡，這種事對小孩子來說是禁忌。然而我八、九歲那年，大事發生了。有天晚上，家裡電話響起，父親一接起便慟哭失聲，我在一旁嚇得魂飛魄喪。原來那頭傳來了伯父梅耶過世的噩耗。父親的哀嚎我聽得心裡難受，於是奪門而出，繞著街區跑了一圈又一圈。

父親是個沉默寡言、脾氣溫和的人，這次情緒上罕見的潰堤，透露出有個不祥而駭人的龐然大物躲在暗處。大我七歲的姊姊當時也在場，儘管她記得的往事總是比我多得多，卻壓根兒不記得這件事。這就是壓抑的威力，這精挑細選的歷程決定了人記得何事、忘卻何事，從而建構出每個人獨特的內心世界。

我父親四十六歲那年，險些死於冠心病發。那是在某個大半夜，當時十四歲的我嚇得半死。母親心急如焚，很想找個人來怪罪，好宣洩心中憂憤。結果我成了她發洩的目標。她讓我以為，我的任性無理和不守規矩釀成了這大禍。那晚，父親心一絞痛，我母親就對我怒吼：「你害死他了！」

十二年後，我躺在分析的長椅上說起這件往事，我那師承正統佛洛伊德學派的分析師奧莉薇．史密斯（Olive Smith），聽完後難得流露出短暫的溫柔，她傾身靠向我，嘖嘖地深表同情說：「真可怕呀，想必這些年來你很不好過。」她對我做過的諸多精細的詮釋與解析，我一句也想不起來，倒是對她那片刻的關懷之情記憶猶新，即便將近五十年後的此刻回想起來，我依然心懷感激。那一晚，父母親和我焦急地等待曼徹斯特大夫的出現，不知過了多久，我終於聽到他的車輪壓過街上秋葉的窸窣聲，還有他飛奔下樓三步併作一步的腳步聲，接著房門一開，冒出他那又圓又大的熟悉笑臉，我的驚慌頓時消失。他伸手摸摸我的頭，弄亂了我的頭髮，叫我媽別擔心，同時替父親打了一針（八成是嗎啡），然後把聽診器按壓在父親胸口，要我聽聽他的心跳，並跟我說：「你聽，滴答滴答，跟時鐘一樣準呢，爸爸不會有事的。」

從許多方面來說，那天晚上是我人生的轉捩點。事後回顧時我最常想起的，是曼徹斯特大夫進到家裡來時，我所感受到的那股難以言喻的如釋重負之感。在那當下，我立志要跟他一樣當醫生，把他給我的安慰傳遞給其他人。

那晚父親活了下來，但二十年後，他在全家人面前驟然過世。那天我和妻子及三個年幼的孩子來到華盛頓特區拜訪姊姊一家人，而父母親已先行抵達。當時父親坐在客廳裡，抱怨說頭有點痛，語畢便突然癱倒在地。

同為醫師的姊夫當場愣住了。後來他告訴我，他行醫三十年來從沒見過人當場死亡。我極力保持冷靜，出手敲擊父親的胸腔（當時還沒有所謂的心肺復甦術），但他毫無反應，於是我從姊夫的醫事包中取出針筒，扯開父親的襯衫，將腎上腺素注入他的心臟，但無濟於事。

事後我極為自責，怪自己做了那無謂之舉。回顧那一幕時，我想起自己受過的腦神經專業訓練，發覺問題不是出在心臟，而是腦部。我看見父親的眼睛突然往右抽動，就該知道對心臟施以刺激並沒幫助，他是右腦大量溢血（或者說血栓塞），中風的人眼睛通常會轉向中風那一側。

在父親的葬禮上，我可就沒那麼冷靜了。後來大家跟我說，當我鏟起第一鍬土倒向父親的棺木時，幾乎暈了過去，要不是幾個親戚及時拉住了我，險些就要跌入葬坑裡。

母親比父親長壽得多，以九十三歲的高齡辭世。辦喪事期間，發生了兩件難忘的事。頭一件和烙餅〔譯註二〕有關。在她喪禮的前一晚，我突然很想烤一盤媽媽最拿手的烙餅。

我想，當時我需要找點事來讓自己分心，此外，和母親一起做烙餅是個美好的回憶，所以這也是出於對她的思念。我揉好麵糰，靜置一夜發酵，隔天一大早將之擀平，撒上肉桂粉、鳳梨醬和葡萄乾，移入烤箱烘烤，打算讓喪禮結束後回到家裡休息的親友享用。

結果烙餅做得一蹋糊塗！這可是破天荒頭一遭，我竟忘了加糖！說不定這是我捎給自己的一個象徵性訊息，我的無意識輕聲說著：「瞧，你太注意母親嚴厲的一面了。你忘了她好的一面，你忘了她對你的關心，還有永無止境的默默付出。」

第二件事，是喪禮結束後的那一晚，我做了個夢。母親過世至今已十五個年頭，這夢中影像依然清晰無比，每每想起它時，總是耀眼如昔。

我聽見母親尖聲叫喚我，於是沿著小徑匆匆跑回兒時老家。一打開前門，迎面而來的，是坐在階梯上一排又一排的親族（全都過世了，而剛加入他們行列的母親，是當中最長壽的一個）。我凝視階梯上這些親切的臉龐，看見蜜妮姨媽坐在最中間，她像飛翔中的大黃蜂一

譯註二　kichel，中歐猶太人傳統的菱形甜餅。

般急速震動著，快得讓我看不清她的模樣。

蜜妮姨媽當時剛好在數月前過世，她生前臥病的情況確實令我心生畏懼。由於重度中風而癱瘓，她除了眼皮之外，全身動彈不得（所謂的閉鎖症候群）。姨媽就這樣囚居在身體裡，長達兩個月才過世。但夢裡的她，非但坐在前排中央，還急速震動著。

我想這是個否認死亡的夢：蜜妮姨媽端坐在階梯上，不僅沒癱瘓，還活動自如，而且快速震動得讓人看不清。事實上，這整個夢都在試圖抹去死亡。夢中的母親也沒過世，她就像生前那樣叫喚我。辭世的眾親族全都坐在階梯上對我微笑，要我知道，他們依舊活著。

這個夢還傳遞了另一個訊息：「記得我」。母親叫喚我，是要告訴我：「你要記得我，要記得所有人，別讓我們消失。」而我一直將他們牢記在心裡。

「記得我」這句話經常讓我動容。我在《當尼采哭泣》這本小說裡，描繪尼采在墓園裡晃蕩，看著散亂的墓碑，有感而發作了一首短詩，末了如此結尾：

直到石頭層層疊起

儘管無人聽聞

無人看見
他們依然輕聲低泣：請記得我，記得我。

我在靈光乍現之際信手為尼采寫下這首詩，並因為有幸在書裡發表生平第一首詩而沾沾自喜。約莫一年後，我有個奇妙的發現。當時史丹佛大學的精神醫學系要搬遷至新大樓，整理打包之際，祕書在我的檔案櫃後頭找到一只封好而鼓脹的淺黃色大信封袋，那紙袋因年代久遠而泛黃，顯然遺落在那兒很久了。裡頭裝的是我少年至成年時的詩作，其中一首，竟和上述那首如出一轍，一字不差。我原本以為那首詩是為了小說而寫的新作，而事實上，那是在數十年前，為了老丈人辭世而寫的。我竟剽竊了自己的作品！

撰寫這一章時，我經常思及母親，接著便做了另一個不安的夢：

有位朋友來家裡拜訪我，我帶他參觀院子，隨後進到書房裡。一入內，我就發現電腦不見了，可能是遭人偷竊，不僅如此，我那經常堆滿文件而亂糟糟的大書桌也全部清空了。

這真是個噩夢，我驚醒過來，不停對自己說：「冷靜下來，冷靜下來，你擔心什麼呢？」即便在夢裡我也知道這驚慌是毫無道理的：畢竟只是電腦不見罷了，我有另存完整備份，並將之放在萬無一失之處的習慣。

隔天一早，正當我納悶著夢中的自己為何如此驚慌時，我接到姊姊來電，而先前我已把這份回憶錄的第一部分稿寄給她過目。我的回憶觸動了她，她來告訴我她自己的回憶，包括一件我早已遺忘的事。母親動髖關節手術後尚未出院時，姊姊和我回到母親家中處理她的東西，不久便接到醫院打來的緊急電話，通知我們立刻返回醫院。我們匆忙趕回，進到母親病房時，發現床位是空的！母親已辭世，她的屍體已被移走。關乎她的所有線索全消失無蹤。

我聽著老姊述說時，那夢的意義逐漸變得明朗。我懂了夢裡驚慌的原因：我擔心的不是電腦不見了，而是我的書桌就像母親的病床一樣全給清空了。這個夢是我的死亡預言。

個人的瀕死經驗

十四歲那年，我險遭意外。當時我剛參加完在華盛頓特區十七街上，舊戈登飯店舉行的西洋棋錦標賽。我在人行道邊等公車回家，一面等一面翻閱手中的棋譜，其中一頁從手中滑落，於是我想也沒想便蹲下身去撿。忽然間，我遭人猛然往後拉，接著，只見一輛疾駛的計程車從眼前呼嘯而過，和頭部僅差幾公分距離。我嚇出一身冷汗。後來不知多少次回想起這一幕，即便是現在，依然餘悸猶存。

幾年前，我的髖關節劇痛，看過骨科醫師後，他要我照X光。後來和他一起查看X光片時，這位粗心大意的醫生，竟指著片子上的某個小點，鄭重其事地以同行的口吻說，它可能是轉移性的病灶，換句話說，我被判了死刑。接著他安排我做磁振造影檢查，但是當天是禮拜五，要等到三天後才能做檢查。接下來折磨人的整整三天裡，我無時無刻不想到死亡。我用盡各種方法來安撫自己，沒想到其中最見效的一招，怪異得很，竟是拿起我剛完成的小說來讀。

在《叔本華的眼淚》裡，主角朱利斯是一位年事已高的精神科醫師，被診斷出罹患惡性黑色素瘤。我花了許多篇章描述他接受死亡，以及如何把餘生過得有意義的心路歷程。所有的概念對他都不管用，直到某天他翻開尼采的《查拉圖斯特拉如是說》，採取永劫回歸的思考實驗（請參閱第四章的內容），一切才改觀。

朱利斯思索尼采提出的挑戰。他願意一而再地反覆過這一生嗎？思忖之後，他發現，是的，他願意，這一生他活得很充實，而且……「幾分鐘後，朱利斯茅塞頓開，他知道自己該怎麼做了，以及如何度過僅剩的一年。他會過著和過去一年一模一樣的生活，這生活也無異於前年、大前年以及從前的每一年。他熱愛當個治療師，喜歡和人接觸，樂於幫助別人從生活中得到領悟……他或許需要他所幫助過的人給予掌聲、肯定和感激。就算如此，縱使灰暗的念頭冒出來作怪，他還是對這份工作心懷感恩，願上天賜福它！」

我從閱讀自己的小說當中得到慰藉。**發揮潛能，活得精采**。我對尼采的話有了更透澈的領悟，全拜我書裡的人物為我指引迷津，好個人生如戲啊！

發揮潛能

承蒙大家厚愛，我有幸在史丹佛大學精神醫學系任教數十年，受到同事和學生們的愛戴。作為一個文字工作者，我深感自己欠缺當今偉大作家如羅斯（Philip Roth）、貝婁（Soul Bellow）、歐琪克（Cynthia Ozick）、麥克尤恩（Ian McEwan）、班維爾（John Banville）、米歇爾（David Mitchell），以及我所景仰的其他無數作家的詩意才情，但我還是充分發揮了自己的天賦。我是個還不賴的說故事好手，寫了小說和散文，所擁有的讀者群和喝采聲，遠比我想像的多得多。

我以前在構思演講內容時，總會想像會場上突然冒出個踢館的人，說不定是某位資深的心理治療師，跳出來大聲說我的見解是一派胡言。而今，這種恐懼已消失無蹤。一來是我對自己更有信心，其次是，在場的人就屬我年紀最大。

數十年來，我從讀者和學生那裡得到很多的肯定。有時候我會欣然接受，飄然陶醉。有時候，寫作陷入瓶頸時，別人的讚美聽來卻是不痛不癢。而另有時候，聽到別人對我的溢美之詞時，我深感詫異，愧不敢當，總不忘提醒自己，別太信以為真，人需要相信這世上有智者存在。年輕時我也曾汲汲營營尋覓如此之人，而今，我已一把年紀，又小有名氣，正好很符合人們的期待。

我相信，人會尋覓心靈導師，透露出人內在的脆弱，以及渴望倚賴某個至高無上的存在。很多人，包括我在內，對自己的心靈導師不僅敬重有加，而且往往過於推崇。兩年前，我在某位精神醫學教授的追思會上，聽到從前教過的一位學生——姑且稱他為詹姆斯好了——致悼念詞。詹姆斯如今已相當有成就，是東岸某大學的精神醫學系系主任。這兩人我都很熟，令我詫異的是，詹姆斯上台致詞時，把自己的很多創見，歸為仙逝的老師所有。

稍後當晚，我對詹姆斯說起我對他的致詞的觀感，他不好意思地微笑說：「啊，歐文，受教了。」他同意我的觀點，但不明白自己何以如此。我想起古代作家常以其導師之名發表著作，以致當今古典文學家很難論斷許多古著述的真正作者為誰。舉個例來說，多瑪斯・阿奎納（Thomas Aquinas）便把他個人大半的獨特見解，歸諸於其智識上的導師亞里斯多德。

達賴喇嘛於二〇〇五年來到史丹佛大學開示，所到之處，備受敬重禮遇，一開口講話，便被引為經典，傳頌千里。演講結束後，我史丹佛大學的眾多同僚，其中不乏赫赫有名的教授、院長、諾貝爾級的科學家，全都湧上前去，像小學生一般乖乖排隊，靜候他施以結緣灌頂，然後向他鞠躬致意，並稱呼一聲「尊者」。

人人都有崇敬聖人的強烈慾望，想對心中的聖人謙卑而激動地稱呼一聲「尊者」。也許這就是佛洛姆（Erich Fromm）在《逃避自由》（*Escape from Freedom*）中「對順服的渴望」一詞的意義，而宗教的源頭正是在此。

總之，我在專業上發揮了潛能，這一生過得很充實。發揮潛能不僅讓我得到滿足，也是我面對無常和即將到來的死亡的精神支柱。事實上，治療師這份工作，就極大的程度來說，一直是我因應死亡的一部分。能當一名治療師是一種福分：看著別人走出困頓、迎向生命，是無與倫比的喜樂。治療給了我激起漣漪的**絕佳機會**，讓我得以在每次會談裡，將我的特質、對人生的體悟傳遞出去。

（順道一提，我時常在想，這情況在這一行裡會持續多久。在我目前的實務工作裡，有幾名共事的心理治療師，剛從以認知行為治療掛帥的研究所畢業，對這個取向以機械化操作對待病人的模式深感失望。我也常在想，這些受過如此冷漠的行為取向訓練的治療師，將會在自身遭遇困難、需要協助時有所改變。不過我敢打賭，這種改變決不會發生在他們母校的那些同行身上。）

我採行的密集治療取向，著重人際及存在議題，並相信有無意識存在（雖然我對無意識內容的看法和傳統的分析觀點大不相同）。希望把這個取向傳承下去、發揚光大的心願，是年事已高的我依然工作、著述不墜的動力，儘管這世界就像羅素（Bertrand Russell）說的：「太陽系有天將化為廢墟。」這一點，我難以和羅素爭辯，雖然我不認為如此的宇宙觀和我有切身關係。唯有人類的世界，人與人的關係所編織出來的世界，才是我所在乎的。想到要離開的是一個空洞的世界，沒有另一個有自覺的主體心靈存在的世界，我不會悲傷難過。人將此生所看重的價值傳遞給他人的漣漪概念，意味著和另一個有自覺的實體發生聯繫，沒有這一層聯繫，漣漪便無從發生。

死亡與我的導師

大約三十年前，我開始著手寫一本談論存在心理治療的教科書。為了寫這本書，我花了好幾年的時間和患有絕症的臨終病患一同工作。其中很多人因為病痛的折磨而益發睿智，成了我的良師益友，對我的人生與工作有深遠的影響。

除了這些人之外，我也受惠於三位傑出的導師：法蘭克（Jerome Frank）、懷特洪（John Whitehorn）以及羅洛·梅（Rollo May）。我在他們過世前探望過他們，留下了難忘的回憶。

傑洛·法蘭克

法蘭克是我在約翰霍普金斯大學就讀時的教授，他不僅是團體治療的先鋒，也是帶領我進入這領域的導師。此外，他更是我畢生在品格及智識上努力效法的典範。完成專業訓練後，我仍和他保持密切的聯絡，在他晚年住進巴爾的摩安養中心的那些年，依舊定期探訪他。

法蘭克邁入九十歲後，老年癡呆的情況日趨惡化。他於九十五歲高齡過世的幾個月前，我最後一次探視他時，他已不認得我。我和他聊了好久，談起我記憶中的他，以及和他共事過的所有同事的點點滴滴。他慢慢想起我是誰，悲傷地搖搖頭，為他的喪失記憶而致歉。

「歐文，實在很抱歉，但我控制不了。每天早上醒來，我的記憶就像一塊擦得乾乾淨淨的黑板一樣。」他伸出手彷彿擦黑板一般在額前揮了揮。

「傑洛，你一定感覺很糟，」我說：「我記得你以前常以超強的記憶力自豪。」

「你知道嗎，其實沒那麼糟，」他答道：「每天醒來，在這病房裡和其他病患及工作人員一同吃早餐，他們看似陌生人，不過一整天下來，慢慢就熟悉了。我會先看一會兒電視，然後請人幫我把輪椅推到窗邊，接著欣賞窗外風景。我欣賞映入眼簾的一切。很多事物我都像頭一回看到一樣。我很享受這種單純的觀看。這其實沒那麼糟，歐文。」

這是法蘭克留在我腦海的最後身影：坐在輪椅上，頸背駝得很厲害，必須使勁抬起頭才能看到我。他因嚴重的癡呆而受苦，卻依然敞開心教導我，儘管他失去一切，他仍從純粹的觀看中找到樂趣。

我珍視這份禮物，一位非凡卓倫的導師生前最後表現出來的雍容大度。

約翰・懷特洪

懷特洪是精神醫學界的巨擘，擔任約翰霍普金斯大學精神醫學系系主任三十餘載，在我受教過程中佔有舉足輕重的影響。他為人溫文儒雅，不善交際。閃閃發亮的腦袋瓜，覆著修剪得極其工整的月牙形灰髮。戴著金絲框眼鏡的臉上，沒有一絲皺紋，就像他一年四季天天穿的那件棕色西裝外套一樣。（我們做學生的總猜想，他的衣櫥裡一定有兩三件一模一樣的外套。）

懷特洪講課時，臉上沒有多餘的表情：你只見他嘴巴開開闔闔，除此之外，臉頰、眉毛和手皆紋風不動。我從沒聽過別人直呼他的名字，就連他的同事也不例外。當他舉辦一年一度只供應一小杯雪麗酒而沒有餐點，曲高和寡的雞尾酒派對時，沒有哪個學生不聞風色變的。

我當精神科住院醫師的第三年，每個禮拜四下午和另外五名資深的住院醫師一同接受懷特洪醫師的督導。在那之前，我們先在他鑲著橡木的辦公室用餐。餐點很簡單，但席間瀰漫著優雅的南方氣息：亞麻桌布、閃閃發亮的銀盤，以及骨瓷餐具。這場午餐會談進行得很長，但相當悠閒。在座的人常有電話要回，或有病患嚷著要見面，但懷特洪醫師總是一派氣定神閒。最後，連這群人裡頭性子最急的我，也學會慢下腳步，騰出空檔來。

在這兩個鐘頭裡，我們可以提出任何問題。我記得自己問過他諸如妄想症的病因、對於病患自殺醫生該負什麼責任、治療帶來的改變和決定論之間的牴觸等問題。雖然他會充分回答我這些問題，但他顯然偏好其他議題，譬如：亞歷山大大帝手下將領的軍事策略、波斯射手何以神乎其技、蓋茨堡戰役出了什麼大紕漏，還有他最愛談的，他如何改進了元素週期表的排列（他是學化學出身的）。

用餐後，我們圍成一圈，觀察懷特洪醫生和四、五位病患會談的情形。每次的會談，時間上總說不準，有時十五分鐘即結束，有時會長達兩、三個鐘頭。他總是一派悠閒，好似時間多到用不完。會談時，最令他興味盎然的事，就屬病患的職業和喜好。一回，他讓某位歷史專家深入分析西班牙無敵艦隊潰敗的原因，另一回則鼓勵南美的咖啡農談了一整個鐘頭的咖啡樹，彷彿這次會談最主要的目的，就是瞭解海拔的高度和咖啡豆品質之間的關係。他如此微妙地轉入病患的個人層面，以至於我每每目睹疑神疑鬼的妄想症病患，忽然間變得能夠坦率地侃侃而談時，總是驚訝不已。

從就教於病患的過程裡，懷特洪醫師和眼前**這個人**搭上了線，而不只是看見那病患的病症。他的策略提升了病人的自我觀感，也提高了病人坦露自己的意願，屢試不爽。

好個「狡猾的」晤談者，有人也許會這樣說，但他本人可一點也不狡猾。他從不口是心非，不玩兩手策略，他是真心誠意地向他們討教。他求知若渴，多年來累積了無數知識上的奇珍異寶。

「你和病患雙贏。」他會這麼說：「向他們討教，認識他們的生活和愛好，學得夠多之後，你不僅增長見識，而且最終你會了解到和他們的病症相關的一切。」

他對我的學習有莫大的影響，對我的人生亦然。多年之後，我才知道，我之所以能在史丹佛大學任教，拜他一封強力的推薦信所賜。我在史丹佛大學展開專業生涯之後，除了和他轉介給我的一位表親進行治療之外，有好幾年沒跟他聯絡。

然後，有天清晨，我接到他女兒（我和她素未謀面）的來電，讓我大吃一驚。她在電話裡告訴我，她父親中風，來日不多，特別交代說想見我一面。我即刻動身，從加州飛往巴爾的摩，直奔他所在的醫院，途中一直納悶著：為何是我？

他半身不遂，患有失語症，嚴重影響說話的能力。

看到我所熟悉的一位口齒流利、能言善道的師長，流著口水極力想找一些字眼來表達的模樣，令我很是震驚。最後他勉強吐出幾個字：「我……我……我很怕，怕得要命。」而我看見巨像倒臥在廢墟裡，心裡也恐懼至極。

為何眾人之中，他唯獨想見**我**？他畢生作育英才，教出了兩個世代的精神科醫師，其中很多人在一流的大學裡位居要津。他為何單挑我這個窮雜貨商移民之子，一個容易激動又沒有自信的人？我能為他做什麼？

果然，我做得不多。我跟所有的訪客一樣，緊張地杵在那兒，拚命找一些安慰的話來說，直到二十五分鐘後他睡著為止。後來我得知，兩天後他便與世長辭。

「為何是我？」這疑問在我腦海裡盤桓多年。也許我令他想起戰死於二次大戰的兒子。

我想起大家祝賀他退休的那場晚宴，那年正好是我實習的最後一年。晚宴即將結束之際，許多顯貴要人致詞之後，他舉杯莊重地獻上離別感言：

「常言道，」他這樣起頭：「觀其友知其人。倘若此言為真，」他頓了頓，慎重地掃視在場的聽眾，接著說：「那麼我想必是個好人。」我曾有幾回，但次數不多，也如他這般心有所感地對自己說：「承蒙他看得起我，我想必也是個好人。」

很久之後，當我年歲漸長，並對死亡有更多的體悟後，我明白懷特洪醫師過世時有多麼孤單。他不是在摯愛的家人親友陪伴下撒手人寰的，所以他把我這個闊別十年、談不上有深入交情的學生找來。這其中所透露出來的訊息，倒不是我有多特別，而是他無法和他所愛的人以及愛他的人聯繫的悲哀。

追憶這件往事時，我常常希望自己有機會重新來過。我知道我一聽到消息便即刻搭飛機探視他，他已經接收到我的心意，只不過，我多麼希望我可以做得更多。我會觸摸他，握他的手，說不定還會擁抱他，親吻他的面頰。只是他一直是那麼嚴厲而令人生畏，我不禁懷疑，數十年來可有人膽敢上前擁抱他。我本身就是一例，我從來不敢，也從沒看過別人這麼做。我希望我能親口告訴他，他對我意義重大，他的想法在我身上激起巨大的漣漪，當我用他獨有的方式對病人說話時，我時常想起他的教誨。他臨終時喚我到他的病榻前，是他給我的最後一份禮物，儘管我知道，垂死之際的他，知識上再也不能教我什麼了。

羅洛·梅

在我心裡，羅洛·梅之所以意義非凡，不僅因為他是個好作者、好治療師，而且是一位知心至交。

我接受精神醫學訓練之初，常對當代理論模式感到迷惑與不滿。在我看來，生物學和精神分析的立論基礎都過於忽略人的本質。羅洛·梅著的《存在》（*Existence*）一書在我擔任住院醫師的第二年問世時，我貪婪地閱讀每一頁，看到了一片全新的視野。我馬上到大學部選修了一門西洋哲學概論，自此以後，不僅持續閱讀相關書籍，也經常到哲學系旁聽，越來越覺得我的工作受惠於哲人智慧之深，甚於專業書籍。

我很感激羅洛．梅寫了那本書，還有他為解決人類的問題所提出的真知灼見。（我特指他那本書的前三篇，其餘的篇章是他翻譯歐洲哲學家分析「此在」〔dasein〕這概念的譯作，我覺得沒那麼重要。）多年後，我因為治療癌末病人而開始對死亡一事焦慮不堪，我決定找他進行心理治療。

羅洛．梅住在提布倫（Tiburon），距離我在史丹佛的辦公室大約要八十分鐘的車程，但我覺得花這些時間很值得。我們每週見一次面，前後長達三年，除了每年夏天他前往新罕布夏州度假的那三個月之外。每次的會談我都會錄音，並利用行車往返的時間重聽前一回的錄音。自此之後，我常建議需要長途通車來見我的病患也這麼做。

我們談了大量的死亡議題，以及我治療眾多垂死病患下來，心中掀起的死亡焦慮。最令我苦惱的，是伴隨死亡而來的孤獨感，其嚴重程度甚至一度到了前往外地演講夜宿他鄉時，入夜便焦慮不堪的地步。於是，那段期間，我刻意在離他辦公室不遠的一家偏僻的汽車旅館投宿，並在投宿之前和之後皆和他進行會談。

果不其然，一股強大而飄忽不定的莫名焦慮常常在夜裡襲來，隨之而來的是可怕的夢，夢境情節包括被追捕、邪魔由窗外伸入魔掌等等。雖然我們努力探究死亡焦慮，但我總覺得我倆好似暗地裡串通好似的：不願凝視太陽，全然迴避了本書提及的死亡這恐怖怪物。

不過，整體而言，羅洛．梅是個優秀的治療師，結束治療關係後，我倆成了好朋友。我歷時十年寫成的《存在心理治療》剛好在那時完成，他很肯定這本書。我們輕鬆地談論我倆從治療師和病人的關係，轉為莫逆之交這複雜又奇妙的轉折。

歲月如梭，我倆角色易位的時候到了。羅洛．梅經歷一連幾次的小中風之後，人變得很迷惑而容易驚慌，經常尋求我的支持。

一晚，他的妻子喬琪亞（她和我們夫妻也很熟）打電話來說，羅洛恐怕撐不下去，希望我和內人馬上過去。那晚，我們三人守候在一起，輪流陪伴羅洛，而羅洛已陷入昏迷，因為嚴重的肺積水而吃力地呼吸。最後，他在我的看顧下嚥下最後一口氣，與世長辭。之後喬琪亞和我合力將他的遺體洗淨，待殯葬業者一早抵達時將他帶往火葬場。

那晚就寢時，我為羅洛辭世感到難過，遺體火化一事也令我惶惶不安，接著做了這個驚人的夢：

我和爸媽及姊姊一同走在購物中心裡，全家決定要上樓去。我進到電梯裡，卻發覺只剩我一人，家人全不見了。那一趟電梯好長好長，當我走出電梯時，發現自己來到一片熱帶海灘上。我還是不見家人蹤影，只好一遍又一遍尋找他們的下落。雖然那地方很棒，熱帶海灘在我來說猶如天堂，但我開始擔心害怕起來。接著我穿上一件有印有護林熊〔譯註三〕笑臉的睡衫，那臉變得越來越明亮，光彩耀眼。那熊臉很快變成夢的焦點，彷彿夢的能量全匯集到那咧著嘴笑的可愛熊臉。

這個夢喚醒了我，倒不是因為恐懼，而是睡衫上耀眼圖案的光芒刺眼，彷彿一道道光線突然照亮臥房。夢的開端，我心情很平靜，幾乎可說是歡喜，當我發現家人不見，心頭瞬時湧上不祥的預感和驚恐。之後，發出光芒的護林熊接掌全局，牠的笑臉佔滿整個夢境。

我很確定，發出光芒的護林熊後頭，躺著火化中的羅洛。羅洛的過世讓我面對自身的死亡，而夢裡我和家人失散而落單，以及電梯無止境地往上升，代表的便是我的死亡。我對自己的無意識竟輕易受騙感到很震驚——夢中那往上升的電梯，以及電影裡常見的熱帶海灘風情式的天堂仙境，這種好萊塢式的永生不朽（儘管孤單一人的天堂一點也不歡樂），部分的

譯註三　Smoky the Bear，身穿美國護林警服的漫畫熊，防止森林大火及環境保護的象徵。

我竟願意買帳，好讓人難為情。

那夢似乎也代表了消除恐懼的某種英雄式作為。羅洛的過世和即將舉行的火化讓我驚恐，這個夢設法緩和這整個經驗以消除我的恐懼。它善意地把死亡偽裝成前往熱帶海灘的往上升的電梯，連熾烈的火化也變得友善許多，像是穿上一襲印有逗人開心的可愛護林熊的睡衫，準備迎接如同睡覺一般的死亡。

這個夢似乎特別印證了佛洛伊德所持的，夢會護衛睡眠的這個看法。我的夢奮力讓我保持在睡眠狀態，極力避免它變成噩夢，就像水壩一樣，防堵恐懼氾濫。然而，它終究會潰堤，讓情緒一洩而下。可愛小熊的影像終究會過熱，而熊熊燃燒的刺眼光芒終將把我喚醒。

我個人和死亡周旋的經驗

我的讀者大抵都會這麼想：七十五歲高齡的我，想必是藉著撰寫這本書來因應死亡焦慮。我應該開誠佈公地談一談才是。我經常問病患：「死亡特別令你害怕的是哪一點？」現在輪到我來坦率回答這問題了。

我想到的頭一件令我痛苦的事，是離開我內人，我十五歲以來的心靈伴侶。我腦中浮出一個畫面：我看著她上車，獨自駕車離去。這想像其來有自：每週四我都會開車到舊金山和病患會談，內人每週五搭火車來和我會合度週末，然後一起開車回派洛艾圖（Palo Alto）。我載她到火車站停車場取車，她下車後，我會等在原處，從後視鏡注視著她，確定她上車發動後，才會驅車離開。我死後她將獨自上車，沒有我在一旁注視著她保護她，我一想到這情景便感到難以言喻的痛苦。

沒錯，你會說，那是**她的**痛苦。你自身的痛苦是什麼呢？我的答案是，屆時可以感受到痛苦的「我」將不存在。我同意伊比鳩魯的看法：「死亡存在時，我並不存在。」到時將不會有可以感覺到恐懼、悲傷、哀慟、被奪走什麼的我存在。我的意識將消亡，好比啪一聲關燈熄火。我也從伊比鳩魯的生死對稱論中得到慰藉：死亡後將和出生前一樣毫無知覺。

漣漪

話說回來，我不否認撰寫這本書對我個人而言有其價值。我深信這過程讓我對死亡一事越來越不敏感：我認為人可以習慣任何事，就連死亡這件事也不例外。不過，我寫這本書的初衷，倒不是為了消除我的死亡焦慮，主要是為了將經驗傳承下去。我對如何緩和死亡焦慮頗有心得，希望在有生之年，頭腦還靈光時，把我的經驗傳給他人。

如此說來，書寫便和漣漪的概念息息相關。可以留點什麼給後代世人，我感到莫大的滿足。不過，就像我在書裡一再提到的，我不期待「我」、我的形象或我這個人永垂不朽，而是希望我的某些看法、能夠給予人指引與慰藉的觀點長存於世：期待自己關懷他人的良善之舉、領悟和體會，或是面對恐懼的建設性做法，將在識與不識的人們身上，以無法預料的方式激起波瀾和迴響。

近來有位年輕人來找我諮商婚姻問題。他告訴我，他之所以來找我也是為了滿足好奇心。二十年前，他的母親（我想不起是誰）和我進行過幾回的治療，經常跟他提到我，說我的治療改變了她的一生。我認識的每一位治療師（及老師）都有類似的故事。

我從不希冀我個人或形象以任何實體形式永存不朽。毫無疑問地，終有一天，這世上將不再有人認識我。數十年前，我在夏普〔譯註四〕的小說《吉迪鎮的綠樹》（*A Green Tree in Gedde*）讀到鄉下墓園的兩種情景：一是「永誌人心的死者」，另一個是「不折不扣的死者」。永誌人心的死者墓前擺滿了鮮花，而不折不扣的死者遭人遺忘，不僅沒有鮮花，還雜草叢生，墓碑傾斜毀壞。不折不扣的死者是沒沒無名的古人，為生者所不識。每一位老者，都是儲存眾人影像的最後寶庫。每一位遲暮之人辭世，無不帶走了大批人的身影。

聯繫與無常

親密關係幫助我克服死亡恐懼。我珍惜與家人——妻子、四個孩子、孫兒以及姊姊——的感情，也很重視和朋友的情誼，好些都有數十年以上的交情。我很用心維繫和老友的感情，你不可能新交到老朋友。

身為治療師，有許多與人聯繫的豐富機會，這是從事治療的最大收穫。我試圖和每位病患在每次會談裡，經營真誠而親近的關係。不久前我才和一位老友兼治療師同僚提起，儘管我已經七十五歲，退休的念頭對我來說還是很遙遠。

「這份工作帶給我很大的滿足，」我說：「不收費也沒關係，這工作是個恩典。」

他聽完馬上接口道：「有時候我還在想，我願意付錢去做呢。」

然而，聯繫的價值可以無限上綱嗎？畢竟，讀者也許會問，如果人是孤單的來到這世上，也將孤單的離開，那麼人與人的聯繫有恆久的根本價值嗎？每當我思量這問題時，總

譯註四　Alan Sharp（1934-），英國作家。

會想起一回團體治療時，某位來日不多的婦人曾說：「那就像黑漆漆的夜晚，我獨自坐在船上，在海灣裡飄盪。我看見週遭很多船隻的燈火，但我知道無法和他們聯絡，也無法加入他們。不過，看到海面上躍動搖曳的燈火，我覺得很安心。」

我和她有同感——豐富的聯繫緩和了無常的痛苦。很多哲學家表達過其他的觀點。比方說，叔本華和柏格森〔譯註五〕認為，人是涵蓋一切的生命力（即「意志」、「生命衝力」〔élan vital〕）的個別展現，所以人死後將重新納入這股力量之中。相信輪迴的人會說，人的本質——魂魄、聖靈（divine spark）——將永存不滅，並藉由另一個形體重生。唯物論者會說，人死後，組成身體的DNA、有機分子、甚或碳原子將分解而回歸自然，直到有天再度凝聚，形成另一個生命體。

在我看來，這些論及生命恆存不滅的觀點，對於緩和無常之痛作用不大：失去意識之後，我的軀體的有機分子命運如何這說法，僅是一種冰冷的安慰。

對我來說，無常就像背景裡的一首永不停息的樂章，你鮮少留意到它的存在，直到發生某件驚人的事，你才會赫然察覺。我想到近來和同行聚會時的一段插曲。

且讓我先說說這聚會的背景：過去十五年來，我和其他十名治療師組成了一個沒有帶領者的支持團體。近幾個月來，這聚會有一名新成員加入，名叫傑夫，是位精神科醫師，因為羅患癌症而將不久於人世。打從數月前被診斷為癌末以來，他隱然成為團體領導，指引其他成員如何以直接、思慮周到而勇敢的方式面對死亡。近兩次的聚會，傑夫顯得虛弱許多。最近一回，我對人生無常陷入長思，聚會一結束，我馬上記錄下聚會的內容。（雖然我們要遵守保密原則，不過傑夫和團體成員特許我在此公開紀錄。）

傑夫先前說過，他的身體將會變得很虛弱，而沒法和大家碰面，大夥兒即便到他家聚會，他也無法參與。傑夫開始和我們道別了嗎？還是想退出聚會藉此迴避哀傷的痛苦？他談起我們的文化把將死之人視為汙物或廢物，如此一來，人們都不敢靠近垂死的人。

「這裡也發生這樣的情況嗎？」我問。

他環視大家，然後搖搖頭。「不，這裡例外，這裡不同，你們每個人都與我同在。」其他人說起我們需要釐清關心和侵犯之間的界線，也就是說，我們會不會要求他太多？他說，他是我們的老師，教導我們死亡這堂課。他說的甚是，我會把他的教誨銘記在

譯註五　Henri Bergson（1859-1941），法國哲學家。

心。然而他已有如風中殘燭。

他說，傳統的治療過去很管用，但如今已不見效。他希望談談靈性的事物，治療師從不涉足的層面。

「您所謂的靈性層面指的是什麼？」我們問。

沉吟了好半晌後，他說：「嗯，就是死亡為何物？人要怎麼面對死亡？治療師從來不碰這類問題。假使我觀呼吸發現呼吸變慢或停止了，那麼我的心靈會如何？之後又如何？我的軀體，這臭皮囊消失後，還有某種形式的知覺存在嗎？沒有人有答案。佛教說，人的魂魄需要三天的時間才能完全脫離肉體。我可以要求家人讓我的屍體停放三天嗎（姑且不說它會發出腐臭味）？我的骨灰該怎麼處理？你們願意在我的喪禮上分一把我的骨灰，將之撒在不老的紅樹林嗎？」

稍後，當他說起他比以前更能徹底而真誠的活在當下，和我們聚會時更是如此時，我不禁眼眶一熱。

另一個成員談到他做了活生生被埋進棺材的噩夢，一段遺忘已久的記憶突然湧上我心頭。我唸醫學院的頭一年，曾經從洛夫凱夫特〔譯註六〕那裡得到靈感，寫下一篇短篇小說，其主題就是一位被埋葬的人依舊意識清楚的故事。我曾把稿子寄到科幻雜誌，卻遭退稿，後來因忙於課業，便把它扔在一旁（從此不知去向）。事隔四十八年之後，我才在此刻猛然想起。這段記憶點出一件事：我面對死亡焦慮的時間，比我原本理解的更早。

這樣的聚會多麼非比尋常，我思忖。人類史上有哪一群人有過類似的談話？如此的無所不談，毫無保留，直視人類存在最艱難而嚴苛的問題，眼睛眨也不眨，毫不畏縮。

我想起那天稍早，我曾和一位年輕女病患晤談，她花了大把時間哀嘆男人的粗魯和遲鈍。我環顧在場這清一色由男性組成的團體，這每一張可親的面孔都是那麼的敏銳、溫和、關懷，又極其專注。啊，我多麼希望她能來這團體瞧一瞧，我多希望全世界能看見這團體！

這時，躲在背景裡輕聲作響的無常念頭襲上心頭。我轟然明白，這無與倫比的聚會和這位不久於人世的成員一樣無常，也和在場正緩步走向等在稍遠處的死亡的所有人一樣無常。這個美好動人而肅穆的聚會命運如何？終有一天會消失，如同我們每個人、我們的軀體、對這聚會的記憶、這份紀錄、傑夫所受的折磨及其教誨、我們與他同在的每一刻，都將化為一縷輕煙，除了懸浮在黑暗中的碳分子以外，什麼也不留。

譯註六　H. P. Lovecraft（1890-1937），美國作家，作品以驚悚科幻小說為主。

悲傷席捲我心。總有方法留住這一切，要是把聚會錄影下來，在某個全球放映的頻道上播出，讓全世界的人觀看，說不定這世界會從而改觀。沒錯，這正是我們所需要的：保存下來，戰勝遺忘。我不就是有保留東西的癖好？這不正是我寫書的初衷嗎？我為何寫下這份筆記？這微不足道的努力難道不是為了留下紀錄？

我想起狄倫．托瑪斯〔譯註七〕的詩句：戀人雖已逝，愛永存不朽。初讀這詩句時我很受感動，但如今卻納悶，「永存」於何處？這是不切實際的空想嗎？人如果無心聆聽，聽得見林木倒下的聲音嗎？

漣漪和聯繫的概念終究緩緩湧入腦中，我鬆了口氣，又有了希望。我們今天見證的一切，也許將永遠在團體的每個人的心中激盪。我們心心相契，每個人將把在這裡習得的人生教誨，或隱或現的傳遞給他人。這教誨的威力是無法言說的，智慧、慈悲、美德的漣漪將綿延千里，直到天荒地老……

尾聲響起。兩個禮拜後，我們在傑夫臨終前齊聚一堂，我再次徵求他的同意，讓我公開這份筆記，並詢問他偏好用假名或真名發表。他選擇真名。從這個小插曲中，我可以想見，他從漣漪的概念得到了幾許安慰。

宗教和信仰

就我記憶所及，我從沒有宗教信仰。我記得年節時和父親上猶太教堂，看著英譯的讀本，內容淨是無止境的讚歌，歌頌上帝的榮耀與權力。看到會眾對如此冷酷、虛榮、記恨、善嫉又貪愛讚美的神獻上無比的崇敬，我感到十分迷惑。我仔細凝視大人們吟誦聖歌時，忽上忽下擺動的臉龐，希望看見他們對我咧嘴一笑，但他們埋首禱告，心無旁鶩。我瞥了一眼山姆叔叔，一個愛說笑的親切傢伙，希望他會對我眨眼耍寶，從嘴角輕聲吐出一句：「別把這事兒看得太認真，小子。」不過這情形從沒發生過，他從沒眨眼或微笑，只管直視前方，全心歌頌。

長大後，我參加一位天主教友人的喪禮，聽到神父宣稱，我們所有人都將在天國歡喜重逢。我再度環顧四週，看到的全是一張張虔誠的面孔，覺得自己彷彿被重重幻影包圍。我這

譯註七　Dylan Thomas（1914-1953），威爾斯詩人。

懷疑的態度，多虧兒時老師在宗教教育上的粗枝大葉；倘若我年幼時遇到的老師細膩敏銳又老練，我也很可能會深受影響，而無法想像沒有上帝的世界。

在這本關乎死亡恐懼的書裡，我避免在宗教的慰藉上多所著墨，這是考量到一個麻煩的兩難問題。從一方面來說，我相信這書裡頭的很多觀念，縱使是有強烈宗教信仰的讀者看來，亦很有價值，所以我在措辭上斟酌過，避免激起他們的反感。我尊重每個人的信仰，即使我和他們看法不同亦然。不過，從另一方面來說，我的工作所賴以為繫的是存在主義世界觀，其著眼於現世，並且駁斥超自然信仰。這個取向相信，生命（包括人類生命在內）起於偶然，人是有限的生物。而且無論我們願意與否，我們能倚靠的唯有自己。我們只能靠自己保護自己，靠自己評估自身的作為，靠自己活出意義來。人的命運不是天注定的，人人得決定如何盡可能的活得充實、快樂、有意義。

就某些人看來，這觀點顯得嚴苛冷峻，但我不這麼認為。如同亞里斯多德所言，假若人之獨特性在於理性的心靈，那麼我們就該努力使這項能力更為精進。因此，以諸如神蹟等非理性思維為根基的傳統宗教觀，總令我費解。我本身就是沒法相信有違自然律的事。

試試這個思考實驗。凝視太陽，堅定而無畏地檢視你的存在處境，不靠宗教所提供的護欄過活；也就是說，不倚賴某種延續、不朽或輪迴的形式，諸如此類的概念無不否認死亡的必然性。我相信，沒有這些精神支柱，人照樣可以活得很好。哈代（Thomas Hardy）之見深得我心〔作者註三〕，他說：「如果有變得更好的方法存在，那就是看清最壞的情況。」

宗教信仰緩和了很多人的死亡恐懼，這一點我從不懷疑，只是對我來說，它迴避了關鍵問題。在我看來，這有如使出閃躲戰術：宣稱死亡不是終點，這不僅否認死亡，而且抹去死亡。

那麼，我在工作上如何治療那些擁有宗教信念的人？且讓我以我偏好的方式回答，說個小故事。

「上帝為何要我看見這些？」提姆如是問

若干年前，我接到提姆來電，請我和他進行單次會談，幫他處理他所謂的「存在的關鍵問題，也就是我的存在」。隨後他又補了一句：「容我再說一次，談一回就好，我是個教徒。」

作者註三　參見〈我心深處 II〉（De Profundis II），1895-96，哈代。《古今詩選》（*Poems of the past and the Present*，網址 http://infomotions.com/etexts/gutenberg/dirs/etext02/pmpst10.htm）

一個禮拜後，他進到我辦公室，穿著一襲荷蘭藝術家風格的白色工作褲，上頭沾有顏料漬，手上拎著一只畫作夾。他個頭不高，身材圓滾，方面大耳，頂了個平頭，髮絲已轉灰白，微笑時露出整排牙齒，好似缺了幾條木椿的白柵欄。他戴的那副眼鏡厚得讓我想到玻璃瓶可樂的瓶底。他拿著錄音機，問我可否全程錄音。

我同意，並問他一些基本資料。他六十五歲，離了婚，過去二十年以建築為業，直到四年前退休後，專心從事藝術。接著，無需我先起頭，他便開門見山地切入重點。

「我打電話給你是因為我看過你寫的《存在心理治療》，你看來像個智者。」

「那麼你為何只想見這位智者一次就好？」我問。

「因為我只有一個問題，我相信睿智如你，談一次就夠了。」

這疾如迅雷的回答讓我好生訝異，我凝視著他。他避開我的目光，望向窗外，很是坐立不安，先是起身，隨即坐下，然後又再次站起、坐下，將手中畫夾抓得更緊。

「這是唯一的原因嗎？」

「我就知道你會這樣問。我常常可以事先知道別人想說什麼。回到你問的為何只見一次面，我跟你說了最關鍵的一點，但還有別的因素。真正說來原因有三，一是我的財務狀況還過得去，但不是很優渥。其次是，你的書很有智慧，但顯然你不信教，我不想在這裡費唇舌為我的信仰辯護。再者，你是精神科醫師，我見過的精神科醫師沒有不叫我吃藥的。」

「我喜歡你的直率和條理分明，提姆，我也試著採取同樣的做法，盡量一次就搞定。好，你的問題是什麼？」

「除了當建商之外，我做過很多事。」提姆話說得飛快，彷彿事先練過一般。「我會寫詩，年輕時是個樂手，會彈鋼琴和豎琴，編寫過一些古典樂曲，也寫過一齣歌劇，地方上的某個業餘劇團曾上演過。近三年來，除了作畫之外，我啥事也沒幹。喏，」他對著手中緊抓著的畫夾點點頭：「近一個月的畫作都在這裡。」

「你的問題是？」

「我畫的全是上帝傳給我的影像。幾乎每個晚上，在半睡半醒之間，我會看到上帝傳來的影像，然後我會花掉次日一整天，或緊接著的好幾天，把那影像複製出來。我想問你的是，**上帝為何要把這些影像傳來給我？**瞧。」他小心翼翼地打開畫夾，顯然猶豫著要不要讓我看所有的作品。最後他抽出一張大型畫作，「這是上禮拜畫的其中一幅。」

那是一幅出色的鋼筆畫，以極其細膩的筆觸繪出一名裸身男子，面朝下俯身擁抱地面，說他和大地交媾也不為過。週遭的灌木叢和樹枝低垂朝向他，彷若溫柔地輕撫著他。他身旁圍繞著一些動物：長頸鹿、臭鼬、駱駝、老虎，也全都低著頭，好似向他致敬。畫作的下緣，有他潦草的字跡：「慈愛的大地之母」。

接著他迅速的抽出一張張畫作。那一幅幅怪異、狂野、怵目驚心的素描，以及充滿原型符號、基督教聖像和數個色彩鮮明的曼陀羅的丙烯畫，看得我眼花撩亂。

我勉強讓自己回過神，看了一下時間，說：「提姆，我們的時間快到了，我想試著回答你的問題。我從你身上觀察到兩點，一是你有非凡的創造力，這些創造力在你的一生之中隨處可見，不論是在音樂、歌劇或詩作上，而今它則表現在你這些不同凡響的繪畫上。我的第二點觀察是，你的自尊心低落，我相信你沒察覺到自己的天分，不曉得自己有如此的才華。你跟得上我所說的嗎？」

「大概是吧，」提姆說，看起來很不好意思，接著，他沒看著我，補了一句說：「我不是頭一回聽到人家這樣說。」

「所以我對於你的情況的理解是，這些出色的畫作來自你內在的創意源頭，只不過你的自尊心低落，對自己很沒信心，所以你無法相信自己有如此的創意，因此自然而然把功勞記到別人頭上。而就目前的情況來說，你是歸功給上帝。所以我的想法是，縱使**你的創意是上天給的**，不過，創造出那些影像和畫作的，是你本身，是你一人。」

提姆一面仔細聆聽，一面點頭。他指著錄音機說：「我想記住這一點，我會常聽這卷錄音帶。我想我有答案了。」

❀ ❀ ❀

和有宗教信仰的人會談時，我秉持的最高原則是：以**病患的福祉為上**。這一點不容打破。我難以想像自己損害了某人憑恃的信仰，即便那信仰在我看來是天方夜譚。因此，當有宗教信仰的人來找我協助時，我從不挑戰他們的信仰，而那信仰往往從他們兒時起便根深蒂固。

我曾和一位神父會談過一次，他從每天一早望彌撒前和上主的交談中，獲得莫大的慰藉。我和他會談那段期間，轄區內繁忙的行政事務及同僚之間的齟齬，讓他不勝其煩，因之不得不縮短和上主交談的時間，甚至完全省略。我從探究他何以捨棄能帶給他莫大安慰和指引的事著手，消除了他內心的抗拒。我從沒想過要質疑他的靈修，也沒想過用任何方式對他灌輸我的懷疑論。

不過，我也有一回脫軌的演出，喪失治療該把持的風度。

你怎能活得毫無意義？猶太拉比如是問

幾年前，一位從國外來的年輕猶太拉比打電話來，要求與我會談。他說他正接受心理治療的訓練，想成為一名存在取向治療師，卻發現他的宗教信仰和我所持的心理學論點相牴觸。我同意和他會晤。一個星期後，如期來到我辦公室的，是一位頗有魅力的年輕人。他有著一雙犀利的眼睛，蓄著長長的山羊鬍和捲曲的絡腮鬍，戴了頂小圓帽，但卻怪異地穿著一雙網球鞋。一開始的三十分鐘，我們概略地談到他有意成為一名治療師的志向，以及他的宗教信仰和《存在心理治療》一書中的某些看法相互矛盾之處。

然後，他起先的恭敬態度慢慢褪去，開始以熱切的口吻述說他的信仰，聽著聽著，我不禁懷疑，他此行的真正目的，是要說服我信教。（這不是我頭一次遇到傳教士來傳教。）他的聲調越來越激昂，話也越講越快，很遺憾地，我越來越不耐，比平常更加直言不諱，而且輕率得多。

「你所關心的事很真實，拉比，」我打岔道：「我們雙方的觀點基本上是對立的，你相信有個無所不在、全知全能的上帝守護你，提供你生命藍圖，這信念和我所持的人是自出的、終有一死的、而且是偶然間孤單地來到這漠然宇宙的存在觀點，是相互牴觸的。在你看來，」我繼續說：「死亡不是終點，你告訴我，死亡不過是兩個白天之間的黑夜，而靈魂是不朽的。這麼說來，沒錯，你想成為一名存在心理治療師的心願，**確實**有問題，我們各自的觀點水火不容。」

「可是，」他的神情看來急切，「你怎能靠這些信念過活？而且活得毫無意義？」他用食指比著我：「好好想一想，你怎能不相信有個遠大於你的神存在？我告訴你，這樣是行不通的，你這是活在黑暗中，就像動物一樣。倘若一切注定會消失，那還有什麼意義？我的宗教帶給我意義、智慧、德性、神的慰藉，以及生活之道。」

「我不認為這是理性的思維，拉比。意義、智慧、德性、活得好這些事，不是非得靠相信上帝存在才能得到。沒錯，宗教信仰讓你感到心靈安適，有所慰藉，道德良善——這正是宗教的功用！你問我怎麼能這樣活著，我想我活得很好。我以人類思索出來的學說為生活方針，我信守擔任醫職時所立下的誓約，獻身於助人專業，幫助人康復與成長。我過著一份有德性的生活，我對他人充滿同情，他人也這樣對待我。我活在家人朋友的愛之中，我不需要宗教給我道德上的指引。」

「你怎能這麼說？」他插嘴道：「我為你感到莫大的遺憾。有時候我會覺得，沒有了上帝，沒有每天的禮拜儀式，沒有信仰，我大概活不下去。」

「有時候我會想，」我完全失去了耐性：「如果我必須把我的生命奉獻給某個不可信的存在，每天要遵守六一三條生活守則，歌頌貪愛人類讚美的神，不如死了算了！」

在這當兒，拉比摸了摸他的小圓帽，喔，**不妙，我心想；不妙，他可別把它扯下，我說得太過火！太過分了！我一時衝動說了超乎我本意的話**。我壓根兒無意詆毀別人的宗教信仰。

結果，他沒把帽子扯下，只是伸手搔搔頭，並說他無法了解我倆意識形態上的鴻溝，怎麼會如此之深，以及我怎麼會背離自身的民族及文化遺產如此之遠。我們友善地結束談話，互道珍重，從此分道揚鑣。他後來是否繼續鑽研存在心理治療，我不得而知。

寫一本談論死亡的書

我在此為撰寫本書的初衷做個總結。對一個時常自省的七十五歲老人來說，思索死亡與無常是很自然的一件事。我的生活天天有驚人的消息傳來，要想不理會也難：我的世代正逐漸凋零，朋友同僚一一臥病或老死，我也髮蒼蒼視茫茫，身體的各個前哨站——膝蓋、肩膀、背頸——比以往更頻繁地發出惱人的警訊。

年輕時，我曾聽父執輩說，亞隆家的人皆為人良善，可惜都早逝。曾有很長一段時間，我深信自己也活不久。而今我七十五歲，比我父親多活了好幾年，我知道目前的壽命是向天借來的。

創造性的活動本身，不就是源自於人對自身的大限念念不忘嗎？這正是羅洛・梅這位出色的作家兼畫家所抱持的信念，他以立體派畫風所繪的聖米榭山堡（Mount St. Michel），就懸掛在我的辦公室內。因為相信人可藉由創造性活動超越死亡恐懼，他幾乎是振筆不休，直至壽終。福克納也持有同樣的看法〔作者註四〕：「藝術家的目標，是藉由人為的方式捕捉動作，亦即捕捉生命，將之定格，待百年後的某個陌生人凝視時，它能夠再度栩栩如生的動起來。」保羅・索魯說〔作者註五〕，沉思死亡是多麼痛苦的事，所以人「熱愛生命，以如此的熱情來珍視它，也許這就是藝術能帶來愉悅的根本原因。」

作者註四　摘錄自《時間與空間：伊凡斯與克里斯坦柏利》（*Time and Place: Walker Evans and William Christenberry*），Southall, T. W. 編著，San Francisco: Friends of Photography, 1990.

作者註五　Theroux, P. 參閱〈死亡代號〉（D Is for Death），收錄於 *Hockney's alphabet*，S. Spender 編，New York: Random House, 1991.

寫作猶如重獲新生。我很喜愛從靈光乍現到最終定稿的創作歷程，這過程本身就能帶給我快樂。我很享受寫作時要找到最貼切的字眼、修潤粗略的語句、調整行文節奏使文氣流暢……等種種對文句的精雕細琢。

有人以為，我埋首於死亡議題之中，想必對死亡越來越麻木。我以死亡為題四處演講時，經常聽到同行說，我的人生一定過得很悲慘，才會老想著這麼晦暗的議題。聽到這些話時，我會告訴他們，你們有這樣的想法，表示我的工作還沒完成。我會試著再次讓他們瞭解，面對死亡有如撥雲見日，可以驅散黑暗。

有時候，最能描繪我內在狀態的，是「分隔畫面」這譬喻。它原是催眠療法的技巧，用來幫助病患消除揮之不去的痛苦回憶（作者註六）。其步驟如下：治療師請被催眠的病患闔上雙眼，並將心靈視野，也就是心靈畫面，分隔成兩半。接著，病患把悲慘或創傷的影像放在其中一半，另一半則放上帶來愉悅及平靜的美好景象（譬如說，在最喜愛的森林小徑或熱帶海灘漫步）。一會兒之後，令人平靜的景象將使得令人不安的畫面逐漸淡化消失。

我意識上的分隔畫面，一半是時時清醒地意識到無常，另一半則以全然迥異的戲碼來沖淡、抵銷之，而這戲碼的最佳描述，是演化生物學家道金斯（作者註七）的一個譬喻。他曾要我們想像一具射出雷射光的聚光燈，無情地隨著無止境的時間之尺移動。光束掃射過後的一切，均遺失在過去的黑暗之中，而光束未抵達前的一切，亦隱藏在尚未誕生的黑暗之中；唯有聚光燈正照亮的事物是活著的。這想像為我撥雲見日，驅散黑暗。我不禁覺得，自己能夠活在當下，盡情享受純然存在的樂趣，是何其幸運的事！那些對生命持否定態度的人，聲稱真實生活存於前方無邊無際的黑暗中，因而虛耗稍縱即逝的生命之光，又是多麼的癡愚和可悲啊？

撰寫這本書有如一趟旅程，一趟重返童年，追憶雙親的艱辛旅程。塵封的往事如潮水般湧來。我驚訝地發現，死亡的陰影籠罩我的一生，和死亡有關、長駐心頭的記憶竟如此之多。記憶的詭譎多變亦令我震撼，比方說，和我曾經同住一個屋簷下的姊姊，記得的事竟和我大不相同。

隨著我年華老去，過往的歲月反而更是歷歷在目，正如本章一開頭引自狄更斯的優美文

作者註六　史匹葛爾（David Spiegel，史丹佛醫學系教授）最先建議我使用這分隔畫面的技巧。請參閱《恍惚與治療：催眠的臨床運用》（*Trance and Treatment: Clinical Uses to Hypnosis*），Spiegel H. 及 Spiegel D. 著，Washington, D. C.: American Psychiatric Publishing, 2004.

作者註七　參閱《神只是幻覺》（*The God Delusion*），道金斯（Richard Dawkins）著，Boston: Houghton Mifflin, 2006, p. 361.

句。說不定那段文字就是我目前的寫照：我就要走完這一圈，回顧今生的崎嶇坎坷，擁抱造就我成為如今的我的一切。而今，重訪兒時舊地或參加同學會時，我比以前更容易受感動。說不定我是喜於發現到「當年」依然存在，過去並未真的消失；只要我願意，我便能隨時前去造訪。假使死亡恐懼真如昆德拉說的（作者註八），源自往日不再這個念頭，那麼重訪過往好比吃下了一顆定心丸。無常的事物停駐了——要是真有那麼一會兒也好。

作者註八　引述自《行話：作家、同行，及其作品》。

【第七章】

面對死亡焦慮：給治療師的建言

我希望透過這本書傳達出，面對所有的恐懼，甚而是最晦暗的恐懼，是有其必要的，而且切實可行。我們只是需要新的工具——另類的新概念和另類的醫病關係。我的建議是，大家不妨汲取偉大思想家的見解，勇於面對死亡，建立以生命的存在事實為基礎的治療關係。

吾乃凡人，凡人固有的，吾皆有之。

——泰倫斯〔譯註一〕

雖說這最後一章是特地為治療師而寫的，不過我避開了專業術語，以便使一般讀者也能悠遊其中。所以，假如你不是治療師，無須怯步。

我採行的心理治療取向並非主流。心理治療訓練課程少有強調（甚至提也未提）存在取向的治療，因而很多治療師覺得我的見解和臨床案例頗為怪異。闡述我的做法之前，先行釐清一下存在這個讓人混淆的詞。

「存在」一詞何解？

就很多對哲學有所涉獵的人看來，存在這個詞的涵意相當駁雜：齊克果強調自由與選擇的基督教存在主義、尼采的反偶像崇拜論、海德格著重的暫時性（temporality）和真誠性（authenticity）、卡謬的荒謬感，以及沙特所強調的，認清生命的無端性進而負起責任。

在臨床工作上，我以最簡單明瞭的方式來使用這個詞，其單純意指存在主。雖然存在主義學家各有不同的觀點，但基本的前提是相通的：**人類是唯一會對自身的存在感到疑惑的生物**。所以，**存在**是我的核心概念。我大可稱這個治療取向為「存在取向治療」或「以存在為焦點的治療」，但因為這兩者皆顯得繞口，所以我用流暢得多的「存在心理治療」一詞。

存在取向是眾多心理治療取向之一，但這些取向的出發點是一致的：關照絕望的人。存在治療的觀點認為，人痛苦的根源，**不僅**來自生物的遺傳基質（精神藥理學的觀點），**不僅**來自受壓抑的本能（佛洛伊德的觀點），**不僅**來自內化的重要他人的冷漠或神經質傾向（客體關係的觀點），**不僅**來自思考的扭曲（認知行為的觀點），**也不僅**來自遺忘的創傷記憶，或個人當前的事業危機和感情危機，**而且**來自——人對自身存在的質疑。

存在治療的基本論點認為，除了讓人絕望的眾多原因之外，人還因為不免要面對人的處境——存在的「既定事實」——而受苦。

「既定的事實」確切說來是什麼呢？

答案在每個人心中，很容易找到。騰出一些時間，沉思自身的存在。把會令你分神的事

譯註一　Terence，195 B.C. – 159 B.C.，古羅馬劇作家。

你慢慢地，「處境」。反思你在這世上的理論概念拋開，反思你在這世上的「處境」。慢慢地，你一定會覺察到存在的深層狀態，或者套句神學家田立克〔譯註二〕的精妙之語：**終極關懷**。依我看，和這個治療取向息息相關的終極關懷有四：死亡、孤獨、生命意義、自由。這四項終極關懷正是我在一九八〇年出版的教科書《存在心理治療》的主軸，我在那書裡詳細討論了這四者的現象及其治療上的意義。

雖然在日常的臨床實務裡，這四者相互交纏絞繞，但死亡焦慮是其中最明顯也是最令人苦惱的一個。然而隨著治療的進行，關乎生命意義、孤獨、自由的主題也會一一浮現。觀點不同的存在治療師，著眼的層次也不一樣：譬如說，榮格和法蘭克（Viktor Frankl）便認為，病患之所以尋求治療，絕大多數是因為覺得生命了無意義。

我的臨床工作所賴以為繫的存在取向世界觀，相信人有理性，而不論及超自然信念，並認為生命大體上源起於偶然，人類的生命尤其是如此；而儘管人總希望活得長久，但生命終究是有限的。人被孤獨地拋到這世上來，沒有所謂的早已注定的命運，人人得要決定如何盡可能地活得充實、快樂、有道德、有意義。

存在治療自成一格了嗎？雖然我一再把存在心理治療說得很通俗（也以此為書名寫了厚厚一本教科書），我從來不認為它是個獨立的思想體系，反而期待訓練有素、精熟各個治療取向的治療師也培養出對存在議題的敏感度。

儘管這一章的主旨是提升治療師對重要的存在議題的敏感度，鼓勵他們樂於談論這些議題，但是我認為，光有這敏感度並不夠：幾乎在每段治療過程裡，其他取向的治療技巧都有其相輔相成之效。

區分內容與歷程的不同

我在演講時談到，治療必須考慮到人類的處境時，常會有受訓的治療師問道：「這些關乎人類處境的看法聽來很有道理，但又虛無飄渺。存在取向的治療師在治療時段裡，到底要做什麼？」或問：「假使我在你辦公室裡，觀察你治療病人的情形，我會看到什麼？」

首先，我會告訴他們一個觀察、理解治療的訣竅，這是所有治療師在受訓之初即學習到的，而且經過數十年實務工作後，也將證實其依然有效。這訣竅就是：**區分內容和歷程的不**

譯註二 Paul Tillich，1886-1965，德裔美籍神學家。

同（我此處所謂的「歷程」，意指治療關係的特性）。它看似簡單、實則不然。

內容的意思很明顯，純粹是指治療談到的主題。常有的情況是，儘管我花了很多時間和病人討論此書的觀點，但往往幾個禮拜下來，病患絲毫未談及存在性的內容，只提到諸如感情、性、愛、事業、親子問題或錢財等其他煩惱。

換句話說，存在性內容可能只會在某些（不是全部）個案的某些治療階段裡（而非全程）變得很突出。情況本來就該是這樣。經驗老道的治療師從不會硬把晤談的內容往某個領域推：治療不該被理論牽著鼻子走，而是隨著關係的動力前進。

不過，當你想檢視治療「關係」（在專業書籍裡往往意指「歷程」）而不是著眼於內容時，則是另外一回事。治療師對存在議題敏不敏感，回應病人的方式將大相逕庭——**這其間的差異是很明顯的**。

截至此處為止，我談了很多存在性的內容，所舉的例子多半強調由觀念（比方說，伊比鳩魯學派的見解、漣漪效應、實現自我）引發的力量。然而，大抵說來，光有觀念並不夠，唯有把「觀念融入關係」之中，治療才能真正產生力量。在這一章裡，我將提供一些建議，協助諸位提升治療關係的內涵和效能，進而增強病患因應、克服死亡焦慮的能力。

關係的品質對於治療的成效極其關鍵，這已是老生常談。近一個世紀以來，從事心理治療的醫師和教師們瞭解到，能讓病患康復的，基本上靠的不是理論或概念，而是**關係**。早期的分析師知道，和病人的關係穩不穩固，關係到治療的成敗，所以他們會細心檢視自己和病患的互動，每個微小細節都不放過。

假使我們同意治療關係有益於治療這前提（也接受證實這項看法為真的大量可信研究），那麼接下來要問的是，哪種關係最有效？六十幾年前，羅傑斯（Carl Rogers）——心理治療的研究先鋒——曾指出，治療有效與否和治療師的三項重要行為——真誠、準確的同理、無條件的積極關懷——息息相關。

治療師的這些特質對任何形式的治療都很重要，我強力為它們背書。不過我相信，處理死亡焦慮或任何存在性議題時，「真誠」這一項的意義更為不同，而且影響深遠，它將徹底改變治療關係的性質。

聯繫的力量能克服死亡焦慮

當我把目光集中在生命的存在性事實上，受苦的病患和我這治療者之間的界線，便不再壁壘分明。對治療師該扮演什麼角色的一般性描述或個人特質的分析，對治療有礙而無益。

我深信，化解苦惱的良藥，是聯繫本身。我試著在會談時與病患同在，把可能的隔閡降到最低。在治療過程中，我是個專家，但不是永遠不會犯錯。我一直在這條路上耕耘，不論是年輕時自行摸索，或是日後為人師表，皆始終如一。

和個案會談時，我會把關係擺第一。為達此目標，我決心遵循的倫理守則如下：不穿醫袍或特定裝束、不掛執照、文憑和獎狀、不懂的事不裝懂、也不否認我所遭遇的存在困境、不拒絕回答問題、不以專業角色為掩護，以及最後一點，不隱藏我人性的一面和自身的脆弱。

地窖裡的野狗狂吠：馬克的例子

首先，我想以某一次會談為例，說明對於存在議題的敏感度，如何在治療關係中帶來多面的影響，包括以此時此地為焦點，以及治療師的自我坦露所產生的效果。那一回的會談，發生在治療馬克的第二年期間。馬克是位心理治療師，因為如影隨形的死亡焦慮，以及對過世姊姊的哀慟而尋求治療。（參見第三章）

那次會談的前幾個月，死亡的困擾消退了，新的問題取而代之：他對他的一位名叫蘿思的個案神魂顛倒、魂牽夢縈。

那回的起頭和以往不同。我一開始先知會他，當天早上我將一位三十歲的病人轉介給他，參加他的團體治療。「假使他和你聯絡，」我說：「請你打電話來，我會進一步告訴你相關的細節。」

馬克點了點頭，我繼續說道：「好，我們今天要從哪裡談起？」

「談談老問題吧。我開車來的一路上，和往常一樣滿腦子想著蘿思，很難不去想她。我昨晚和幾個高中時代的老朋友聚餐，大夥兒細數年少情竇初開的點滴往事，我又開始為蘿思魂不守舍，想她想得慌。」

「說說你是怎麼為她神魂顛倒的？告訴我你腦子裡都想些什麼？」

「噢，都是一些夢幻般愚昧幼稚的事。我覺得自己很蠢，老大不小，都四十歲了，還是個心理學家呢。她是我的病患，我知道我不可能再和她見面。」

「留住那夢幻般的感覺，」我說：「沉浸在那感覺裡，告訴我你想到什麼。」

他闔上眼。「輕飄飄的，好像飛了起來……不會去想我死去的可憐姊姊……也不會去想死亡……我腦裡忽然閃過一個情景，我坐在媽媽懷裡，她抱著我，想必是我五、六歲時，當時她還沒得到癌症。」

「所以，」我大膽說：「當夢幻般的感覺冒出來時，死亡消失了，而且和過世的姊姊有關的念頭也一併不見了，你又變成媽媽沒生病前抱在懷裡的小男孩。」

「嗯，你說的沒錯，我從沒這樣想過。」

「馬克，我在想，夢幻般的美妙感覺，不光是為了獲得『我』融化在『我們』之中的融合感，好藉此消除孤單。依我看，此處的另一個重要因素，是『性』，這力量如此之充沛，它起碼暫時把死亡的意念趕出你的腦袋。所以我想，你對蘿思的癡迷，強有力地為你抵擋住死亡焦慮。難怪你為她如此癡狂。」

「你說的是對的，性暫時把死亡意念趕出我的腦袋。過去這禮拜我感覺好很多，不過死亡的意念還是會冒出來，冷不防的突襲你。這禮拜天我騎摩托車載女兒兜風，我們騎上本田路，來到聖塔庫魯斯的海邊，那真是愉快的一天，不過死亡的念頭依然窮追不捨。『你還能這樣帶著女兒出遊幾次？』我不停自問。所有的一切都會過去，我會越來越老，女兒會越長越大。」

「讓我們扣著這些死亡意念，」我說：「繼續加以剖析。我知道這些意念讓人難以招架，不過，讓我們直視它。告訴我，死亡最令你害怕的是哪一點？」

「垂死的痛苦，我想。我母親死前受盡了折磨——不過，那不是最主要的，我多半是擔心女兒要怎麼面對我的死亡。我一想到我死了她該怎麼辦，就忍不住掉淚。」

「馬克，我相信你過度暴露在死亡之中，它鋪天蓋地而來，令你承受不住、措手不及。

你還是孩子時母親就罹患癌症，接著長達十年的時間看著她一步步走向死亡，而且沒有父親可以依靠。可是你的女兒不一樣，她的母親很健康，還有一個會在星期天騎摩托車載她到海邊兜風、永遠陪伴她的父親。我想你是把自己的經驗套到她身上，我是說，你把自己的恐懼和心態投射到她身上了。」

馬克點點頭，沉默了好一會，接著轉頭看著我說：「容我問你一個問題：你怎麼面對它？你不怕死嗎？」

「我也曾在半夜三點時，突然間恐慌大作怕死怕得要命，現在這種情況少很多了。隨著我年紀越大，面對人難免會老死給了我一些正面的收穫：我活得越來越深刻，越來越有活力。死亡讓我活在每個當下，並去珍惜覺醒以及純然活著的樂趣。」

「可是你的孩子該怎麼辦？他們要怎麼面對你有天會過世？你不擔心嗎？」

「我倒不怎麼擔心。我認為做父母的就是要幫助孩子獨立自主，離開父母，繼續活下去。我的孩子們在這方面沒問題，他們會哀慟，但他們會繼續過自己的生活，就像你的女兒一樣。」

「你說的沒錯。我冷靜下來時，也知道她會過得很好。事實上，我最近有個想法，就是我也許該做個榜樣，教她如何面對死亡。」

「這主意真棒，馬克，你送她這份禮物真棒。」

短暫停頓後，我繼續說：「讓我問你一個關乎此時此刻、你和我之間的問題。今天的晤談和以往很不同，你問我很多問題，我也試著一一回答。不知你對此有什麼感覺？」

「很好，非常好。每一次聽到你這樣和我分享你的感受，我就會想，我和病人會談時應該更加敞開自己。」

「我還想問你另一件事。今天一開頭時，你說你來見我的路上，『和往常一樣』滿腦子想著蘿思。你怎麼理解這情況？為何來見我的路上會一直想她？」

馬克陷入沉默，緩緩搖搖頭。

「說不定，那是你想到要在這裡面對棘手的問題時，讓自己喘口氣的方式？」我大膽地說。

「不，不是那樣。實情是，」馬克停頓了一下，彷彿鼓起勇氣說：「那可以讓我不去想另一個問題，就是：你會怎麼看我？你聽到我這樣為蘿絲神魂顛倒，你會怎麼看我這個治療師？」

「我懂你的心情，馬克。我也曾對病患有慾念，我認識的每位治療師也都有過。眼下，毫無疑問地，就像你自己說的，你太過頭了，不能自拔，不過，性確實能夠打敗理性。我知道你有所自持，不會踰越和病人之間該有的界線。而且我在想，說不定我們的治療以一種奇特的方式蠱惑你越陷越深。我的意思是，你知道你每個禮拜要來見我，因為有這一層保護網，所以你敢越陷越深。」

「可是你不認為我很無能？」

「你怎麼理解我今天轉介了一位病患給你？」

「喔，對耶，我還沒意會過來。那是個強烈的訊息，我知道，你如此肯定我，我真不知該說什麼好。」

「不過，」馬克繼續說：「我腦袋裡依舊有個小小的聲音說，你一定會覺得我很窩囊。」

「不，我不這樣想，該是按下刪除鍵，消除這念頭的時候了。我們今天的時間所剩不多，但是我還想跟你提另一件事。就是你迷戀蘿思的這段心路歷程，不全是壞的。我真心認為，你會從中學習成長。容我引述尼采的名言送給你：『聆聽地窖裡的野狗狂吠，你會變得更加睿智。』」

這話觸及他的痛處。馬克輕聲把這句子呢喃了一遍，離開時熱淚盈眶。

除了聯繫這主題之外，這次的會談說明了幾個存在議題：愛的美妙、性與死亡、剖析死亡恐懼、有療效的舉動和有療效的話語、運用治療的此時此地、泰倫斯的箴言和治療師的自我坦露。我將逐一討論之。

•愛的美妙：馬克一劈頭所形容的「夢幻般」的感覺，為愛癡狂的迷醉，以及記憶中類似的美妙經驗：母親沒病倒前擁他在懷的美好時光——這類心理作用經常出現在為愛癡迷的人身上。沉迷於愛的人，心裡容不下其他事，愛人的一切——她的一言一語、一顰一笑、甚至怪癖——佔據了他們所有的心思。如此說來，馬克依偎在母親懷裡時，他不再是孤單的「我」，寂寞的痛苦消失了。我說的「孤單的『我』融化在『我們』之中」這句話，點出了他的癡迷如何減輕他的痛苦。我搞不清楚這句話是我自創的，還是許久以前從書上讀來的，不過我發現，這句話對很多為愛銷魂的病人很管用。

•性與死亡：以性和死亡之間的關係來看，沉醉在愛的感覺裡不僅緩和了馬克的存在焦慮，性的力量——另一個降低死亡焦慮的緩衝劑——也發揮了作用。性是不可或缺的生命力，往往可以抵消死亡的意念。我遇過的這類案例不勝枚舉：嚴重心臟病發的病人，在前往急診室的救護車上見到隨車的護士，一時色慾薰心，忍不住偷摸一把；或是新寡的婦人驅車前往亡夫喪禮的途中，難以遏抑的渴望魚水之歡；又或者，我曾經遇過一位年事已高的鰥夫，在死亡恐懼的驅使下，非同尋常地渴望性愛，他和他住的退休社區裡的很多婦女有染，因此挑起無數事端，最後管理委員會不得不要求他接受精神治療。還有一位上了年紀的女人，在孿生姊妹死於中風後，經常使用情趣震動按摩棒達到多重高潮，卻擔心自己縱慾過度也會中風，同時也怕女兒發現自己有此癖好，最後索性把按摩棒扔了。

- **剖析死亡恐懼**：談到馬克的死亡恐懼時，我要他告訴我他最怕死亡的哪一點。我在先前舉的案例裡，也曾問過其他病患這個問題。大部分人的回答是：「我就不能做我想做的事了」、「我想知道其他人生命的結局」、「我將不存在了」。馬克的答案卻和他們大不相同。他焦慮的反倒是女兒要怎麼面對他的死亡。我的處理方式，是幫助他看清這思維的不合理之處，以及他把自己的憂慮投射到女兒身上的心理作用。我很支持他想送女兒一份禮物的決定：以身作則，教導女兒如何平靜的面對死亡。（我在第五章提及的某個臨終病患團體，也曾得出相同的結論。）

- **治療的行動和治療的話語**：晤談一開始時，我告知馬克，我轉介了一名病患給他做團體治療。建立這種雙重關係，心理治療的同行無不高度質疑。也就是說，治療師不該和病患延伸出有別於治療之外的另一層關係。把病人轉介給馬克有潛在的危險：比方說，他急於討好我的心態，會使得他很難把全副心思放在病人身上，這麼一來，治療便同時有三個人存在：馬克、那病人，以及我陰魂不散地時時牽動著馬克的所思所言。

一般而言，雙重關係的確不利於治療的進行，不過以這例子來說，我認為風險很低，利多於弊。我治療馬克之前，便是他專業上的督導，我認為他是個很稱職的團體治療師。此外，在他成為我的病人的好幾年前，在團體治療的領域向來口碑不錯。

那次會談的尾聲，他說了自貶的話，並堅信我也看輕他。我反應強烈：**提醒他我才剛轉介了個病人給他**。這舉動所透露的支持，勝過任何讓他安心的話語。行動遠比話語有效多了。

- **運用治療的此時此地**：請注意會談中，我把焦點拉到此時此地的兩個例子。馬克劈頭便說，他來見我的路上「和往常一樣」滿腦子想著蘿思。這說法顯然透露出我們之間的互動別有深意。我謹記在心，並伺機在稍後問他，來見我的途中，他為何會習慣性地想著蘿思。

之後，馬克問了我好幾個關乎死亡焦慮，以及孩子如何面對父母死亡的問題。我一一回答之餘，不忘細心鋪路，以探究他提問時以及聽到我的回答後，有何感覺。**治療向來是由一連串的互動和反思交替穿插而成**。（此概念將在稍後的篇章裡，談及此時此地的運用時，補上更多的說明。）最後，與馬克的這次會談，說明了如何把觀念融入關係之中，就像在大多數的會談裡一樣，這兩個因素在這一次雙雙起了作用。

•泰倫斯的箴言及治療師的自我坦露：羅馬劇作家泰倫斯有句箴言，對治療師的個人修持來說格外重要：**吾乃凡人，凡人固有的，吾皆有之。**

因此，馬克在會談尾聲時，鼓起勇氣問我積壓在他心裡已久的問題：「你聽到我如此為蘿思神魂顛倒，你會怎麼看我這個治療師？」我的回應是同理他的心情，坦承我也曾對病患有慾念，還補了一句說，我認識的每個治療師都有過類似的經驗。

馬克問了一個讓人頗為不安的問題，回答時，我謹記泰倫斯的箴言，回想自己的類似經驗，並與他分享。無論病人的經歷有多麼冷酷、殘忍、犯忌或不見容於社會，你若是願意潛入自己的黑暗面，你會找到若干相似之處。

新手治療師亦能從泰倫斯的箴言中受惠，勉勵自己從找到相類似的經驗來同理病患。治療有死亡焦慮的病患時，這句箴言格外適用。你若想真正貼近這些病患的心，你得坦然面對自身的死亡焦慮。我無意大言不慚地說自己做得多好，那不是件簡單的事，訓練課程也幫不上忙。

後續追蹤：接下來的十年間，馬克的死亡焦慮再次復發時，我和他進行了兩回合的短期治療，一回是他一位好友過世時，另一回合是他因為良性腫瘤開刀之前。每一回合皆只進行了寥寥幾次會談便大有斬獲。最後，他有了一顆夠堅強的心，還治療了幾名接受化療、為死亡焦慮所苦的病患。

時機與覺醒經驗：派崔克的例子

截至目前為止，我為了解說方便，分別討論了治療的概念和關係，現在該是把兩者兜在一起的時候了。首先，謹記一個基本原則：**唯有在治療關係紮實穩固的情況下，觀念才能起作用**。我對民航機師派崔克的治療，是時機不當的錯誤示範：我在彼此缺乏穩固的關係之下，企圖給他一些概念。

由於派崔克是國際線的飛行員，會談時間不容易敲定，所以我和這位五十五歲的民航機師，斷斷續續進行了兩年餘的晤談。當他接下為期半年的地勤特派任務時，我們同意趁這段他留在地面的期間，每週會談一次。

派崔克和其他機師一樣，因為近年航空業的衰退而深受其害。航空公司將他的薪水減半，一舉刪除累積了三十年的退休金，逼迫他增加飛行次數，使得他因時差而精神耗弱，晝夜混亂，還有嚴重的睡眠障礙；而職業病耳鳴，更使得失眠的情況惡化。但公司不僅拒絕負起他身體不適的責任，照派崔克所言，還強迫他增加飛行班次。

治療的目的何在？儘管派崔克依然熱愛飛行，但他也知道身體的狀況已不堪負荷，必須另謀出路。再者，他和女友瑪莉亞索然無味的同居生活讓他很不快樂。過去三年來他一直為兩人的關係煩惱，他希望好好改善兩人的關係，否則乾脆分手。

治療的進展有如龜步。我努力建立強韌的治療關係，但沒成功。派崔克是機長，習慣發號施令，以他「捍衛戰士」的軍事出身，從不輕易表現脆弱的一面。何況他確實有理由要謹慎行事，要是他有精神疾病的紀錄，可能會遭到禁飛的命運，或者民航機師證被吊銷，讓他的飯碗不保。在這些重重障礙下，派崔克治療時總顯得冷淡而遙不可及。我知道他從不寄望這些晤談幫得了他，而且步出會談室外，他也從不為治療費神。

至於我的部分，雖然我掛心派崔克的情況，但就是跨不過我和他之間的距離。和他會談時，我很少感到愉快，只覺得治療有如陷入泥淖，自己空有一身功夫卻施展不開。

治療邁入第三個月的某一天，派崔克腹部突然劇痛。進到急診室後，有位外科醫師為他進行腹部觸診，摸到了硬塊，這位醫師的神情剎時顯得凝重，並立即為他安排電腦斷層掃描。等著做斷層掃描的那四個鐘頭，派崔克開始胡思亂想，腦裡閃過得了癌症的念頭，越想越害怕，也想到了死亡，於是他決心要徹底改變自己的人生。最後檢查結果出爐，他得知那硬塊只是個良性囊腫，切除後便無大礙。

然而，想到自己可能就要死去的那四個鐘頭，讓派崔克脫胎換骨。我們再次見面時，他判若兩人，大方的坦露自己，並決心有所改變。比方說，他想到生命中還有很多未實現的夢想，不甘心就此死去。如今他知道——打從心底認為——職業對身體造成了傷害，決意要揮別多年來對他來說意義非凡的工作。他很慶幸自己有退路：他的兄弟正等著他合夥做零售生意。

派崔克也下定決心要修補與父親之間的決裂。多年前一場愚蠢的口角使得父子反目，破壞了他和全家人的關係。此外，等著做電腦斷層掃描的那段漫長的時間，也讓派崔克決意要改善和瑪莉亞的關係，他打算用心經營感情，否則乾脆分道揚鑣，另覓伴侶。

接下來的幾週，治療注入了新的活力。派崔克對自己越來越坦誠，也在某方面對我更開放。他完成了幾項決心：與父親及全家人重修舊好，並在感恩節時和全家團圓，這可是十年來頭一遭。他放棄了飛行，在兄弟的連鎖商店擔任經理一職，儘管薪水又短少一截。不過，在改善和瑪莉亞之間的關係，卻遲遲沒有進展。幾個禮拜後，他開始故態復萌，治療又回到之前遲滯的步調。

派崔克將搬遷他鄉投入新工作之前的最後三次晤談，我試著催化治療，把他推回和死亡擦身而過之後那段期間的心靈狀態。為了達到這個目的，我發了一封電子郵件給他，附上他剛從急診室出來、既敞開心胸又充滿決心的那一回治療的大量筆記。

我以前用過這一招，效果很不錯，有助於病患重新回到之前的狀態。此外，數十年來我經常把團體治療的書面摘要寄發給成員們〔作者註一〕。然而這一回卻大出意料，此招適得其反。派崔克憤怒地回信給我，把我的用心視為責難，把我的舉動看成攻擊。他認為我的長篇大論，意在指責他和女友的關係毫無進展。如今回頭看，我發現我和派崔克的治療關係並不穩固。因此，諸位請注意，在彼此不信賴、或特別是彼此相互較勁的治療關係裡，病患一旦覺得你略勝一籌，終究會力圖反撲。你立意良善而深思熟慮的努力，到頭來可能會落得功敗垂成。

運用此時此地

我常聽到有人問說，如果一個人有知心好友，那他／她還需要找治療師嗎？知心好友是美好生活不可或缺的要素，再者，如果某人身旁圍繞著許多好朋友，或者（更準確的來說），有能力經營持久的親密關係，那麼此人需要治療的可能性將大幅降低。如此說來，好朋友和治療師的差別何在？好朋友（你的美髮師、按摩師、理髮師或私人教練）會支持你、同理你，會是你脆弱無助時可以倚靠的窩心知己。不過這其中還是有個重要的差別：唯有治

作者註一　此技巧的詳細說明，請參見我的另一本書《團體治療的理論與實務》（2001，桂冠）。

療師才可能和你有此時此地的交流。

此時此地的交流（也就是說，對他人當下的行徑發表意見）很少發生在社交生活裡。假使有的話，雙方如果不是相知甚深，就會起爭執（比方說：「我不喜歡你這樣看待我」），再不然，便是發生在親子之間，挑起緊張關係（「我跟你講話時別一臉不耐煩」）。

在治療時運用此時此地，意指把焦點放在治療師和病患之間當下發生的事，而非聚焦於病患的前塵往事（彼時彼地），也不是著重於病患走出會談室外的生活（彼時此地）。

為何此時此地如此重要？心理治療訓練的基本問答講解之一是，治療情境是社會的縮影，也就是說，病人遲早會在治療情境中，顯露他們在外頭的生活裡所表現的相同行徑。一個不愛出鋒頭，或自大，或多慮，或愛勾引人，或龜毛的人，遲早會在治療師面前露出上述行徑的蛛絲馬跡。在那當兒，治療師可把焦點擺在：病人何以會顯現出這些行徑。

這是幫助病患為自己的生活困境負起責任的第一步。久而久之，病人會接受一個基本的推論：如果你能為生活中的差錯負起責任，那麼你，也唯有你，才能夠去扭轉它。

再者——這一點至關重要——治療師從此時此地點滴蒐集來的資訊精確無比。雖然病人經常大量談論自己和他人——戀人、朋友、上司、老師、父母——的互動，但是你，治療師，僅從病患的眼光得知那些人（以及他們和病人互動）的情況。這類對外界事件的描述，是二手的資料，往往遭到曲解，極不可靠。

不知有多少回，我聽病人描述另一個人——好比說他的配偶，可是當我之後進行婚姻諮商，親眼見到那人時，總不禁搖頭納悶：眼前這個活潑可愛的人，就是這幾個月以來時常聽說的那個會把人惹毛，或死氣沉沉，或很不貼心的人嗎？治療師從觀察病人在治療時段裡的表現，最能徹底瞭解病人。這顯然是你最可靠的資料：第一手的資料，充滿彼此互動的細節，所以你可以推斷病人會怎麼和他人互動。

治療師若能善用此時此地的互動，便可以打造出一個安全的實驗室，讓病人在其中冒一些風險，表露最黑暗和最光明的一面，傾聽並接受回饋，以及最重要的，嘗試做出改變。你越是聚焦於此時此地的交流（我要求自己在每一個時段做到這一點），你和病人交織出來的信賴關係就越緊密。

好的治療有其明顯的節奏。病人會坦露先前否認或壓抑的感受，治療師會瞭解並接納這些黑暗面或脆弱面。有這接納當後盾，病人會感到安全、被認可，甚而願意冒更大的風險。由此時此地所孕生的親密聯繫，會讓病人更投入治療歷程；這親密聯繫給了病人一個內在的參照點，讓他時時回顧參酌，並在社交生活裡演練出來。

當然啦，和治療師建立良好的關係並非治療的最終目標。病人和治療師幾乎從不曾在現實生活裡建立長久的友誼。不過，病人和治療師的聯繫，是病人改善真正的社交關係之前所進行的彩排。我同意里奇曼（Frieda Fromm-Reichman）的看法，他認為治療師應該設法讓每一次的會談變得深刻難忘。要做到這一點，其關鍵在於善用此時此地的威力。我在《生命的禮物》一書中談過運用此時此地的技巧，所以此處我打算只挑幾個關鍵步驟來談。雖然有些例子不是明顯聚焦在死亡焦慮上，但還是很管用，可幫助治療師和各類病人——包括為死亡苦惱的人——建立關係。

提升此時此地的敏銳度

我和馬克會談時，把焦點擺在治療中此時此地的互動並不難。首先，我單純詢問他，對自己在來見我的路上會想著蘿思有什麼看法。稍後，我向他反映出他在那回的治療裡行為上的改變（亦即，他問了我幾個私人的問題）。然而，治療師往往得去找出更幽微的轉折。

我從多年的實務經驗，歸納出病人進到我辦公室的行為模式的常態，並可以察覺到哪些行徑溢出常軌。就拿停車這件看似不相干的小事來說吧，過去十五年來，我的辦公室是一座單幢房子，位在自宅前方約兩百呎處，門前有條很長的狹路通往街上。雖然自宅和辦公室之間有個很大的停車場，但我偶爾會注意到有病人習慣性地把車子停在較遠的街上。

我發現，時機恰當時，詢問病人為何把車停在街上很有用。有位病人說，他不希望人家看見他的車停在我家附近，擔心有人（也許是我家的訪客）會認出他的車來，知道他在看精神科醫師。另有病人說，她不想侵犯我的隱私。還有病人說，讓我看見他開名貴的瑪莎拉蒂跑車，他覺得很不好意思。每項理由顯然都透露出治療關係的某一面。

由外圍直抵核心

經驗老到的治療師能夠警覺到，會談時冒出的哪些問題，可以導向治療中的此時此地。把病人的外在生活或遙遠的過去拉回此時此地，可增進病人的投入程度和治療的效能。我和愛倫的某次會談便是個好例子。那次會談發生在她四十歲那年，當時我們對她死亡恐慌的治療已經進行了一年左右。

• 從不訴苦的女人：愛倫的例子　愛倫某次一來劈頭便說，她差點打電話來取消會談，因為她生病了。

「現在有多不舒服？」我問。

她顯得蠻不在乎，只說：「有好一些了。」

「告訴我妳生病時家裡的人怎麼反應？」我問。

「我先生不太會照顧我。通常他根本不會注意到我病了。」

「妳會怎麼做？怎麼讓他知道？」

「我從來不跟他訴苦。不過我倒不介意他在我生病時為我做些事。」

「所以妳希望人家照顧妳，但妳希望不必開口也不須暗示，別人就會自己去做。」

她點點頭。

在這當兒，我有幾個選項。比方說，我可以探究她先生為何不會照顧人，或去瞭解她過去生病的狀況。但我決定運用此時此地。

「那麼，愛倫，告訴我，在這裡和我相處時妳也這樣嗎？妳在這辦公室裡也不怎麼訴苦，即便我理當應該照顧妳。」

「我跟你說過，我差點因為生病要取消今天的見面。」

「可是我問妳會不會不舒服時，妳蠻不在乎，也沒多說什麼。我在想，如果妳真的跟我說哪裡不舒服，真的告訴我妳希望我為妳做什麼，情況會變得怎樣？」

「會變成我在求你。」她馬上接口道。

「求我？妳不是付錢要我來照顧妳嗎？多談一點求人這檔事。『求人』讓妳想到什麼？」

「我有四個兄弟姊妹，我家的一百零一條家規就是別抱怨。我繼父常罵我說：『長大一點，妳總不能一輩子哭哭啼啼的。』這句話他不知罵了多少次，至今還在我耳邊迴響。我媽也站在他那邊，因為她覺得能夠再婚很走運，不希望我們惹他不高興。我們是沒人要的拖油瓶，繼父對我們很壞，很苛刻。我最不想做的，就是引起他注意。」

「可是在這個妳前來求助的辦公室裡，妳卻從不訴苦。幾個月前妳脖子受傷套著護頸圈，卻閉口不談它，當時我就想過這個問題。我記得當時我還在想妳會不會不舒服。妳從不訴苦。話說回來，請妳告訴我，如果妳真的跟我訴苦，妳覺得我會怎麼想？或我會怎麼說？」

愛倫把印有花草圖樣的裙子撫平——她總是打扮得光鮮體面又整潔——闔上雙眼，深深吸了口氣，然後說：「兩三個禮拜前我做了個夢，但我沒有告訴你。我夢見我在你的浴室裡，經血一直流，我沒法止住它，沒法把自己清理乾淨。血滴到襪子上，滲進球鞋裡。你在隔壁的辦公室內，但沒問我發生什麼事。接著我聽到辦公室裡有說話聲，說不定是你在跟下一個病人或朋友或是你太太講話。」

這個夢描繪出她的擔憂，憂心她極力隱匿的汙穢可恥之事，終究會在治療裡露出馬腳。在她眼裡，我很冷漠：我沒問她哪裡不對勁，逕自忙著和另一個病人或朋友講話，無意幫忙也無能為力。愛倫說出這個夢後，治療進入了嶄新而具建設性的階段，她從而探觸了自己對人的不信任、對男人的畏懼，以及不敢和我親近的恐懼。

這插曲說明了運用此時此地的一項重要原則：病人談起生活裡的某個議題時，找到此時此地裡相當的某個情況，便能將那議題帶入治療關係中。愛倫談到自己生病而先生不會照顧她時，我便即刻把焦點對準治療中的照顧這一點上。

經常核對此時此地的狀況

我很重視在治療時核對此時此地的狀況，每次會談至少會核對一次。有時我只簡單說：「今天這個鐘頭就要結束，我想把焦點稍微拉到我們今天進行的情況。你覺得今天我們倆之間的距離如何？」或者「今天我倆之間的距離有多遠？」有時候病人沒說些什麼。即便如此，我還是會問，並把核對我和病人之間發生了什麼事，當成會談的常規。

然而，經我這麼一問，病人往往都有所回應，尤其是如果我拋出一些觀察的話，比方說，「我注意到我們一直繞著上禮拜談的事打轉。你是不是也這麼覺得？」或者，「我注意到過去兩個禮拜以來，你都沒提到死亡焦慮。你認為這是什麼原因？你是不是覺得我會受不了？」或者，「我覺得我們今天一開始時很親近，但最後的二十分鐘卻變疏遠的。你同意嗎？你是不是也發現到了？」

當今的心理治療訓練往往以短期的結構性治療為主，因而很多年輕一輩的治療師，認為我聚焦於此時此地的關係是不合宜的，或者太矯揉造作，甚而怪異。「何必那麼愛把自己牽扯進來？」他們往往會問，「何必把每件事都放到不真實的醫病關係裡來看？我們畢竟不是要讓病人一輩子接受治療。外頭是個冷酷的世界，病人得去面對競爭、鬥爭和嚴厲的現實。」我的答案是，就如派崔克的例子所示，良好的治療關係是使治療有效的先決要件，它並非目標，而是達成目標的手段。當病人和治療師發展出真誠而信賴的關係，無所不談而依然得到接納和支持的時候，內在的重大蛻變才會產生。病人將體驗到某部分陌生的自己——先前遭自己否認或扭曲的部分，開始看重自己，也看重自己對事情的觀感，不再過分在意別人的眼光。他們把治療師的正向關懷轉化成自愛自重。此外，他們的內心形成了新的準則，並依此來檢視真誠關係的品質。和治療師之間的親近成為他們內在的參照點。曉得自己有能力經營關係後，他們有了自信，願意在日後和他人建立同樣好品質的關係。

學習運用你在此時此地的感受

身為治療師的你，最寶貴的工具是你對病人的反應。若你感到畏懼、憤怒、受引誘、困惑、迷醉，或其他各式各樣的感受，你要嚴肅以對。這些情緒是重要的資料，你得設法善用，將之化為治療的助力。

不過，首先，正如我對在學的治療師建議的，你得分辨這些感受的源頭為何。這些感受有多大的程度是出於你的個性或神經質？換句話說，你是個準確的觀察者嗎？你的情緒所提供的訊息是關乎你自己抑或關乎病人？沒錯，我們涉足了移情和反移情的範疇。

當病人以不合情理的方式對治療師做出反應時，我們稱之為移情。涉及移情的最明顯的例子，是病人（顯然毫無根據的）高度不信任廣受其他病人信賴的治療師；甚至是這病人對大部分有某種專業或權威的男性，都可能極不信任。（**移情**這個詞，指的當然是佛洛伊德所提的概念。他認為人會把年幼時對大人的重大情緒「轉移」到——或者說拋到——其他人身上。）反之亦然，治療師也會曲解病人，也就是說，以一種扭曲的方式看待病人，和別人（包括其他治療師）對這同一人的觀感有很大的出入。這現象即是反移情。

你得區分這兩者。這是病人特別會扭曲人際間的互動？抑或是治療師本身脾氣暴躁、困惑混亂、防衛心又強（或者當天碰上了倒楣事），所以才用扭曲的眼光看待病人？當然啦，這不是非此即彼的現象，在治療裡，移情和反移情可能同時並存。

我不厭其煩的跟在學的治療師強調，治療師最寶貴的工具，就是治療師本人，因此，這工具可得好好磨一磨。治療師必須對自己有深刻的瞭解，必須相信自己的看法，而且必須以專業的方式對待病人，關懷病人。這正是心理治療訓練課程的核心，也是治療師必須親自接受治療的理由。我認為治療師不僅要在專業養成過程中，接受長達數年的治療（包括團體治療），而且在日後的執業生涯中也該繼續回來接受治療。

•「我對你很失望」：娜歐蜜的例子

我和娜歐蜜的某次會談，呈現出許多關於治療師坦露此時此地之感受的議題。娜歐蜜是個六十八歲的退休英文老師，有強烈死亡焦慮、嚴重的高血壓和很多身體上的毛病。一天，她帶著慣有的溫暖笑容進到我的辦公室。坐定後，她昂首挺胸，直視著我，以毫不顫抖的嗓音，出乎我意料的開始砲轟：

「我對你上一回的反應很失望，極度失望。你心不在焉，沒有給我我想要的。你根本不懂像我這種年紀的女人有腸胃問題是多麼難受，也不懂我談這種問題時感覺有多糟。上次結束後，我想到幾年前的一件事。當時我因為陰道有惱人的病變找皮膚科醫師內診，但他竟然叫整班的學生到場觀摩，真是讓我不堪到了極點。我上回對你就有那種感覺。你讓我很失望。」

我詫異不已，腦裡迅速回想上一回的情況，思索著要怎麼回答才是。（我當然在她進門前翻閱過會談紀錄。）我對上次會談的看法和她完全不同：我認為上次進行得很不錯，我也相當稱職。上回娜歐蜜大量表露出她對身體老化的沮喪，包括諸如放屁、便秘、痔瘡以及灌腸有困難等腸胃消化的問題，她還想起小時候灌腸的事。能開口談這些事並不容易，我告訴她我很佩服她的勇氣。由於她認為她吃的一些治療心律不整的新藥引發了某些症狀，於是我當下取出《美國藥典》，和她一起查閱那藥的副作用。我記得，聽到滿身病痛的她又多了一項新的折磨，心裡頭很同情她。

眼下，我該如何是好？跟她一起剖析上次的會談？談談她對我理想化的期待？說說我們對上次會談看法上的分歧？然而，有件事更為迫切：我自己的感覺。娜歐蜜把我惹得一肚子火，我心想，她坐在那兒，趾高氣昂像個女皇似的，自顧自的批評我，完全不理會我的感受。再說，這不是第一次。三年多來的治療，她有好幾次用這種態度起頭，但從沒把我惹得這麼火大。也許這是因為上個禮拜，我趁閒暇時費了點心思理解她的病，還和一位腸胃科醫師朋友討論過她的症狀，只是還找不到時間跟她提起這件事。

我決定，最重要的是讓娜歐蜜知道我的感受。一來是，我知道她會察覺到我在生氣，她是相當纖細敏感的人。再者，我敢說，她會把我惹得這麼生氣，肯定也會讓生活中的其他人氣得暴跳如雷。由於病人發現自己把治療師惹得發火時，可能會驚慌失措，所以我必須謹慎行事。

「娜歐蜜，聽到妳這麼說，我很訝異也很不安。妳說得那麼……那麼……嗯……狂妄。

我以為我上禮拜很用心的盡我所能替妳想。再說，這不是妳頭一次用這種責難的方式來起頭。另外，我還注意到，很多時候妳的態度會完全相反。我的意思是，有時候妳會劈頭就滿懷感激的說上一回談得很棒，把我搞得一頭霧水，因為我記得的前一回不像妳說得有那麼好。」

娜歐蜜的神情有點慌，眼睛睜得斗大。「你是說我不該告訴你我的感覺嗎？」

「不，決不是那個意思。我們兩個都不該審查自己對或錯。我們應該彼此分享感覺，並加以剖析。不過你的態度著實讓我嚇一跳。其實，妳可以用不同的方式來表達。比如妳可以說，上禮拜我們倆合作得不是很順利，或者說，妳覺得和我很疏遠，或者說……」

「聽著，」她的聲音很刺耳：「我很氣自己的身體一點一滴垮掉，我的冠狀動脈架了兩根支架，心臟裝了個節律器滴滴答答跳，屁股有一邊是人工髖關節，另一邊的髖關節痛得要命；吃的那些藥讓我腫得像豬，在公共場合屁止不住的放，真是丟臉丟到家了。我應該在這裡開開心心的蹦蹦跳跳嗎？」

「我知道身體的狀況讓妳很難受。我可以感受到妳的痛苦，這些上禮拜我都表達過了。」

「那你說『狂妄』是什麼意思？」

「你講話目中無人的樣子。我會覺得妳一點也不在乎妳說的話會帶給我什麼感受。」

她的臉色沉了下來。「至於我的言行舉止和講話態度，」——這時她還真的哼了一聲

——「這樣說吧，是你自找的，你自找的。」

「我真是百感交集，娜歐蜜。」我說。

「呃，你這樣批評我，我很難過。我在這裡一直覺得很自在，這裡是我唯一可以自由自在講話的地方。現在你卻告訴我，我要是生氣就得閉上嘴。這很令我喪氣。我們的治療不該走到這一步。它不該變成這樣。」

「我從沒說過要妳閉嘴。不過妳確實應該知道妳說的話會帶給我什麼樣的衝擊。我想，妳不希望我閉上嘴。妳的話畢竟造成了一些後果。」

「你這話是什麼意思？」

「妳一開頭說的話讓我覺得我和妳更加疏遠了。這是妳想要的嗎？」

「多說一些，別只是點到為止。」

「這裡有個兩難：我知道妳想要我靠近妳，和妳很親近，這妳說過很多次。可是妳說的話讓我變得謹慎，讓我覺得和妳靠得太近要小心，免得被妳咬到。」

「現在起一切將改觀了。」娜歐蜜說，她垂下頭來。「不會再和以前一樣了。」

「妳是說我的怒火一發不可收拾了？被水泥封住了？記得去年妳的朋友瑪荷莉很氣妳非要看某部電影不可，妳一想到她可能從此跟妳絕交時，妳有多驚慌？可是，就像妳後來發現的，情緒是會變的。妳們後來把話談開了，而且重修舊好。事實上，我相信妳們的感情比以前更好。也請妳記得，這房間裡的情境更有利於化解事情，因為這裡和別的地方不一樣，我們立了一套特殊的原則，就是無論如何都要持續溝通。」

「不過，娜歐蜜，」我繼續說：「妳的憤怒把我推開了。妳說『你自找的』，這話很重，而且妳是真心這麼認為。」

「我很訝異自己那樣說，」她答道：「那氣憤猛撲上來把我淹沒，哦，不，不只是氣憤，是暴怒，從我內心爆發出來。」

「和我在這裡才這樣嗎？還是在別的地方也發生過？」

「不，不是和你在這裡才這樣。那憤怒四處橫流。昨天我姪女開車載我去看醫生，遇上整修行道木的卡車拋錨，擋在大馬路中央。我很氣那司機，很想揍他。於是我下車要找他理論，但找不到他人。接著我要姪女從卡車旁邊開過去，即便如此一來，車子勢必要開上人行道路緣也不管。我姪女不肯，說路面不夠寬。我開始對她發飆，要她照我的話做，結果我們吵了起來。後來我們下車，她用步伐去量寬度，讓我知道因為有車子停在路邊，剩下的路面並不夠寬。再說，那路緣太高，車子上不去。她一直說：『冷靜下來，娜歐蜜姑姑。那花匠是在做他分內的事。他也不希望發生這種事，而且他已經在想辦法解決了。』但我就是控制不住脾氣。我很氣那個司機，不停對自己說：『他怎麼可以這樣對我？他太沒水準了。』」

「當然，我姪女是對的。那司機帶著兩名幫手趕回來，三人合力把車子移開，讓我們通行。我覺得很丟臉，自己竟像潑婦罵街，動不動就發脾氣。氣服務生端冰茶來手腳不夠快，氣代客停車的人動作慢吞吞，氣電影院的售票員找錢給票拖拖拉拉，混蛋，這點小事磨蹭那麼久，我都可以賣出一部車了。」

會談結束的時間快到了。「很抱歉我現在得收尾了，娜歐蜜。今天體驗到很多強烈的情緒，我知道妳一定很不好受，不過這是很重要的過程，我們下禮拜再來繼續談。我們倆得一起動動腦，找出為什麼會有那麼多憤怒情緒冒出來。」

娜歐蜜同意，但隔天便打電話來說她覺得很煩燥，沒法等到下禮拜，於是我們安排次日見面。

她這次起頭的方式很特別：「你讀過狄倫．托瑪斯的〈別溫馴的走入〉這首詩吧。」〔作者註二〕我還沒來得及回答，她便開始吟起詩來：

別溫馴的走入那道晚安的夜，
暮年本該燃燒咆哮，於白日的盡頭，

怒吼吧，怒吼，抗拒光的隱沒。
儘管智者佇立終點，知曉了黑暗的真切，
因其所言劈不出雷光閃電，而不願
溫馴的走入那道晚安的夜。

「我可以繼續下去，」娜歐蜜說：「我背得滾瓜爛熟，不過……」她頓住了。

喔，繼續吧，繼續，我在心裡說。她吟得如此優美，而聽人吟詩是我生平的少數愛好之一。有人付我錢來享受這樂事還真鮮。

「關於你——嗯，我們——對我的憤怒的疑問，答案就在這幾行詩裡。」娜歐蜜繼續說：「昨晚，我回想我們的談話時，腦中冒出了這首詩。好笑的是，我教五年級的學生這首詩好多年了，從沒真的去體會這些字句的涵意，或者說，至少它的涵意從沒進到我腦裡。」

作者註二　底下的六行詩句，摘錄自〈別溫馴的走入那道晚安的夜〉（Do not Go Gentle into that Good Night），收錄於《狄倫·托瑪斯詩集》（*The Poems of Dylan Thomas*）（reprinted by permission of New Directions Publishing Corp），1952，狄倫·托瑪斯版權所有。

「我想我知道妳要說什麼，」我說：「不過我比較想聽妳親口說出來。」

「我想……不，我很確定我的憤怒是針對我的人生處境而來：再不久我就會消逝、死亡。我的一切會被奪走，髖關節、腸子的功能、性慾、氣力、聽覺、視覺，無一例外。我體衰多病，手無寸鐵，只能等死。所以我要聽從狄倫．托瑪斯的指示，我不要溫馴的走，我要在死亡來臨之前狂嘯怒吼。可是我那可悲的虛弱言語，當然劈不出雷光閃電。我不想死。我猜，我一定以為憤怒會有用。也許憤怒能發揮的唯一功用，是激發出偉大的詩句。」

在後續的會談裡，我們更有效地把治療火力集中在憤怒背後的恐懼。娜歐蜜（及狄倫．托瑪斯）平息死亡焦慮的手法，幫助她擊退消逝感和無力感，可是很快就引起反效果，破壞了她和支持她的重要他人的關係。真正有效的治療，不僅要注意到可見的徵兆（以這例子來說就是憤怒），也要關照在徵兆底層作祟的死亡恐懼。

我說娜歐蜜的態度狂妄後，逮住機會提醒她她要面對的後果。但我有個強大的後盾：我們長期建立出來的親近信賴的關係。沒有人喜歡聽負面的話，而負面的話從治療師嘴裡冒出來又會格外讓人難以招架，所以我花了點心思表現我的接納，好讓她安心。我不說會冒犯她的話，我會說，「我覺得『和妳疏遠』了」，以此向她暗示我心底想靠近她、親近她的心意。有誰會覺得這話是冒犯呢？

再者（這一點很重要），我沒有全面批評她，只針對某一個行徑給意見。我實際上說的是，她的態度如何如何時，我會覺得如何如何。接著我迅速補充一點，說那樣對她沒好處，因為她顯然不希望我被她推開、感到不安，或很怕她。

請留意我治療娜歐蜜時所著重的同理心，這是親密有效的治療關係不可或缺的要素。在前面的篇章裡，談到羅傑斯認為治療師的哪些行徑有療效時，我便強調了準確的同理（還有無條件的積極關懷以及真誠）的重要。不過同理心的運作是**雙向的**：你不僅要同理病人的感受，也**必須幫助病人發展出對他人的同理心**。

有個有效的做法是，問問病人：「你覺得我聽到你說的話會有什麼感受？」我藉此小心的讓娜歐蜜知道，她說的話引起了什麼後果。盛怒之下的她第一個反應是：「你自找的。」不過，稍後她回顧時，對自己的刻薄言行感到不安。她擔心自己激起我的負面情緒，危及我們之間安全而信任的治療關係。

治療師的自我坦露

治療師應該坦露自己，就像我對娜歐蜜一樣。治療師是否該自我坦露這問題，錯綜複雜，而且歷來備受爭議。我給治療師建言時，少有情況會讓我戰戰兢兢地斟酌再三，而鼓勵他們坦露自我便是其一。治療師坦露自己時會很不是滋味，病人也會擔心自己侵犯了治療師的隱私。我將針對一些反對意見詳細提出說明，不過容我在此先澄清，我無意鼓勵治療師不加斟酌、任意而為地坦露自己；一切唯有在能使病人受惠的情況下才這麼做。

請記得，治療師可坦露的內容有很多面。娜歐蜜的例子裡，治療師的坦露著重於個人此時此地的感受。然而，除此之外，坦露的內容還有其他兩類：把治療的機轉透明化，以及，治療師從前或目前的私人生活。

把治療的機轉透明化

治療師該不該把治療如何發揮作用的過程變得公開透明？杜斯妥也夫斯基筆下的「宗教大法官」〔譯註三〕認為，人真正想要的是「魔幻、神祕和權威」。的確，古代的行醫者和宗教人物提供給人的，正是大量的這類不可說破的東西。巫師道士之流無不是擅長作法裝神弄鬼的高手。早期的醫生也總是穿著一襲白袍，擺出一副博學全知的模樣，用拉丁文寫處方，讓病人既是一頭霧水又佩服不已。到了近代，心理治療師依然如法炮製，用沉默寡言、聽起來很深奧的解析、顯赫的學歷，以及辦公室牆上掛的一排先聖或宗師的肖像，高高在上的把自己和病患區隔開來。

即便時至今日，有些治療師在交代治療如何發揮效用時，還是含糊其詞，因為他們服膺佛洛伊德的觀點，認為模稜兩可的情境和高深莫測的治療師，有助於挑起病患的移情作用。而佛洛伊德之所以認為移情很重要，無非是從移情當中可以挖掘出關乎病患內心世界及早年經驗的可貴訊息。

然而，我認為治療師把治療的過程全盤透明化，非但沒有損失，而且好處無窮。無論在個人治療或團體治療方面，都有深具說服力的大量研究指出，治療師一步步地讓病患徹底瞭解治療是怎麼回事，治療的效果比較好。至於移情，我相信這個作用極具韌性，即便把它攤開來看，還是活躍得很。

所以就我個人來說，我會把治療的機轉明明白白說出來。我會告訴病人治療是怎麼發揮作用的、我在其中的角色為何，以及最重要的，他們可以做些什麼來增進治療效果。只要我一察覺到他們有意多瞭解治療一點，我會毫不猶豫開書單給他們。

譯註三　Grand Inquisitor，《卡拉馬佐夫兄弟》中的人物。

我會特別說明治療著重於運用此時此地，並詢問病人和我進行得如何，即便初次會談也是如此。我會問的問題如下：「你對我有什麼期待？我符合或不符合這些期待？」「我們有沒有上軌道？」「你是不是對我有一些情緒？值得我們好好探究？」

問出這些問題後，我會接著說：「你會發現我經常這麼問。我之所以問這類和此時此地有關的問題，是因為我相信探索我們之間的關係，可以獲得寶貴而精確的資訊。你可以告訴我你和朋友、上司、配偶之間發生的問題，但是這裡頭永遠有個限制存在，那就是我不認識他們，而你描述他們時難免有偏見。這是人之常情，任誰都避免不了。不過，在這辦公室裡所進行的事是很可靠的，因為我們會共同經歷到，而且可以馬上處理、化解它。」我的病人都能瞭解、同意這番話。

治療師坦露私人生活

私人生活的門一開就有裂縫，有些治療師會因此感到忐忑不安，有些病人則會打破沙鍋問個不停。「你有多快樂？」「你的婚姻生活如何？社交生活呢？性生活呢？」

就我的經驗，這種恐懼毫無根據。儘管我鼓勵病人問問題，但是從來沒有病人會刻意挖我的隱私，或把我弄得很尷尬。要是真有這種情形發生，我會把焦點拉回治療歷程，也就是說，我會去探究病患咄咄逼人或讓我難為情的動機何在。我要再次跟治療師們強調，當坦露自己有助於治療的進行時才這麼做，它不是出於病人的逼迫，也不是為了滿足自己的需要，更不是為坦露而坦露。

無論如此的坦露可以帶來多麼豐碩的治療成效，此舉依然錯綜複雜，且看第三章詹姆斯的例子。

•詹姆斯問的棘手問題　儘管身為治療師的我，謹守兩個最根本的價值：包容和無條件接納，我依然有偏見。我對一些怪異的信念頗不以為然，比如氣功療法、人人奉若神明的印度上師、靈氣、先知、營養學家宣稱的各類未經驗證的療法、芳香療法、順勢療法，以及諸如靈魂出竅、水晶光能療法、宗教神蹟、天使、風水、靈通（channeling）、遙視（remote viewing）、人體懸浮術、念力、前世療法，以及外星人創造了古老文明，製造神祕麥田圖案，並且建造埃及金字塔等這類荒唐的概念。

然而，我總相信我可以拋開偏見，不管病人帶著哪種信仰上門來，我都能予以治療。不過，當詹姆斯帶著他對超自然現象的狂熱來到我辦公室那天，我知道我標榜的治療中立將受到嚴厲的考驗。

雖然詹姆斯不是因為他的超自然信仰來找我治療，不過幾乎每一回的會談都會冒出圍繞這些信仰的議題。且看我們對以下這則夢的處理：

我飛騰入空，飛到墨西哥市找我父親，在城市的上空滑翔，從他臥室的窗子往內望。我看見他在哭，不用問也知道他在為我掉淚，為他在我還小時便遺棄我掉淚。接著，我發現自己來到瓜達拉哈拉墓園，我哥哥就葬在這裡。不知怎地，我打手機給自己，聽到我的留言：「我是詹姆斯……我很痛苦，請前來相救。」

討論這個夢時，詹姆斯辛酸地說起他父親在他還小時便拋家棄子而去。他不曉得父親是否仍在世。他最後一次聽聞父親消息時，父親住在墨西哥市某處。他記得父親從沒捎給他隻字片語或禮物，一次也沒有。

「所以，」談這個夢談了幾分鐘後，我說：「這個夢似乎顯示出你希望從父親那裡得到某樣東西，某個他掛念你的徵兆，他懊悔自己沒當個好父親的徵兆。」

「手機裡有求救的留言！」我繼續說：「這讓我想到，你常常說你很難開口求救。事實上，前幾個禮拜你說過，我是你唯一明明白白開口求救過的人。不過在夢裡，你對需要幫助這件事比較坦然，所以，這夢是不是描繪出某種改變？它透露你和我之間的什麼嗎？也許是你（想）從我這裡得到的東西，和你想從父親那裡得到的東西很相像？

「而且夢中你去到哥哥的墳前。對此你有什麼想法？你是在向我求救，好來面對哥哥的死亡嗎？」

詹姆斯同意，我對他的關懷，讓他意識到父親從未給過他的東西，燃起了他的渴望。他也同意自從接受治療以來，自己有所轉變：比較容易開口和妻子及母親溝通。

不過他接著說：「你有你的觀點來看這個夢，我不是說你講得沒道理，也不是說你的觀點沒有用，但我有另一番解釋，這解釋對我來說更真實。我相信你稱之為夢的，不真的是夢。它是一則記憶，是我昨晚靈魂出竅，飛到父親家和我哥墳前的紀錄。」

我小心翼翼地別露出不耐或無奈的神色。我在想，他該不會說打自己的手機也是記憶吧，但我敢確定的是，要小聰明讓他難以自圓其說，或者大談特談我們在信仰上的差異，只會適得其反。由於幾個月的治療下來，我已經很會隱藏心中的質疑，試著進入他的世界，想像活在一個靈魂可以出竅、四處有幽靈徘徊的世界是何等光景。我也小心探索他這心理作用的源頭何在，以及他這些信仰是怎麼來的。

稍後他談到，他對自己的嗜酒和懶散感到丟臉，並說將來他在天國和祖父母及哥哥重逢時，會羞愧得無地自容。

幾分鐘後，他說：「我說我和祖父母重逢時，我看到你不以為然的斜眼看我。」

「我不覺得自己有斜眼看你，詹姆斯。」

「你有！之前我說我靈魂出竅時你也斜眼看我。歐文，跟我說真話，剛才我說到天國時你怎麼想？」

我可以把焦點拉到他這麼問的心理歷程，就像我們同行常有的做法，藉此迴避這問題，但我決定坦誠以對。毫無疑問地，他察覺到我內心的質疑，否認只會損害他對現實的（準確）觀感，使治療反其道而行。

「詹姆斯，我就如實把心裡的感受告訴你。你說到祖父和哥哥知道你生活中發生的一切時，我很吃驚。我的信念不是如此。不過，你說話時我所做的，是盡量進入你的經驗裡，去想像生活在有幽靈的世界，生活在過世的家人知道你的生活和想法的世界，是什麼樣的光景。」

「你不相信有來世存在嗎？」

「我不相信，不過我也認為這類的事情人永遠無法證實。我想像它帶給你極大的安慰，我也願意給出能帶給你心靈平靜、生活適意、德行美好的任何東西。不過我個人並不相信在天國重逢這個概念。我認為那只是反映出人的某個願望。」

「你信什麼教？」

「我沒信教也不信神。我完全以現世的觀點來看待生活。」

「可是人怎麼可能那樣活著？不接受教會的道德律令約束？你如果不相信有更美好的來世存在，你怎麼受得了現世的生活？怎麼還會覺得現世有任何意義可言？」

我開始擔心這樣的討論不會有交集，也擔心我這樣做是不是對詹姆斯最有幫助。然而，綜觀全局，我認為繼續坦白才是上策。

「我真正關心的是**這輩子**的生活，還有怎麼讓自己和別人過得更好。讓我來談談你的疑惑，也就是我沒有宗教信仰，我怎麼能找到生命的意義。我不認為人生的意義和道德感得要來自宗教。我認為宗教、意義和道德之間沒有必要的關聯，或者我起碼可以這樣說，這三者並沒有**絕對的**關係。我認為我這輩子實現了自己的抱負，活得俯仰無愧。我盡心竭力幫助別人過得更順心如意，比方說幫助像你這樣的人。我會說，我從當下的世界裡找到了意義。我想，我的人生意義在於幫助別人找到他的人生意義。我認為，人滿腦子被來世所佔據就不能全心全意地活在現世裡。」

詹姆斯看似聽得興味盎然，於是我又多說了幾分鐘，談到我最近所讀到的一些伊比鳩魯及尼采對這問題的相關見解。我提起尼采如何敬佩耶穌，他認為保羅及後來的基督教領袖把基督真正要傳遞的訊息給削弱了，也把現世的意義給抽空了。我指出，事實上，尼采對蘇格拉底及柏拉圖鄙視肉體且強調靈魂的不朽，並著眼於為來世作準備的觀點很不以為然。後來新柏拉圖學派將他們這些觀點發揚光大，最終使得早期的基督教末世論〔譯註四〕瀰漫著這種思維。

我打住，看著詹姆斯，以為他會提出一些說法來反駁我。不過令我詫異的是，他忽然掉下淚來。我遞給他衛生紙，一張接著一張，直到他停止啜泣。

「試著跟我說說話吧，詹姆斯，你的眼淚說了什麼？」

「它們說：『我等了好久終於等到這樣的談話……等了好久才等到一場嚴肅而知性的討論，可以談一些有深度的事情。』我週遭的每件事，我們所處的文化——電視、電玩、色情影片——全是那麼的弱智。我上班做的每件事，處理合約、訴訟、離婚調解的所有枝枝節節，全只關係到錢，根本是一派胡言，微不足道，也毫無意義。」

如此看來，不僅我們的談話內容影響了詹姆斯，我們之間的交流也觸動了他的心，也就是說，我看重他，把他的想法當一回事。聽到我把個人的信念表達出來，他簡直如獲至寶，而我們意識形態上的鴻溝根本無關緊要，我們接受彼此不同的看法。事後他帶來一本關於不明飛行物體的書給我，我反過來送給他一本當代懷疑論者、演化生物學家道金斯的書。我們的關係、我對他的關懷，以及我給了他從父親那裡得不到的東西，在在證實是治療的關鍵因素。就像我在第三章指出的，他在很多方面有很大的進展，儘管治療結束時他對於超自然現象依然堅信不移，一如當初。

自我坦露的臨界點

艾蜜莉雅是五十一歲的黑人公衛護士，體格魁偉，極其聰明，但是內向害羞。三十五年前，曾有兩年的時間，她吸食海洛因上癮，無家可歸，不惜賣淫（為了籌錢買毒品）。我相信，你若當時在哈林區街頭，一幫吸食海洛因、四處流浪、賣淫維生的人當中，看見她這位衣衫襤褸、憔悴落魄的風塵女，一定會認定她這輩子毀了。然而，在入獄六個月的強制戒斷下，加上匿名戒毒團體的幫助，還有無比的勇氣和驚人的求生意志，艾蜜莉雅脫胎換骨，蛻變重生。她搬到西岸，開始在俱樂部當歌手。她有一副好歌喉，足以靠四處駐唱的收入完成高中和護校的學業。過去二十五年來，她全心投入護理工作，在安寧療護中心和收容所照顧無家可歸和貧困的人。

譯註四　基督徒對於末日復活與審判的期待。

初次會談時，我得知她嚴重失眠。她經常被惡夢驚醒，除了遭人追捕和逃生的零碎片斷外，很少記得夢的內容。醒後她開始擔心死亡，焦慮到無法再度入睡。當情況嚴重到不敢上床睡覺時，她決定要尋求協助。正好那陣子她讀到我寫的一篇小說〈尋找夢的主人〉（作者註三），她認為我可以幫得上忙。

她頭一次進到我辦公室時，往椅子上噗通坐下，開口便說她希望自己不會當著我的面睡著，因為長久以來她半夜被惡夢驚醒後便難以成眠，人已快虛脫。她通常會說記不得夢見什麼，不過有個夢卻印象深刻：

我躺著，凝視著窗簾。它有玫瑰紅的褶襉，褶襉之間透出淡黃色的光。玫瑰紅的條紋比透進來的光線要寬得多。但奇怪的是，這窗簾和音樂連在一起，我的意思是，透進來的不再是光，我聽見蘿貝塔·佛雷克（Roberta Flack）的老歌「溫柔得銷魂」（Killing Me Softly）的旋律從褶襉間流瀉而下。我唸大學時經常在奧克蘭的俱樂部唱這首歌。在夢裡，這旋律取代了光線讓我很害怕。忽然間旋律停了，我知道彈奏的人要來找我了，然後我驚醒，嚇出一身冷汗，當時約清晨四點左右，那晚就沒再睡了。

她不僅為惡夢所苦，而且失眠，最後不得不尋求治療。此外，她還有另一個苦惱：她很想談戀愛，之前和幾個男人交往過，但她說，沒有一段戀情進行得順利。

頭幾次的會談，我探究她的人生經歷、對死亡的恐懼以及淪落風塵那些年，九死一生的回憶，但我感受到一股強大的抗拒。我總是觸不到她的感覺。她似乎沒意識到自己的死亡恐懼，可是反過來看，她卻選擇大量的安寧照護工作。

前三個月的治療，從僅僅是跟我說話，並生平頭一次跟人吐露從前流落街頭的生活，她似乎得到了撫慰，睡眠的情形改善了。她知道夜裡還是有做夢，但除了一些零碎的片斷，什麼也想不起來。

不過，她對親密的恐懼倒是一開始便相當明顯。她幾乎從不看我，我覺得和她之間有道鴻溝。我在前頭談過病人的停車模式別有涵意，在所有的病人當中，艾蜜莉雅是停得最遠的一個。

我謹記派崔克（於此章先前討論過）給我的教訓：沒有親密可靠的關係，觀念會失去效

作者註三　請參閱《愛情劊子手》（2007，張老師文化）。

用，所以我決意用接下來的幾個月處理她的親密問題，特別是她和我的關係。然而，進展有如冰河移動般緩慢，直到以下這次難忘的會談才改觀。

她一進我的辦公室手機便響起，在徵得我的同意後她接起電話，隨而簡短地安排了當天稍後的一次會面，說話時措詞相當客套而敷衍，我以為她在跟老闆通話。待她掛上電話，經我一問，才知道對方不是她老闆，而是她新交的男朋友，她剛跟他約好晚上吃飯。

「跟男朋友說話和跟老闆說話總有差別的，」我說：「說一些柔情蜜意的話如何？比方蜜糖、甜心、寶貝？」

她看著我，彷彿看著從外太空掉下來的怪物似的，隨即改變話題，說起前天參加匿名戒毒團體的情況。（雖然她戒毒超過三十年了，還是會定期參加匿名戒毒團體和匿名戒酒團體。）團體聚會的地方很容易讓人聯想到她從前吸毒阻街時，經常出沒的哈林區。前去聚會的途中會路過一個毒品氾濫的社區，她總會感到一種古怪的懷念，並常常往一些出入口或巷弄裡張望，看看有沒有提供住宿的地方。

「倒不是說我想走回頭路，亞隆醫師。」

「妳還是稱呼我亞隆醫師，我叫你艾蜜莉雅呢，」我插嘴道：「這聽來很不對等。」

「我說過，要給我時間，我得多瞭解你一點。回到我剛剛說的，每次我走到城裡那些……嗯……低級的街區，有種感覺會不斷冒上來，覺得那裡不見得都是負面的，那感覺很難形容……我不曉得……就像……鄉愁。」

「鄉愁？艾蜜莉雅，妳怎麼理解它？」

「我自己也不確定。告訴你，我常聽到腦子裡有個聲音說，『我做到了』我常聽到它，『我做到了』。」

「聽起來像是妳對自己說：『我在地獄裡走過一遭，歷劫歸來』。」

「對，差不多是那樣，不過還有別的。你一定很難相信，從前流落街頭的生活真的簡單多了。你不必煩惱預算、開會或訓練上工不到一個禮拜就嚇壞的新護士。沒有車子、傢俱或抵稅的麻煩，不用擔心幫助病人時怎樣做合法不合法，不必拍醫生馬屁。我在哈林區街上討生活時，腦子只要想一件事就行了，一百零一件事——怎麼弄到下一包毒品。當然啦，還要想幫我付這些錢的恩客打哪來。生活很簡單，一分一秒一天一天活下來就成了。」

「妳對記憶做了一些挑選，艾蜜莉雅，還記得骯髒的街頭冷得要命的夜晚？摔破的玻璃瓶？動手揍妳的男人？強暴妳的混帳男人？尿騷味和酒臭味？潛伏在四周的死亡——妳目睹的死屍，還有妳差點遭謀殺？妳都不記得這些事了。」

「是啊，是啊，我知道，你說的對，我忘記這些了，而且我是在這些事發生時就把它們忘了。我差點被一個神經病給殺了，但下一分鐘又回到街頭去。」

「我還記得，妳看到朋友從大樓的屋頂往下掉。你自己有三次死裡逃生的經驗，我記得你有一回說的恐怖遭遇：有個瘋子持刀在公園追殺妳，妳脫掉鞋子，赤腳跑了足足半小時。可是每次事情過後妳馬上回到街頭，彷彿海洛因把妳腦裡的其他思緒全都清空了，連死亡焦慮也清走了。」

「沒錯，就像我說的，我只有一個念頭──怎麼弄到下一包海洛因。我不會想到死亡，也不怕死亡。」

「如今死亡回到妳夢裡糾纏妳。」

「是啊，這很怪，還有這……這……鄉愁也是。」

「這裡頭有驕傲嗎？」我問：「妳從深淵裡爬出來應該會感到驕傲的。」

「有一點，但你會說不夠多。我沒空想這些。我的腦袋塞滿了數字和工作，有時候霍爾（男友）也來湊熱鬧。還有怎麼讓自己活著，我想，以及遠離毒品。」

「來這裡見我能幫妳維持活著的感覺嗎？能幫妳遠離毒品嗎？」

「我的一生，我參加的團體，還有治療，都有幫助。」

「妳沒回答我的問題，艾蜜莉雅，我能幫妳遠離毒品嗎？」

「我說了，我說你有幫助，所有的事情都有幫助。」

「妳丟出『所有的事情都有幫助』這句話，妳有沒有發現它把某個東西稀釋掉了？讓我們之間的某個東西流失了？讓我們有距離？妳在逃避我。妳能試著多說一些妳對我的感覺嗎？說說今天到此為止或上一回會談的感覺，或者談談這一個禮拜以來妳對我的看法？」

「喔，別這樣，你怎麼又來了？」

「相信我，這很重要，艾蜜莉雅。」

「你說所有的病患對治療師都有看法？」

「是的，沒錯，我的經驗是如此。我知道我確實對我的治療師有一大堆看法。」

艾蜜莉雅原本陷在椅子裡，身子縮了起來，每一次我把討論的焦點拉到我們之間時，她就是這副模樣。但此刻她卻打起腰桿來。我擄獲了她全副心思。

「你的治療？什麼時候？你有什麼看法？」

「我接受一個很棒的人治療過，一位心理學家，大約十五年前，他名叫羅洛·梅。我很期待每一次的會談。我欣賞他的溫文儒雅，博學多聞。我很喜歡他穿套頭毛衣、戴上一條印地安綠松石項鍊的打扮。我喜歡他說我們有共同的志趣，所以我們之間有種特殊的情誼。我很開心他會閱讀我的書稿並給我讚美。」

沉默。艾蜜莉雅動也不動，盯著窗外看。

「呃，我想我也欣賞你的溫文儒雅。」她坐立不安，說話的時候眼睛望向別處。

「妳呢？」我問：「換妳了。」

「繼續，多說一點。」

「這很尷尬。」

「我知道，尷尬表示我們正對彼此說一些重要的話。我想，尷尬是我們的目標，我們的礦場——我們得開採它。所以讓我們面對妳的尷尬。請試著繼續說。」

「呃，我喜歡你幫我把外套穿上。我喜歡你每次看到我把地毯捲起的一角踩平時輕聲笑的樣子。老兄，我不曉得你怎麼不會看它不順眼。你的辦公室實在應該整修一下。你的辦公桌簡直是一團亂……好，好，別岔開話題。我記得牙醫給我一瓶五十顆的維可丁止痛藥〔譯註五〕。那回，你怎麼想盡辦法要我把它交給你。那是牙醫大方開給我的，你以為我會輕易放手？我記得那回結束，我一個箭步往門外衝時你拉著我的手不放。我告訴你一件事，我很感激你當時沒有對我下最後通牒，說出要不給出那瓶維可丁，要不治療到此為止這種不惜賠上治療的話。別的治療師很可能會撂下這種狠話。但是我告訴你，要是他們真那樣說，我會走人。換做你，我也會。」

「我喜歡你這樣說，艾蜜莉雅，我覺得很窩心，很感動，剛才那幾分鐘妳感覺如何？」

「就是尷尬，如此而已。」

「為什麼？」

「因為我敞開自己任人嘲笑。」

「曾經發生過這種事嗎？」

艾蜜莉雅於是談起年少時遭人嘲笑的往事。聽到這些往事我並不意外，接著我把內心的猜測說出來，說她會感到尷尬，說不定是吸毒那段黑暗的歲月造成的。她不這麼想，但也看不出其他原因，並說早在開始吸毒前，跟人相處就常常感到尷尬。接著，她變得若有所思，轉過頭來直視著我，說：「我有個問題想問你。」

這句話吸引了我的注意。她從沒這樣說過。我完全不曉得她要問什麼，熱切的等著。我很喜歡這種時刻。

譯註五　Vicodin，亦是一種興奮劑。

「不曉得你願不願意面對這種事，不過我要開始問了，你準備好了嗎？」

我點點頭。

「你歡迎我成為你家裡的一員嗎？我是說，照理來說，你懂我的意思的。」

我花了點時間思忖。我想真誠以對。我看著她：昂著頭，大大的雙眼凝視著我，不像往常那樣迴避我的目光。她額頭上褐色的皮膚閃閃發亮，雙頰光潤。我檢視我的感覺，謹慎的說：「答案是肯定的，艾蜜莉雅。我覺得妳很有勇氣，也很可愛。我對妳這一生所做的努力和所克服的一切充滿了敬佩。所以，是的，我歡迎妳加入我的家庭。」

艾蜜莉雅的雙眼湧上淚水，她抓了一張面紙，別過頭去讓自己鎮定下來。幾秒之後她說：「你當然必須這樣說，這是你的職責所在。」

「妳看看妳怎麼把我推開，艾蜜莉雅。我們太親近會讓妳不舒服，是嗎？」

時間到了。屋外傾盆大雨，艾蜜莉雅走向她先前放置雨衣的座椅。我拿起雨衣將之高舉好讓她穿上。她縮了縮身子，神情很不自在。

「看見了吧，」她說：「看見了吧？我說的沒錯吧，你在嘲笑我。」

「我想都沒想過要嘲笑妳，艾蜜莉雅。不過，妳把話說出來這樣很好，想什麼就說什麼這樣很好。我喜歡妳的坦白。」

走到門邊時，她回過頭對我說：「我想要一個擁抱。」

這相當不尋常。我很高興她這麼說，並擁抱了她，感覺到她的熱烈和魁梧。

她走下辦公室門前的台階時，我對她說：「妳今天很不賴。」

我聽見她的腳踩上碎石路時發出的窸窣聲，接著，她頭也沒回的拋下一句：「你也很不賴。」

我們這次會談冒出的議題之一，是她古怪的懷念起昔日的吸毒歲月。她的解釋——也許她懷念的是那段簡單的生活——呼應了本書開宗明義的那段話，也呼應了海德格的概念：當人沉浸在日常模式中，便無心關注更深刻的事，也無心敏銳的檢視自己。

我持續運用此時此地，徹底扭轉了會談的焦點。她原本難以說出她對我的感覺，甚至迴避我問的問題：「來這裡見我，能幫妳維持活著的感覺嗎？能幫妳遠離毒品嗎？」於是我決定冒點風險，坦露我多年前對我自己的治療師的一些感覺。

我的示範鼓舞她也冒一些風險，繼而開闢出一片新天地。最後她有了勇氣問出讓我震驚的問題，一個盤旋在她心裡許久的問題：「你歡迎我成為你家裡的一員嗎？」當然，我得鄭重其事的思索這問題。我相當敬佩她，不僅是因為她從沉迷於海洛因的深淵裡跳脫出來，還有她獲得新生後所選擇的生活：投入濟弱救貧的工作。我誠實地回答她。

我的答案沒有引起她負面的反彈。我秉持自己對坦露私人生活所設的準則（以及限度）。我非常瞭解艾蜜莉雅，深知我的坦露不會把她推開，反而會幫助她打開心扉。

這只是多次處理艾蜜莉雅迴避親密問題的其中一回。這一回令人難忘，我們後來時常提起它。在後續的會談裡，艾蜜莉雅坦露了內心更多更黑暗的恐懼，慢慢想起了更多夢境，還有早年流落街頭的不堪往事。起初，這些內容挑起了她的恐懼——海洛因曾化解掉的恐懼；最後，她卸下了使自己和內心失聯的各種心防。我們終止治療時，她已有整整一年沒做噩夢，也沒在半夜因為害怕死亡而恐慌大作。又過了三年後，我很榮幸地受邀前去參加她的婚禮。

自我坦露的示範

治療師坦露自己的適當時機及程度為何，端看經驗。謹記一個原則：坦露的目的永遠是為了輔助治療的進行。治療師在治療的過程中太早坦露自己，可能會讓需要多一點時間來確認治療情境安全無虞的病人驚慌失措。話說回來，治療師謹慎的坦露自己，是有效的為病人立下榜樣，進而引導病人坦露自我。

一份心理治療期刊最近刊出了這類的例子〔作者註四〕。該文的作者描述一件發生在二十五年前的往事。當年他加入某個團體時，發現團體領導者修．慕蘭（Hugh Mullen），這位有名的治療師，不僅舒服的斜靠著，還闔上了眼。他便問那領導者：「修，你今天看起來怎麼這麼放鬆？」

「因為我坐在美女旁邊。」修馬上回答。

他當下覺得這治療師的反應簡直怪到不行，心想自己是誤上賊船、走錯團體了。然而，幾次之後他漸漸發覺，這位膽敢大剌剌說出感受和幻想的團體領導者，竟奇妙的解放了團體成員的心。

單單一句話就激起了深遠的漣漪，深深影響了這人日後的治療師生涯。如今，事隔二十五年，他依然衷心感激，投書分享治療師的以身作則帶給他的難忘震撼。

夢：通往此時此地的捷徑

夢珍貴無比，可惜很多治療師，尤其是剛踏入此行不久的年輕一輩，卻避之唯恐不及。

作者註四　參閱〈看見、感動、瓦解和重組：從關係的角度看團體領導〉（Being Seen, Moved, Disrupted, and Reconfigured: Group Leadership from a Relational Perspective），《國際團體心理治療期刊》（*International Journal of Group Therapy*）Wright F. 2004, 54 (2), p. 235-250。

一來是，年輕的治療師很少受過解夢的訓練。事實上，很多臨床心理學、精神醫學及諮商課程，對夢之於治療的價值隻字不提。畏於夢的神祕本質，談論夢的象徵及解析的書多半深奧晦澀，再加上解夢的工作曠日費時，大多數的年輕治療師也對解夢一事裹足不前。多半的情況是，唯有受過密集治療的治療師，才能夠真正懂得夢的重要。

我常跟年輕的治療師說，別擔心解析的問題，從而鼓勵他們安心的運用夢境。想把夢看得透徹？算了吧！怎麼可能。佛洛伊德於一九〇〇年出版的曠世鉅作《夢的解析》中，所描述的伊瑪之夢，一個佛洛伊德使出渾身解數想要徹底拆解的夢，百餘年來一直備受爭議。直到今天，仍有很多傑出的臨床醫師提出不同的觀點解讀。

我會告訴學生，務實的看待夢。把夢單純看成是豐富的寶庫，它透露出病人生命中曾有的遭遇、去過的地方、消失的人的資訊。此外，死亡焦慮會滲入很多夢裡。大多數的夢會讓夢者繼續沉睡，然而，噩夢——赤裸裸的死亡焦慮破匣而出、大肆作亂的夢——卻會把夢者驚醒。其他的夢，如我在第三章討論過的，則預示覺醒經驗的來臨；這類的夢似乎傳遞出發自深層自我的訊息，而這深層自我則心繫生命的存在面向。

一般說來，能為治療過程帶來豐碩成果的夢，通常是噩夢、反覆出現的夢或者讓人震撼的夢——深深烙在記憶裡的清明夢（lucid dreams）。如果病人在某次會談裡吐露好幾個夢，我大體上發現，針對最近做的夢或最鮮活的夢著手，病人的自由聯想最豐富。夢不僅包含了曖昧不明的象徵及其他的藏匿手法，而且飄忽不定難以捉摸：我們會忘了它，而且即便醒來匆匆記下，下次治療時忘了把紀錄帶出來也是常有的事。

夢富含無意識形象的表徵，無怪乎佛洛伊德稱它為通往無意識的捷徑（**via regia**）。不過，對這本書來說更重要的是，夢也是瞭解醫病關係的捷徑。我會特別留意含有治療的表徵、或治療師表徵的夢。一般說來，隨著治療的開展，夢到治療的夢會越來越常見。

記住，夢幾乎全是影像，心靈以某種方式賦予抽象概念一些視覺形象。按此說來，治療常常以某趟旅行、家裡的翻修或者一些意外發現——發現家裡有間沒人用過的房間——等這類視覺影像出現。舉例來說，愛倫的夢（翻閱此章之前的部分）以她在我的浴室發現經血滲入衣服的形式，來呈現她的羞恥。而她對我的不信賴，則以我忙著和其他人講話而對她不聞不問來呈現。下面的例子點出了治療師處理有死亡焦慮的病人時的一個重要議題：治療師的死亡。

治療師也會死的夢：瓊安的例子

瓊安五十歲時，因為對死亡的恐懼揮之不去，以及半夜突如其來的恐慌而尋求治療。持續進行幾個禮拜的治療後，以下的這個夢侵擾她的睡眠：

我正和我的治療師見面（我確定他就是你，雖然他的長相和你不太一樣）。我把玩著一只大盤子上擺的一些餅乾。我拿起兩塊餅乾，個別咬了一小口，然後把它們捏碎，並用手指攪動那些碎塊。接著，那治療師捧起盤子，一口吞下那些餅乾和碎塊。幾分鐘後，他躺倒在地生病了。他病得越來越重，神色看起來很恐怖，指尖開始長出長長的綠指甲，眼睛很兇殘，像食屍鬼似的，腿也不見了。接著賴瑞（她先生）進屋裡來幫忙，並安慰他。外子比我會照顧人。我嚇得無法動彈。這時我醒了過來，心跳得很厲害，接下來的兩個鐘頭，死亡的意念一直糾纏我。

「瓊安，這個夢讓妳想到什麼？」

「呃，像食屍鬼的眼睛還有腿不見了勾起了一些記憶。你記得幾個月前我母親中風後我去探望她吧。她昏迷了一個禮拜，後來就在她斷氣前，突然眼睛半開，看上去很像『食屍鬼』。另外，我父親二十年前嚴重中風時，雙腳癱瘓。他過世前的幾個月都是在輪椅上度過的。」

「妳說妳醒來的那兩個鐘頭，死亡的意念一直糾纏著妳，盡量說說那兩個鐘頭妳想到什麼。」

「就是我跟你說過的那些：永遠待在黑暗中的恐怖，還有想到死後再也不能陪在家人身邊的傷心難過。我想，昨夜讓我恐慌大作的就是這些。昨晚睡覺前，我翻看家人的老相片，發現儘管我父親對我媽和對我們小孩都很壞，但是他也曾經存在過。我幾乎是頭一回理解到這一點。也許是從看我爸的照片瞭解到，無論如何，他還是留下了一些痕跡，有一些甚至是美好的。沒錯，留下痕跡這概念很有幫助。我穿上母親的舊睡袍時——我現在還會不時把它拿出來穿，還有看見我女兒開我媽的別克老爺車時，我都感到很欣慰。」

她繼續說：「儘管我從你口中得知，所有偉大的思想家都想過這個問題，可是他們的想法有時候不見得能夠緩和這恐懼。這個謎太駭人了，死亡是深不可測也不可知的黑暗。」

「可是妳每晚睡覺時都嚐過死亡的滋味。妳知道希臘神話裡的薩那妥斯和希普諾斯，睡神和死神，是孿生兄弟嗎？」

「搞不好這就是我會抗拒睡著的原因。我會死這件事實在是太過分太不公平了。」

「大家都有這種感覺，我當然也有。不過這就是存在在那兒需要去面對的事，人類要去面對的事，也是活著或曾經活著的每個生命都要面對的事。」

「它還是很不公平。」

「我們——妳、我——都是自然的一部分，受到它一視同仁的對待，在它之內無所謂公平或不公平。」

「我知道，這些我都知道。我只是回到還是孩子時，頭一次發現某個真相的心情，每一次都像第一次。你知道我沒辦法跟其他人這樣聊。我想你願意這樣陪我，幫了我很多，我從沒跟你提過這些事。譬如說，我在工作上有了可以揮灑的全新空間。」

「這真是件好事，瓊安。讓我們繼續來談，回頭談那個夢。」我說：「在那個夢裡我沒有陪著妳：我逐漸消失了。關於那些餅乾和我吃了餅乾後，眼睛和腿部的情形，妳的直覺是什麼？」

「嗯，我只是咬了一小口餅乾，就把餅乾捏碎著玩。可是你把它們全吞下去，看看它們害你變成怎樣。我想這個夢透露出，我很擔心我會讓你招架不住，我對你要求太多了。這個恐怖的話題，我小口小口啃，你卻大口大口吞，而且你不只和我談這個話題，也和其他病人談。我想我很擔心你會死，很怕你會像我爸媽或其他人一樣消失不見。」

「這種事嘛，將來有一天一定會發生，我知道你會擔心我變老，擔心我死掉，也擔心妳談死亡這件事會影響到我。不過我答應妳，只要我還健在，一定會待在這裡陪妳。妳不會把我壓垮。話說回來，妳信賴我，願意把內心深處的想法說出來，我很珍惜。妳看，我的腿好端端在這裡，而且耳聰目明。」

瓊安憂慮自己的絕望會把治療師拖下水不是沒有道理：沒認清自己也終有一死的治療

師，確實會被恐懼死亡的焦慮給壓垮。

寡婦的夢魘：卡蘿的例子

病人不僅會擔心把治療師壓垮，而且如同卡蘿的夢一樣，終究會開始質疑治療師的能力。

卡蘿是個六十歲的寡婦，自從丈夫四年前過世後，便一直照顧年邁的母親。治療期間，她的母親過世，由於獨居太過寂寞，卡蘿決定搬至別州和兒孫同住。在我們最後幾次的會談中，她說出了這個夢：

有四個人——我、一個警衛、女囚，和你——正前往一個安全的地方。接著我們就在我兒子家的客廳，那地方很安全，窗戶封了木條。你離開房間一會兒——大概是去上廁所——突然間一聲槍響，子彈穿破窗玻璃射死了女囚犯。隨後你回到房裡，看見她倒臥在地，想要救她，可是她很快就死了，你根本來不及做什麼，連話也沒說上。

「卡蘿，妳在夢裡有什麼感覺？」

「一場噩夢，我嚇得醒過來，心跳得很厲害，連床都在震動，久久沒辦法入睡。」

「這個夢讓妳想到什麼？」

「防護措施已經盡可能做到滴水不漏了，有你在、警衛在，窗戶也封了木條，儘管如此，女囚還是被殺了。」

在接續的討論裡，她覺得這個夢的核心，最重要的訊息，是她就跟女囚一樣會死，怎麼防也防不了。她知道在那夢裡，她和那女囚是同一人。有雙重身分是夢常見的一個現象，事實上，完形治療之父波爾斯（Fritz Perls）便認為，夢中的每個人物或有形物體均代表做夢者的某個面向。

更重要的是，卡蘿的夢探觸了我總能保護她的這個迷思。這個夢有很多耐人尋味的地方（比如，她的自我形象以女囚這身分描繪出來，以及把和兒子同住想像成生活在封上木條的房間內），不過，由於我們的治療結束在即，我選擇把焦點放在我們的關係上，特別是我的能力的極限問題。卡蘿明白，這個夢告訴她，即使她不搬去跟兒子住，而是留下來繼續找我治療，我依然不能保護她，讓她免於死亡。

我們最後三次的治療，都在處理這項體悟的意涵，這不僅讓她能夠更輕鬆的面對治療的終止，也是一種覺醒經驗。她比以前更深刻理解到，他人的協助都有其極限。儘管人和人的聯繫可以緩和痛苦，但它抵擋不了人類處境中最痛苦的一面。她從這領悟中獲得力量，帶著這力量展開新生活。

告訴我人生不是一文不值：菲爾的例子

最後，看看這描繪出醫病關係的許多面向的夢例：

你是病人，病入膏肓住在醫院裡，我是你的醫師。不過，我非但沒有醫治你，反而不死心的一直逼問你，你這輩子是不是過得很快樂。我希望你告訴我，人生不是一文不值。

我問菲爾——一位很怕死的八十歲老先生——對這個夢有什麼看法，他馬上接口說，他覺得自己彷彿要吸乾我的血，把我榨乾一樣。這夢透露出，即便我生病而他是醫生，他還是不顧一切要改寫情勢，執意要從我這裡得到什麼。他當時對自己的病況很絕望，也為過世及失能的朋友感到難過，希望我告訴他人生不是一文不值的，好讓他重拾希望。

在這個夢的驅策下，他明明白白問我：「我對你來說是不是很重的負擔？」

「我們都背負著同樣的重擔，」我答道：「你看見果核裡的蟲（他先前的措詞，意指死亡）時雖然態度嚴厲，卻帶給我啟發。我很期待我們的會談。能夠幫助你恢復熱情與活力，和找回你的人生智慧，我覺得有意義。」

❀　❀　❀

我之所以寫下這本書，是因為我發覺心理治療很少談到死亡焦慮。治療師迴避這話題的原因很多：他們否認死亡焦慮的存在或它的重要性；宣稱死亡焦慮事實上是焦慮其他事；害怕點燃自身的恐懼；又或者，他們對死亡感到絕望而茫然不知所措。

我希望透過這本書傳達出，面對所有的恐懼，甚而是最晦暗的恐懼，有其必要，而且切實可行。我們只是需要新的工具——另類的新概念和另類的醫病關係。我的建議是，大家不妨汲取偉大思想家的見解，勇於面對死亡，建立以生命的存在事實為基礎的治療關係。不管如何，人注定會感受到生之歡愉和死之恐懼。

當治療師能夠坦率的面對人存在的固有議題，真誠這因素——治療是否有效的決定性因素——將展現新的風貌。我們不該把害怕死亡視為奇怪的折磨，我們要摒棄無動於衷而自以為是的治療模式。我們都要面對同樣的恐懼、人終有一死的傷痛，以及果核裡的那條蟲。

後記

本書的英文書名摘錄自拉羅什富科的箴言：「烈日和死亡一樣，令人無法逼視。」這句話道出凡夫俗子的心聲：直視烈日和直視死亡一樣讓人難受。我不會鼓勵人用雙眼凝視烈陽，不過，面對死亡卻是另外一回事。本書的宗旨，就是要人堅定不移的凝視死亡。

歷史充滿了人類企圖否認死亡的各種例子。比如說，蘇格拉底這位主張人要徹底檢視生活的鬥士，從容赴死前說，他為自己即將脫離「肉體的愚昧」而感恩，並深信自己將在死後的永生之中，和志趣相投的不朽心靈進行哲學的對話。

當代的心理治療師，不遺餘力的獻身於自我探索，鍥而不捨的開鑿最底層的思維，卻也是一見死亡恐懼便掩面而逃。然而在我們的生活中，影響情緒最普遍也最關鍵的，就是死亡焦慮。

過去兩年來，我和朋友、同僚相處時，常直接感受到這種對死亡議題避之唯恐不及的反應。埋首寫書期間，我通常一有機會就會和人長談正在寫的內容，可是寫這本書時情況卻完全不同。朋友們常問我目前忙些什麼，我會說正在寫一本克服死亡焦慮的書，接著，談話便嘎然而止。沒有人會繼續問下去，不久話題便岔開了，只有極少數的情況例外。

我認為我們應該像面對其他恐懼一樣面對死亡。我們應該思忖人的有限性，熟悉之、剖析之、以理性待之，拋開兒時對死亡的曲解。

別下結論說，死亡的痛苦令人難以忍受，或死亡的意念會摧毀我們，又或者，否認人生的無常以免這真相使得人生了無意義。這類的否認往往會要你付出代價：視野越來越狹隘、心靈越來越混沌、思維越來越遲鈍。最後活在自我欺瞞之中。

面對死亡總會伴有焦慮。我寫下這幾個字的當兒也感覺到它的存在，這是人為自我察覺付出的代價。因此，本書的副書名我刻意使用「恐懼」（terror）這個詞，而不用「焦慮」，藉此傳達出，人可以經由努力，把赤裸裸的死亡恐懼化為日常生活中可承受的焦慮。在某些指引的輔助下直視死亡，不僅能夠平息恐懼，而且能讓生活更深刻、珍貴、更有活力。這種對待死亡的方式，可帶領人積極的投入生活。是故，我著眼於如何減少死亡恐懼，以及如何辨識並利用覺醒經驗。

我無意讓這本書變得灰暗沉重，相反地，我希望藉由理解、看透人類的處境：生命之有限猶如轉瞬而逝的光縫，我們不僅能欣賞每個當下的彌足珍貴，珍惜純然存在的喜樂，而且能夠以慈悲對待自身以及芸芸眾生。

【附錄】

閱讀指引

亞隆說，《凝視太陽》是以他自身面對死亡的經驗出發，充滿個人色彩的書。「我和所有人一樣害怕死亡，它是我們割不開的黑暗陰影。」

你也曾面對過死亡嗎？你是否和他一樣害怕？或被那黑暗的陰影所籠罩？你同不同意絕大多數人都感受到這黑暗陰影的存在？

讀完《凝視太陽》後你也許會問以下這些問題，不管是和讀過此書的人共同討論，或是獨自思忖。我們希望這些問題能激發一場對話，深入探討亞隆博士在此書裡提出的見解和問題。

英文原書名和副書名

你同意面對死亡就像凝視太陽嗎？我們若想看清人類處境的真相、生命之有限和轉瞬而逝的光縫，繼而了然開悟的繼續活下去，就得面對這痛苦艱難而必不可少的事？

你了解亞隆醫師在副標題上強調死亡「恐懼」而非死亡「焦慮」的用意嗎？你同意他

這個想法嗎？我們為何只針對恐懼下手？人真的永遠克服不了死亡恐懼嗎？

第一章

按韋伯大辭典解，饕客（epicure）意指追逐豪奢生活及感官享樂之人。亞隆醫師是否說服了你，使你相信希臘哲人伊比鳩魯教導了我們更重要的事？若是如此，那是什麼？

有沒有年屆六歲至青春期的孩子，跟你說過他們害怕死掉？他們到底對死亡好不好奇？

你週遭的青少年有沒有突然對死亡這件事非常關注，或突然「湧現」死亡焦慮？倘若如此，他們是怎麼表達的？

你大概知道佛洛伊德認為人的心理問題大半是壓抑性慾的結果。相反地，亞隆卻說人的焦慮和精神病理大半來自死亡焦慮。你同意這觀點嗎？你的經驗是如此嗎？

第二章

關於死亡，你最深的恐懼為何？你能用言語形容它嗎？你能夠想像它嗎？你有沒有經歷過你深信是由死亡恐懼而來的焦慮或恐懼？

第三章

你這輩子有過「覺醒經驗」嗎？譬如：生重病、離婚、失業、退休、所愛之人過世、某個震撼的夢或意義重大的同學會？

這類經驗過去如何影響你或沒影響到你？你認為這類覺醒會讓你更珍惜生活，或對死亡有不同的觀感嗎？

第四章

截至目前為止，你覺得此生所激起的「漣漪」影響了誰？這漣漪將來會影響到誰？

當你的生活遇上壓力或有死亡恐懼時，有沒有任何格言或諺語——比如「殺不死我的將使我更堅強」或「成為你自己」——是你反覆用以自勉的？

第五章

和另一人之間的緊密聯繫可幫助你面對死亡恐懼，這說法你同不同意？你自身有過類似的經驗嗎？

你感受過和他人疏離的寂寞嗎？

當你發覺除了自己之外沒有人懂得你的感受、發覺死亡代表你這一生所構築出來的世界將化為烏有時，你感受過亞隆醫師所謂的存在性孤獨嗎？

亞隆醫師援引伯格曼的電影《哭泣與耳語》，視之為描述同理心如何起作用的絕佳範例。有沒有哪部你看過的電影，描繪了你所認為的同理心，或讓你想一窺同理心為何物？

如果你繼續目前的生活，你能想像五年或十年後你會有什麼遺憾嗎？你能想像照目前的生活過下去，一年或五年後回頭看時，你將不會有新的遺憾？

第六章

你記得生平第一次遇上親友過世的情況嗎？那位過世的親友是誰？那是什麼樣的經歷？

你參加過很多葬禮嗎？回想令你印象深刻的幾次喪禮。

你曾有過瀕死的經驗嗎？你當時的反應如何？如今你又覺得如何？

你的兒時夢想實現了嗎？你發揮潛能了嗎？

亞隆醫師說，他以存在取向的現世觀點來看待自身的工作及個人信念，而且不相信超自然的信念，你對此有何看法？

宗教信仰是你應付死亡的方式嗎？亞隆醫師認為死後的來生並不存在，而且大腦停止運作後，心靈（以及和心靈相關的一切）亦跟著消失，對此你有何看法？

第七章

你接受過心理治療嗎？你目前正接受心理治療嗎？

你的治療師曾對你坦露過自己嗎？你當時有什麼感受？聽到治療師坦露自己，你會想更敞開自己嗎？

在你接手的個案裡，你有沒有碰過把問題反覆抽絲剝繭後，結果赫然發現它和死亡焦慮有關的情形？

亞隆醫師的建言：「聆聽地窖裡的野狗狂吠，你會變得更加睿智。」在你聽來如何？

【增訂版全新內容】

我要報警

歐文・亞隆（Irvin D. Yalom）
羅伯特・布蘭特（Robert L. Brent）著

我的第五十次醫學院同學會的惜別宴會結束後，鮑伯．布蘭特（Bob Brent），我的老友，醫學院時代僅存的朋友，打手勢示意說他必須跟我聊一聊。儘管選擇了不同的專業方向，他進入心臟外科，我進入談話治療，療癒破碎的心，我們卻建立了緊密關係，而且彼此都知道這是終生的關係。當鮑伯拉著我的手臂到一旁，我就知道出了不祥的事。鮑伯很少碰觸我。我們精神科醫師會注意那樣的事。他貼近我耳邊用粗大的嗓門說：「發生了惱人的事……往事正在爆發……我的兩種生活，黑夜與白天，正在結合。我需要找人聊一聊。」

我懂。鮑伯的童年在大屠殺時期的匈牙利度過，自此他一直過著兩種生活：日間生活擔任和藹、熱忱、孜孜不倦的心臟外科醫師，夜間生活有恐怖記憶的碎片踩過他的夢境。他的日間生活，我無所不知，但是在我們五十年的友誼裡，他的夜間生活深藏不露。我也從未聽過他明確向我求助：鮑伯內斂、神祕、令人費解，在我耳邊低語的是判若兩人的鮑伯。我頻頻點頭稱是。我很擔心。而且好奇。

我們在醫學院結為朋友是很奇特的事。布蘭特（Brent）是B開頭，而亞隆（Yalom）開頭是Y，單看那一點，我們就應該分開。醫科學生普遍從自己字母那一部分的人之中選擇密友。屍體解剖（cadaver dissection）、實驗分組（lab partner）與臨床輪訓（clinical rotation）都按字母順序分配，我多半分在S到Z這一組——謝林（Schelling）、席得瑞爾斯

（Siderius）、維納（Werner）、汪（Wong）、朱克曼（Zuckerman）。

或許由於鮑伯獨特的外表，從一開始，他鮮亮的藍眼睛召喚我。我不曾見過如此悲慘而恍惚的眼神，會召喚的眼神，會與我眉目傳情，但未直接正眼看我。他的臉，不是一般的臉（*punum*），很立體，全是尖角，尖鼻子和尖下巴，連耳朵也尖尖的。刮鬍刀刻劃過的皮膚很蒼白。我覺得他沒有曬太陽。沒有吃胡蘿蔔。沒有運動。

他的衣服皺皺的，平凡無奇的灰褐色（在他身上，我從未見過鮮豔的顏色）。可是他卻吸引我。將來我會聽到女人說他是難以抗拒的難看。難以抗拒是有點兒太過分，但或許很誘人。是啊，我被他吸引住了：在華盛頓特區裡，我讀過的中學和大學中，從未見過誰有一絲一毫長得像鮑伯。

我們第一次邂逅呢？我記得一清二楚。我正在醫學院圖書館讀書，他在那裡花了好幾個晚上為羅賓斯（Robbins）教授的病理學課本做書目研究（這本課本注定要帶來光明的未來，這本課本教育了全世界好幾代的內科醫師，現在還是）。有一晚在圖書館，他緩緩走過來，說我已經讀得足以應付隔天的腎臟學考試了。

「你想賺點兒錢嗎？」他問我說。「羅賓斯給的工作多到不行，我需要一些幫助。」

我欣然接受這個提議。除了賣血和精子所賺來的一些零用錢——醫科學生快速賺取現金的來源——我完全仰賴父母雜貨店的收入而活。

「為什麼是我？」我問。

「我一直都在觀察你。」

「然後呢？」

「然後你可能具有潛力。」

不久，我們一週花三到四個晚上在波士頓大學醫學圖書館並肩為羅賓斯博士工作，或者在我的公寓閒聊或讀書。大部分是我在讀書——鮑伯似乎不需要。而且他迷上單人紙牌遊戲，一玩就好幾個小時，他聲稱有時候為了新英格蘭地區錦標賽，有時候為了世界錦標賽。

不久以後，我得知他是戰爭難民，倖免於大屠殺，十七歲的時候，身為難民，自己找到通往波士頓的路。

我想到自己十七歲的時候——有朋友圍繞、有家人擁抱、瘋迷寬版領帶、我那笨拙的舞蹈、男大學生聯誼會的政治活動。我感到幼稚、軟弱、無力。「鮑伯，你是怎麼辦到的？誰幫你的？你會說英語嗎？」

「一個字都不會。以八年級的同等學歷，我開始上波士頓拉丁語中學，一年後就讀哈佛大學一年級，然後一直讀到醫學院。」

「你是怎麼辦到的？我敢打包票，即使我申請了也進不了哈佛。還有你住哪裡？和誰住？擔保人呢？親戚呢？」

「這麼多問題。我全靠自己——那就是答案。」

畢業典禮上，我記得父母、太太和孩子圍繞著我，而遠遠的那一邊，我認出鮑伯一個人站著，腳後跟輕輕來回擺動，緊握著畢業證書。畢業後，他參加內科實習、一般外科住院醫師實習，緊接著是胸腔心臟外科住院醫師實習。結訓隔天，他應聘擔任波士頓教學醫院的心臟外科總醫師。他大量發表；不厭倦教學和動手術。他是世上首位移植長期存活部分人工心臟（partial artificial heart）的人。他完全孑然一身在世界上——在大屠殺中，他已經失去了每一個人。

然而他隻字不提往事。我非常好奇，認識的人之中，無人直接經歷過集中營的恐怖，但是他卻漠視我的問題，斥責我喜愛窺探別人隱私。

「或許，」他揶揄說：「如果你守規矩，我會告訴你更多。」

我真的有守規矩。但是多年以後，他才願意回答戰爭的問題。當我們邁入六十歲，我注意到一個變化。首先，他似乎更敞開而樂意交談。然後，隨著歲月流逝，他變得幾乎渴望對我訴說過去的恐懼。

但是我準備好要聽了嗎？我曾準備好要聽了嗎？一直要等到我開始接受精神醫學的訓練，開始從事自己的分析，通曉人際溝通的某些細微之處，我才明白某些很根本的事情，關於我和鮑伯之間的關係：不僅鮑伯絕口不提往事，而且我也不想知道。他的長期緘默，是他和我的共謀。

我記得十幾歲的時候，戰後記錄集中營解放的新聞短片令我驚呆、恐懼、憎惡。我想看。我覺得我應該看。這些是我的族人——我必須看。但是每次看了，我都十分心煩。甚至到如今，我也擋不住那些刺痛印象的侵擾：有刺的鐵絲、冒煙的火葬場、少數殘存的人瘦得像骷髏一樣穿著條紋的破舊衣服。我運氣好：假如父母沒有在德國納粹黨掌權之前移居外國，我可能早就成了其中一具骷髏。而且，最糟的是推土機正在移動大量屍體的印象。那其中有些屍體是我的家人：我姑姑在波蘭遭謀殺，我叔叔艾伯（Abe）的太太和三個孩子也是。他於一九三七年來到美國，打算帶家人過來卻來不及。

這些印象攪動了這麼多恐懼而且引起如此狂烈的幻想，我幾乎快受不了了。當它們在夜晚進到我的腦子裡，我就失眠。而且它們不可磨滅；它們從未漸漸消失。早在我認識鮑伯之前，我就決心不要再增加這樣的印象到我腦中的檔案夾裡，而且要迴避大屠殺的影片和文字敘述。有時候我試圖更理智地面對歷史，卻從未成功過。我強迫自己進入戲院看《辛德勒的名單》（*Schindler's List*）和《蘇菲亞的選擇》（*Sophie's Choice*）這樣的影片，但是不出三十到四十分鐘就受不了，每次走出場就恢復決心，今後要避開這樣的痛楚。

鮑伯分享的事情，有些是令人心驚膽顫的。記憶深刻的是他二十年前說了一個密友米克羅斯（Miklos）的故事。當時鮑伯十四歲，住在布達佩斯，裝成基督徒，為抵抗組織工作，偶然遇見幾個月不見的米克羅斯。友人的外表令鮑伯吃驚。他面容枯槁、衣衫襤褸，彷彿剛剛逃出貧民窟，或者可能從開往奧斯威辛集中營的火車上跳下來。鮑伯警告米克羅斯，說他肯定很快就會遭到納粹黨員逮捕，力勸他一起走，接受臨時的住所、變裝，和一些假的基督徒身分文件。米克羅斯點了點頭，然後說他必須先去某個地方，但兩個小時後會回到原地。鮑伯再次警告他有危險，懇求他馬上走，但是米克羅斯堅持他必須去見某人討論一件急事。

然而，就在他們會合時間之前，空襲警報響起，街道都淨空。九十分鐘之後，「空襲警報解除」的信號一響起，鮑伯就衝到會合地點，可是米克羅斯從未出現。

戰後，他從一位從前的體育老師卡若里．卡爾帕帝（Karoly Karpati）口中得知米克羅斯的下場。他是猶太人，豁免了反猶太人法律（anti-Jewish laws），因為他在柏林奧林匹克運動會為匈牙利贏過角力金牌。就在空襲警報解除信號響起之後，卡爾帕帝的妻子正要離開空襲避難所，看到一群納粹黨員正要把一個年輕男孩拖進她的公寓大樓前廳。她認出米克羅斯，遠遠觀察。他們拉下了他的褲子，看到他行了割禮，朝他的肚子射了好幾槍。米克羅斯鮮血直流，卻意識清醒，討水喝。卡爾帕帝太太試圖給一些水，納粹黨員卻把她推開。她在看得到的地方徘徊大約一兩個小時，直到他失血身亡。鮑伯以他獨有的方式結束了故事：他責怪自己沒有強迫米克羅斯馬上跟他一起走。

那則故事縈繞在我心頭好多年。好多個晚上，我醒著躺著，心砰砰跳，米克羅斯遭到謀殺那一幕在我想像力的劇場裡一次又一次播放。所以，在「讓我們早日相聚」（Let's Get Together Soon）與「暫時告別了」（So Long for Now）的一陣合唱聲中，我們的同學終於離開了飯店宴會廳——這些七十五歲的白髮又乾癟的老兄都深知他們幾乎肯定不會再見面了——我們找了飯店櫃台的一個安靜角落聊天。我們點了氣泡酒，鮑伯講起他的故事。

「上週我去卡拉卡斯（Caracas）出差。」

「卡拉卡斯？為什麼？你瘋了啊？不是有政變？」

「那就是重點。我們團隊裡沒人要去。大家都認為太危險了。」

「對你就安全——一個七十五歲的人，半殘廢，心臟裝了三根支架？」

「你想聽故事，或者你想要在你的朋友前面再次扮演治療專家？」

他沒錯。鮑伯和我總是互相開玩笑。這種生存方式是我們的關係所特有的。我和別的朋友就不會這樣。我肯定我們的玩笑是感情很好的象徵；或許這是我們找到的唯一可以讓彼此親近的方法。他童年的創傷和他的許多損失導致他無法公開顯現脆弱或者表達情感。

他無法找到安寧或安全，總是以驚人的步調工作，一週至少花費七十到八十小時在手術房裡苦幹，或者給予術後照護。雖然他收入可觀，一天執行兩個或三個開心手術，錢對他並不重要：他生活節儉，大部分薪水都捐給以色列或者給與大屠殺有關的慈善機構。出於友誼的真諦，我無法停止嘮叨他過勞。有一回，我拿他和無法停止跳舞的紅鞋芭蕾舞女演員相比。他馬上回答說正好相反：芭蕾舞女演員讓自己跳到死，但我是為了活下去而跳。

他的心特別旺盛，總是生出新的想法。他很出名，因為他開發一個又一個外科手術程序，拯救了重症患者的性命。從積極的外科手術工作退休下來之後，他陷入長期的重度憂鬱，卻以奇妙的方法克服了。他成為研究大屠殺的學者，而且激烈爭論現代醫學是否應該使用納粹黨在集中營所做的醫學研究結果。最後，鮑伯偉大的論文刊在《新英格蘭醫學期刊》（*New England Journal of Medicine*），證明納粹黨的研究大半是騙人的，因而終止了辯論。行動與成效迅速停止了他的憂鬱。

他不斷延伸自己的想法，足以供給很多科學家，給各種療法或新的外科手術設備或程序使用。最近，他幫忙開發新的方法，較安全的、非外科手術的療法，治療晚期肺氣腫。身為某家公司的創辦人之一，他開發系統，而且一直到各地旅遊及演講，向內科醫生推廣這項工作。

我知道他無法停止跳舞。我也無法停止提供無用的忠告來要他放慢、享受人生、花時間打電話給朋友。他忙得不可開交而且全神貫注。有一次，他因為嚴重心絞痛而住院接受心導管手術，沒有告訴家人和朋友。我從未停止告誡他要多分享、要學習如何抱怨、要求助。而他一再漠視我的忠告。

但現在，今晚在我們第五十次同學會，情況改變了。他第一次求我幫助，我決心拯救他。

「鮑伯，告訴我，你在卡拉卡斯到底發生了什麼事。」

「我正要結束三天的出差。那次很成功：委內瑞拉的醫師對我們治療肺氣腫的新系統印象深刻，準備好要在大學醫院開始實施臨床試驗。因為有相當大的風險會遇到搶劫或綁架，在這次出差期間，接待我的醫師全程都陪在我身邊。然而，在那裡的最後一頓晚餐期間，我告訴他們不必陪我去機場：我搭一早的班機，飯店會提供載送服務。他們執意送我去，我卻堅持己見，搭乘飯店的豪華大轎車。似乎安全。」

「安全？安全？委內瑞拉現在的狀況安全？」對於他的判斷，我感到驚恐，開始反駁，但是他搖搖手指對我說：「你又來了。要嘮叨，我不需要一個精神科醫師；我到處都找得到。」

「這是反射動作，鮑伯；我忍不住。聽到你把自己暴露在那樣的危險之中，我會瘋掉。」

「歐文，你記得那次我們在熟食店吃完午餐之後，走去坐車嗎？」

「嗯，我記得那次午餐。走路去坐車和午餐有什麼關係？」

「記得我們在轉角轉彎，從小街走去坐車嗎？」

「記得。記得。我斥責你走在街道的正中央，然後問你在布達佩斯有沒有人行道。」

「還有。」

「還有？還有什麼？噢，對了，後來我提到街道比人行道安全，因為街道看得較清晰。」

「嗯，當時我太客氣，沒有說出來，那時候你大錯特錯。正好相反：我那麼做是因為那樣**比較**危險。那就是重點——也是你從來不了解我的一點。我在危險中被撫養長大。危險像程式一樣內建在我裡面。一些危險可以撫慰我。我最近才明白手術房取代了我在抵抗組織中的危險生活。在手術房裡，我與危險住在一起，而且把冒險卻能救人的心臟手術擺在危險面前。手術房一向是我感覺最輕鬆自在的地方。母奶一樣不可或缺。」他以臉上的表情問我「知道嗎？」

「我只是個熟練的精神科醫師，和活的傷者一起工作，而不習慣於如此極端的精神錯亂。」我說。

「其實，」鮑伯不顧我的評語，繼續說：「多年來，我不了解自己與眾不同。對任何能夠勝任心臟外科手術以及玩生死遊戲的人而言，我認為那是相當自然的。對心臟外科手術不感興趣或無法進入此領域的人遺漏了生命中最大的挑戰。就在最近幾年，我把我冒險的熱情和我的過去聯結在一起。大約二十五年前，波士頓大學決定以我的名義設立講座，發行了一本別緻而光滑的小冊子。封面是我在手術房，身邊圍繞著所有的助理員、外科手術服和小巧器械，下面的說明文字寫著『救沒救之人』（To Save Lives That Could Not Be Saved）。幾十年來，我都把那行說明文字視為麥迪遜大街（Madison Avenue）上引人注目的花招，為了募集更多錢。直到最近我才明白，創造那個片語的人當時比我更了解我自己。」

「我害你離題了。讓我們回到卡拉卡斯。那一早你被豪華大轎車接走後發生了什麼事？」

「除了司機對我索價太高，前往機場的旅途沒發生什麼特別的事。我要求司機載我去機場大門口，但他說假如讓我在側門下車，我會離登機報到處比較近。當我進入機場大廳，就看到航空公司櫃檯只在前面大約一百到兩百英呎處，我也可以看到乘客正依序通過登機門。我往前走了幾步，一位身穿卡其褲和短袖白襯衫的年輕男子走向我，以還不錯的英語要求看我的機票。我問他是誰，他說他是安全警察。我要他證明，他就從襯衫口袋掏出一張塑膠卡，上面寫著西班牙文，附他的相片。我把機票交給他。他仔細研究，然後問我是否有足夠現金付機場稅。『多少錢？』

『六萬委內瑞拉幣（約二十元美金）。』他說。

我回答：『沒問題。』當他想要看我皮夾裡的錢，我再次向他保證我有足夠的錢可以付機場稅。然後他告訴我，我的班機誤點了，所以我應該隨著他從我們前方的階梯上去，在另一個大廳等候。他說他會幫我提行李，而且拿我的提袋。然後他向我要我的護照。我的護照？我腦中響起一聲警報。我的護照是我的身分、我的安全、我通往自由的票卡。在我取得美國公民身分和護照之前，我是個流浪者、是個無國籍的猶太人。沒有護照，我就無法回到波士頓的家。我會再次成為被迫離開自己祖國的人。

「大事不妙，我知道，我進入自動導航模式。緊抓我腰帶上的手機，銳利看著他，把手指放在手機右上端突出來的短天線上說：『這是發報機，直接與警察連線。把我的提袋還給我，否則我就按下按鈕。我要報警。』

他猶豫了。

『我在報警，』我說。然後我再次大聲重複說：『我在報警。』

「他猶豫了幾秒鐘。我抓起我的皮箱，猛力從他手中拉回來，開始大喊大叫——我記不得喊叫什麼——然後跑向安檢門。回頭看了一下，我看見那個男的也飛快往反方向跑。在安檢門前，我上氣不接下氣，告訴警官剛剛發生了什麼事。他即刻報警，然後，他放下電話的時候說：『你是非常幸運的人，因為你差點兒被綁架了。上個月在機場已經發生了六起綁架案，某些被綁架的人從此音訊全無。』」

鮑伯深深吸一口氣，長長吸了一小口氣泡酒，然後轉向我說：「那就是故事中委內瑞拉那一部分。」

「頗特別的故事！」我說。「還有其他的部分嗎？」

「正要開始。有一會兒時間，我無法確實了解發生了什麼事。我無法追蹤：我大吃一驚，幾乎頭暈目眩。但我不知道為什麼。」

「差點兒遭到綁架已經足夠——足夠令人目瞪口呆了。」

「沒有，如我所說，那只是開始而已。繼續聽下去。我順利通過安全檢查，當我走到登機門坐了下來，仍如墜五里霧中。我翻開雜誌卻一個字都讀不下去。等了大約一小時，我的心一直漩轉，然後，像夢遊者，登上飛往邁阿密的班機。

「中途停留在邁阿密三小時期間，我靜靜坐在一張舒適的椅子上，喝一罐健怡可樂。我打瞌睡的時候，事情發生了：將近六十年沒想過的事情又闖進我的記憶之中。一開始想不起來，但我用力猛想，企圖集攏每個細節。最後，六十年前，我十五歲的時候，發生在布達佩斯的一件事情，清晰聚焦。我腦中充滿影像，重溫每個細節。幾個小時之後，要搭機前往波士頓的時候，我感到寬慰，幾乎擺脫了焦慮。」

「告訴我你看到什麼。告訴我全部……什麼都別遺漏。」我的請求是愛與友誼的舉動。我感覺到分享經驗會使鮑伯感到寬慰。但我害怕我即將聽到的事情。但我也知道陪我的朋友走入夢魘的時候到了。

他一口氣喝完氣泡酒，斜靠回酒吧沙發。闔上眼睛，他說：「我十五歲。納粹黨員帶領一列人從貧民窟到車站，準備驅逐出境，我從中逃了出來，回到布達佩斯，在那裡我過著基督徒的生活，帶著偽造的身分證件。家裡的每一個人已經遭逮捕然後驅逐出境。我和朋友合租一個房間，他於一九四二年從匈牙利逃到捷克斯洛伐克。他帶著偽造的身分證件生活了一段時間，熟知其中竅門。保羅是他的假名。我不記得他使用什麼姓，而且我從來都不知道他的真實姓名。我們成了非常親密的朋友。除了回憶，在我書房的書桌上，有一張他的放大照片，老舊又皺巴巴的。我還有一個密友米克羅斯，他幾個月之前被箭十字黨（Nyilas）殺死。」

「我記得你談論過你的朋友米克羅斯，他被納粹黨員抓起來槍斃。但我不記得那個字——是Nyilas嗎？」

「箭十字黨是匈牙利的納粹黨員。他們是野蠻人，是由武裝暴徒組成的一支國民自衛隊，他們在街頭閒逛，把猶太人聚攏起來，不是當場殺死就是把他們帶到黨的處所拷問及屠殺。他們對待猶太人的方式比德國人或匈牙利警察還要惡毒。Nyilas 源自匈牙利文，意指箭頭。他們的徽章是兩支箭交叉，類似德國的卐。

「保羅和我很親密。得悉猶太人起義對抗斯洛伐克的納粹黨員，我們就想要加入當地的抵抗組織。因為我不會講斯洛伐克語，他認為最好讓他前去勘查情勢。如果情況看起來有利，他會找一個地下管道回來布達佩斯接我。我跟他一起去布達佩斯的火車總站，火車離站的時候，我確信幾個星期後會見到他。但我再也沒有他的音訊。戰後，我搜尋保羅的消息，但是找不到他的蹤影。我確定納粹黨員殺死了他。

匈牙利納粹黨（箭十字黨）的徽章

「我有一些抵抗組織給我的任務，發生事情的時候，我都盡力而為。其實，我變得非常擅長偽造文件給想要以基督徒身分通關的猶太人。我靠白天在一家替匈牙利陸軍製藥的小工廠當打雜跑腿小弟謀生。

「啊，這就是我上星期在邁阿密機場大廈恢復的記憶。我十五歲，某天早上，我遲到了，趕著去上班，當時我看到街道對面有一個箭十字黨暴徒，戴著一頂軍帽、繫著一條軍用腰帶、配一把手槍在皮套裡、手臂上有兩支黑箭交叉的箭十字黨臂章；他拿著衝鋒槍對準一對不幸的猶太夫婦，他們上了年紀，在他前面三、四英尺，走路慢吞吞。他們大概六十幾歲，被迫佩帶四英寸的黃星標誌在左胸。那個老男人顯然被打，很可能就在幾分鐘前：他的臉很腫而且變色了，你幾乎看不到他的眼睛。他的鼻子也腫起來，又青又紅，扭曲到一邊，而且流著血。鮮紅血跡從他灰白的髮際線流到額頭，然後一滴一滴從臉上流下來。他的耳朵又大又紅，有撕裂傷。那個女人在他身旁，邊走邊哭。我看到她轉頭回去懇求那個暴徒，但他僅用槍管把她的頭推回去。

「記住，這在當時是很稀鬆平常的事。我知道很難讓你的心去想像這樣的經驗，但這場面並不稀奇，在整座城市，每天都發生很多次。猶太人時常在街頭遭到逮捕，有時候當場槍斃，然後屍體就這樣放在人行道上一兩天，直到被收走。無庸置疑，這對夫婦正要被帶往箭十字黨的處所嚴刑審問，以處決的方式朝頭部開槍，或者用鋼琴線吊死在天花板的掛勾上。或者射殺和淹死兩種都來——那是他們的最愛之一。箭十字黨會強迫一群猶太人走到多瑙河畔，射殺之後，把他們扔進冰冷的河裡。有時候，三個猶太人被綁在一塊兒，只有一個被射殺，但全部都被丟到水裡，另外兩個溺死或凍死。」

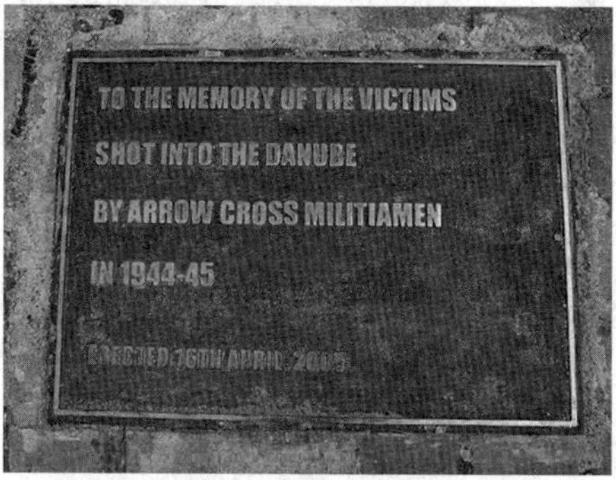

布達佩斯多瑙河畔受難匈牙利猶太人紀念碑

「紀念於1944-45年間遭箭十字黨國民自衛隊槍殺後推入多瑙河的受難者　2005年四月十六日立」

布達佩斯多瑙河堤上的青銅鞋，紀念被槍殺後拋入多瑙河的匈牙利猶太罹難者

我不由自主顫抖，有個不祥預感，三具身體綁在一塊兒、在冰冷的河裡使勁掙扎的情景，那夜晚會炸開一條路進入我的夢。但我不發一語。

鮑伯注意到我在顫抖，他轉移了目光。「你要習慣，歐文；難以置信，但你要習慣。甚至現在我還不相信發生過，但是其實那曾是每天在發生的事。我見過許多這些大量射殺，而且知道，即使射殺沒有致命，一旦他們被丟入冰冷的水裡，受害者也難逃一死。

「在布達佩斯的街上，總有箭十字黨衛兵在猶太人隊伍的前後帶領。有時候，特別是晚上天黑時，一個抵抗組織的戰士（我自己也做過幾次）會跟蹤他們，朝衛兵擲一顆手榴彈，希望殺掉箭十字黨壞蛋。當然，手榴彈也可能殺死猶太人，但他們不久還是會死，而且在混亂中，偶爾有些人可以脫逃。我從未忘記在抵抗組織工作的這段回憶。我知道你聽了會害怕，但我想告訴你，這些是我生命中的高峰經驗。

「我在錫安抵抗組織（Zionist Resistance）的另一個任務就是跟蹤街上被箭十字黨惡棍

帶領的猶太人，記下箭十字黨聚點的地址，那是他們被帶去的地方。這些聚點散布在整座城市，假如像我一樣的一些偵察員發現大量猶太人被拘留在某間特定的處所裡，那個地方晚上就會偶爾遭受攻擊。抵抗組織裡的猶太年輕人會騎機車經過箭十字黨處所，送上手榴彈，用衝鋒槍掃射該處。

「我們通常瞄準大樓較高的樓層，囚犯關在地下室，我們知道其中一些囚犯會被殺死，但我們不放在心上——猶太囚犯到頭來注定會死。我們僅僅試圖殺掉納粹黨員。同時，我們希望攻擊所導致的混亂讓一些猶太囚犯有機可逃。就宏觀而言，我確信我們的零星攻擊並不是很有效，但至少我們自己有所表現，而箭十字黨知道他們不可能殺死猶太人而自己卻毫髮未傷；我們想要對方知道他們自己也處於危險之中。

「更多細節持續漂進我腦海。當我看到被打的老男人以及他哭泣的妻子，我記得我呆住了。雖然我停下來呆視只有一下子，可能不超過三或四秒，但箭十字黨衛兵注意到我，然後從街道對面把槍對準我咆哮：『你——你過來這裡。』

「我跨越街道，努力表現得若無其事。面對困境和可能的死亡是我的家常便飯，而我隨機應變。我肯定內心很驚恐，但是我不能任恐懼掌控：我必須專心思考如何脫困。那個時代，走在街上你必須帶著一整捆身分證件，我的是偽造的，卻做得很好，看似真的。他問我是不是猶太人。我說：『不是』，然後給他看我的一張又一張的身分證件。他問我住哪裡、跟誰住。當我告訴他我住在出租的房子裡，他似乎變得更懷疑，問我說：『為什麼？』我告訴他，我在一家替陸軍製藥的工廠工作，為了撫養守寡的母親和祖母，她們在鄉下過得貧苦。我也告訴他，我的父親以前是匈牙利士兵，在俄羅斯前線打共產黨時陣亡了。但這些對惡棍起不了任何作用。他只粗率回了一句：『你看起來像猶太人。』然後用槍指著我怒吼：『跟那兩個猶太人排在一起，走。』」

我的焦慮迅速高漲。鮑伯見到我搖頭就點點下巴，像在問我有什麼想說的。

「太恐怖了，鮑伯。我懂你的意思。我在聽每一個字。但我快受不了了。我的生活一向都如此安全，如此……如此安全，如此不受威脅。」

「你必須記住，我每天都與如此突如其來的危險住在一起。當我走在猶太夫婦的後面，我就知道我惹的麻煩有夠大，但還不只這些。我突然發現口袋裡的東西可能非常危險：三個正式的匈牙利政府橡皮圖章。我前一天在圖章店偷的，打算那天晚上和抵抗組織的伙伴碰面，為猶太人偽造文件，讓他們偽裝基督徒的身分。這樣很笨，真的很笨，一整天把這種足以定罪的東西攜帶在身上，但那一晚我決心做我該做的事。我們全部的人總是活在不安之中。

「啊，那真是大問題。我知道我會被搜查，他們在我身上找到這些圖章的時候，我就一點兒機會也沒有了。零機會。他們會控訴我當間諜或參加抵抗組織。他們會拷問我抵抗組織的情報——地點、夥伴的姓名。拷問之後，他們會槍殺我或吊死我。而且我也害怕我會漏了口風。我必須丟掉這些圖章。

「幸虧我帶了一些真實的商業書信，那是我工作的工廠交給我郵寄到陸軍總部的郵件。當我們繼續前進，我看到一個郵筒在街道對面，就知道這是個不能錯過的大好機會。我從袋子裡猛力抽出要寄給匈牙利陸軍的信件，拿給箭十字黨員看，說我的老闆吩咐我今天一定要寄出，因為信中有服藥指示要運送到俄羅斯前線。

「我告訴箭十字黨員，我必須把這兩封信投進街道對面的郵筒內。他放低他的槍，仔細檢查信件，點頭應允，但警告我不要企圖玩鬼把戲。我過了馬路走到對面的郵筒，從口袋滑落出橡皮圖章（謝天謝地，我只有橡皮部分，沒有木頭握柄），然後放在信件中間，打開郵筒蓋子，把全部的東西都投進金屬製的筒子裡。我大大鬆了一口氣：我已經擺脫足以定我罪名的主要證據。如今，我只須使那隻野獸相信我不是猶太人就可以離開。他總是有可能拉下我的褲子看看我是否行了割禮。我說過了，假如他們看見我的圖章，我的機會是零；但我也知道，假如他們帶我進去黨部大樓，我只有少於百分之五的存活機會。」

我靜不下來。我好焦慮，我的心臟砰砰直跳，我必須說說話，說任何話。

「鮑伯，我無法想像你怎麼辦到的——你如何度過這一切，還有如何完成這輩子已經完成的事。你內心有什麼感覺？假如我想像自己是你，十五歲年紀就必須面對幾乎確定的死亡……我是說我無法想像。青少年期間，我最大的創傷是新年除夕沒有約會。真可憐。我不知道你如何那樣面對死亡……你知道，我現在有能力面對死亡的想法。我七十六歲，我一直活得很好，我達成任何承諾，我準備好了。但當時十五歲……我記得當時有幾次思考死亡……呼呼呼的一聲，像在我下面開了一道活動門窗……大聲到無法忍受。我不認為你夜裡的恐懼和夢的來源有什麼神祕。我只聽了你的年少生活就體驗了恐懼，而且我今晚很可能夢到你的經驗。」

鮑伯拍拍我的肩膀。想像一下，他必須安慰我。「你會習慣一切。記住，這只是千鈞一髮。很多之中的一個。我認為你甚至可以習慣死亡勢不可擋的前景。而且也要記住，我太專注於存活而無法思考死亡。只有存活。當時，或甚至是接下來的二十年，假如我讓自己去感覺，那會無法承受。你決定要聽剩下的部分？」

我努力隱藏我的顫抖，然後點頭。「當然。」既然鮑伯終於特惠我聽他的秘密，我下定決心不要再讓他把秘密收回去。

「又走了十到十五分鐘，」他繼續說：「我看到匈牙利警察在轉角轉彎，走向我們。我極為焦急，一見到他，我必然對自己說：『我的機會到了，我唯一能夠離開的機會。我要報警。』

「我呼叫他：『警察，警察，對不起，先生，我想要跟你說話。我正要去上班，這個男人把我攔住，不讓我上路。他正要把我帶去某個地方。他認定我是猶太人，但我不是。我恨猶太人，而且我有文件證明我是基督徒。假如他不讓我走，我會失去一整天的薪水，而且我就無法寄錢給我守寡的母親和祖母。在這裡，請你看看我的文件。我是基督徒。這些文件可以證明，你看了就會讓我去工作的。』我出示且揮動我的身分證件。

「警察問那是怎麼一回事，箭十字黨惡棍咆哮：『他是猶太人。我會處理他，而且我會處理其他兩個猶太人。』

「『這裡你不可以管，』警察大聲嚷。『這條街是我在看管。我會處理。』

「他們短暫爭執，直到警察失去耐性，掏出手槍，然後說：『這是我的地盤。我正在巡邏，而且我將帶這個孩子去警察局。』

「那個箭十字黨員變得令人驚訝的膽小，說他會把我送交警察監管，但會核查警察局，查明我是否有被帶進去。然後他繼續走，帶領他前面的那對老夫婦，走在街道中央。那個警察仍然握著手槍，叫我走在他前面。我回頭看了那對注定一死的猶太夫婦最後一面。我無能為力，救不了他們。

「箭十字黨和警察之間有很大的對立，因為警察覺得箭十字黨不專業，只不過是一群奪取合法警力的惡棍。像是我在警察和箭十字黨之間所煽動的對峙，當時是很平常的。」

鮑伯轉向我，坦率對我說話──在那之前，說這個故事的時候，偶爾會閉著眼睛或望向遠方，彷彿在夢中。他的瞳孔很大，就這一回，我正眼凝視，幾秒之後提示他：「然後呢？」

「警察和我開始走路，過一條街，他就把手槍放回皮套內。他什麼也沒問，而我保持沉默。再多走幾條街，他環顧四周，然後說：『快滾，上班去。』我向他致謝並且告訴他，我是匈牙利的愛國者，還有我媽媽會感激他。我一直走，越走越快，沒有回頭看。我在轉角一轉彎離開了警察的視線，幾乎用跑的，一輛經過的電車慢了下來，我就跳上去。我確信有人在跟蹤我。我看見一個警察站在車尾，就側著身子擠向電車前列。行駛過幾條街之後，電車放慢，我就跳下車，繞道走去上班，確保沒人跟蹤我。當我走進我工作的工廠，老闆問我為何遲到。我說前一晚的轟炸滿街瓦礫，我平常走的街道封閉了，他似乎相信我的解釋。

「故事就是那樣。」鮑伯在沙發上向前坐，再次直視我。「你有什麼看法？那就是你所謂的壓抑，對吧？半世紀的遺忘？」

「無庸置疑。」我說：「很明顯這是壓抑案例，在我聽來也是去除壓抑的實例。我們應該整理之後投稿到精神分析期刊。」

「啊，或許吧，」鮑伯說：「你的老兄佛洛伊德知道他自己在說什麼。你知道佛洛伊德是我們自己人嗎？他幾乎是匈牙利人——他的父親來自摩拉維亞（Moravia），整個地區都屬於奧匈帝國（Austro-Hungarian Empire）。」

「我特別感興趣的是那句話，讓你從深厚的庫藏裡把記憶拉出來。『我要報警』這短短一句話是個連結，上週在委內瑞拉的綁架中救了你一命，你十五歲的時候也救過你。告訴我，鮑伯，為什麼匈牙利警察會放你走？」

「好的，**小伙子**，那是個好問題。有一陣子，那件事纏繞我心，可是話說回來，生命會繼續前進。我問自己很多問題：他知道我是猶太人嗎？他是善良的人，想要做件善事嗎？他是因為寬宏大量的精神而給我生路嗎？或者他只是不想浪費時間在像我這樣無足輕重的事情上？我很重要嗎？還是那只是偶然？只是一個幸運的人，受惠於警察跟箭十字黨之間的仇恨？我從來都不知道。」

「有沒有後續行動？」我問。「你回來那一週有發生什麼事？」

「我迅速投入工作，從機場直抵我在波士頓的辦公室（波士頓和卡拉卡斯之間沒有時差），沒有告訴同事，因為差點兒遭到綁架可能嚇跑在委內瑞拉設立臨床試驗的團隊。接下來的兩週，我去了六個其他的城市。」

「這樣很瘋狂，鮑伯。你在做什麼？你是在自殺。你七十七歲了。我光聽你的行程就累了。」

「我知道新的技術對嚴重肺氣腫、呼吸困難、慢慢窒息到死的人有效。我喜歡做我正在做的事情。有什麼比這更重要？」

「鮑伯，歌詞不同，但音樂相同。當你還在動手術的時候，很可能比任何在世的外科醫師動過更多開心手術。日以繼夜，每週七天。凡事過量，毫無節制。」

「那麼你算哪種精神科醫師朋友？你為何不阻止我？」

「我盡力了。我記得跟你談過話、對你嘮叨、對你咆哮、告誡你、規勸你，直到那天你給我答案，才頓時讓我停止。我從未忘記。」

鮑伯往上看：「我說了什麼？」

「你忘了嗎？好吧，我們談了你耗去這麼大部分的人生在手術房的原因。我向你提出的主要想法是，你在手術房可以全盤掌控。這樣可以抵消你見到家人和朋友消失時所體驗到的無助感。儘管你在抵抗組織有振奮的片刻，但大部分時間你都是無力的，就像百萬的猶太人。最重要的是，你得活下去。從那時候開始，你就變得活躍不已。你拯救生命。在手術房裡，你幾乎掌控一切。

「那就是我的最佳猜測，」我繼續說。「但是後來有一天，你又告訴我其他的事情。我清清楚楚記得時間和地點。我們在你家，你坐在一幅巨畫下方，那是用炭精蠟筆畫的，畫了很多凹凸有致的裸體。那是你一直喜歡坐的位子。跟那幅畫在一起，你似乎無憂無慮。我討厭那幅畫，一看到就緊張兮兮，一直想要到另一個房間去。你就是在那裡告訴我，當你手中拿著一顆砰砰跳的心臟，才會感覺到真的活著。那使我完全啞口無言。我答不出話來。」

「為何答不出話？那不像你。」

「我能說什麼？其實你是在對我說，想要覺得自己活著，就必須游走在生死之間的超級薄膜之上。我知道你需要這份危險、這份急迫，才能克服你裡面那股死亡的感覺。你的經歷所帶來的恐懼，當時令我不知所措，這是前所未有的。我求助無門，不知道該說什麼才好。該如何用文字和死亡打鬥？我想我有試過用行動來打鬥。我們一起度過好多好多美好時光；我們做了好多好多事情——你和我，然後和我們的妻子和孩子、我們的旅行，全都在一起。但是這一切對你而言真實嗎？像夜裡的現實那麼真實嗎？或者這一切是曇花一現，只能穿透一兩毫米？鮑伯，我知道如果我活過你活過的生活，我不是死掉就是覺得自己好像死了。我很有可能也會想要拿一顆跳動的心臟在手中。」

鮑伯看似感動。「我都聽著。別以為我沒有在聽。我知道你覺得我在和我的無助搏鬥，所有猶太人、吉普賽人、共產黨員的無助，他們面對槍或者被迫走進毒氣室。你沒錯。我知道，當我掌控手術房的整個環境，在動手術的時候，我覺得自己強而有力。而且我知道我需要那份危險，那是生死之間那條細絲上的平衡動作。我完全理解——你所有的言語，所有的行動。

「但是，」鮑伯接著說：「還有另一部分，或許甚至是更大的部分，那是你還不知道的。你將要聽到的部分。這一部分只住在我第二個生活——我的夜間生活。在我夢裡顯現。」

我驚訝地往上看，「什麼？你要跟我講夢？這會是第一次。」

「就當作第五十次同學會的禮物。如果你解夢的分數不錯，我會在我們第七十五次同學會再告訴你一個。我的夢……幾乎總是與兩個主題其中一個有關：大屠殺或手術房。有時這個，有時那個；有時兩個主題合而為一。而這些夢，可怕的、兇殘的、血腥的夢，總會給予我相對清白的記錄開始下一天。它們提供一種逃脫的出口；它們像某種遊行的大漩渦，然後漂白黑暗的回憶。

「回到上星期吧，回到在卡拉卡斯那天，一開始就差點兒被綁架。我回家沒有說出發生什麼事。我筋疲力竭，累到吃不下，九點前就睡著了，而且做了一場內容豐富的夢。或許做這個夢是要給你的——送給我的精神科醫師朋友的一份禮物。你所要的東西在這裡。」

夜半時分。我在急診室的候診區，看起來好像波士頓市立醫院的急診室，我在那裡度過好多年的好多晚上。我看著等待照護的病人。我注意到一個老人坐在長板凳上，他的外套上有一顆鮮黃色的大衛星。我想我認得他——但是我不大確定他是誰。

然後我發現自己在手術套房的更衣室，正試圖換上無菌衣。我到處都找不到無菌衣，所以我穿著原本穿在醫師袍裡面的條紋睡衣衝去手術房。那些條紋有藍有灰——是的，就像集中營的制服。

手術房空無一人，陰森森的沒有護士、助理員或技術員、沒有麻醉師、沒有蓋著防護罩，也找不到裝載著排列整齊的外科手術器械的桌子，而且沒有我的工作中最重要的人工心肺機。我覺得孤單、失落、焦急。我環顧四周。手術房的牆用磨損的黃色皮箱一排排堆起來掩護，從每個角落，從地面疊到天花板。沒有窗戶——其實，牆上甚至沒有空間可以放X光觀片燈箱，只有皮箱，像布達佩斯那個老猶太人所提的皮箱，當時他走在箭十字黨惡棍的前面，被衝鋒槍指著。

我看到一個赤裸的男人在手術檯上無聲地猛烈擺動。我朝他走過去。他看起來很面熟。他是我在急診室看到的同一個人。我當時知道他就是那個提著皮箱被打到必死無疑的男人，我在布達佩斯那條街上看過他。現在血正從兩個彈孔流出來，流過刺在他赤裸胸膛上的黃色大衛星。他需要立即照顧。我孤零零一個人，沒有人可以幫我，而且沒有外科手術器械。那個男人在呻吟。他奄奄一息，我必須開他的胸膛到他的心臟止血。但是我沒有手術刀。

接著我見到那個男人的胸膛大開。他的心臟，在切口的中央，鬆弛無力而且心跳虛弱。隨著每一次心跳，兩個彈孔就向上噴射出鮮紅血流，從心臟的前壁到空中，激濺在手術桌燈的玻璃罩上，產生一個模糊的紅色血跡在明亮的桌燈上，然後滴回來掉在男人裸露的胸膛上。心臟上的洞口必須封閉，但是我沒有外科手術用的滌綸（Dacron）補片。

後來，突然間，我的右手拿剪刀，從我的條紋睡衣的下面剪下一塊圓形的補丁。我把這塊補丁縫起來覆蓋心臟上的某一個洞。血就止住了。心臟充滿血，心跳就變得更有活力。但是第二個開口就開始間歇噴射出血流。心跳減速，血流就變得遲緩，而且不再噴到桌燈，卻反而流回我在工作的手上。我一手放在洞口，從我的睡衣上剪下第二塊圓形條紋補丁，縫在心臟上第二個洞的邊緣。

血又止了，可是，過不久，心臟空了，心跳變得虛弱，然後完全停止。我試圖按摩心臟，但我的手卻動不了。這時眾人開始湧入手術房，現在看起來更像是法庭。他們全都用譴責的目光看著我。

「我睡醒在流汗。我的床單和枕頭都濕透了，我醒來的時候一直想：『要是我有按摩他的心臟，我早就救了他一命。』然後突然醒來，明白這一切是夢，就比較不會難過了。但是就算醒來，我也一直重複默默對自己說：『要是我能夠救他一命就好了。』」

「要是你能夠救他一命就好了，然後呢……然後呢……鮑伯，繼續說。」

「但是我是**沒辦法**救他一命的。沒有器械。甚至連一塊補片或縫針也沒有。我辦不到。」

「對，你救不了他。在手術房裡，你沒有做好準備，所以救不了他。你沒有像那天勉強自救的那個驚恐的十五歲男孩一樣做好準備。我認為那就是夢的解答。你無法有不一樣的作為。然而，每晚你審判自己，宣稱自己有罪，而且你已經用你的人生來贖罪。我已經觀察你好長一段日子，羅伯特．布蘭特（Robert Brent），而我已經作出裁決。」

鮑伯往上看。我已經引起他的注意。

「我宣判你無罪，」我說。

就這一回，鮑伯似乎說不出話來。

我站起來，食指指著他，重複說：「我宣判你無罪。」

「我不確定你是否已經考慮過所有的證據，法官。那個夢不是說我犧牲自己就可以救他嗎？在夢中。我剪下我的衣服救他。但是六十年前，在布達佩斯街頭，我沒有仔細考慮那個男人和他的妻子。只努力自救。」

「但是，鮑伯，那個夢回答了你的問題。顯而易見。在夢中，你付出一切，你甚至剪下你自己的衣服，但是依然不夠。他的心跳還是停了。」

「我可以有所作為的。」

「聽這個夢：事實來自你的心。你救不了他的，或者也救不了其他人。那時候不行，現在也不行。你是清白的，鮑伯。」

鮑伯慢慢點頭，靜靜坐了一會兒，然後看手錶。「十一點，早就過了我的就寢時間。我要去睡覺（*schlufen*）了。你的診療費多少錢？」

「天文數字。我需要計算機才能計算。」

「無論多少，我將交由夜間陪審團去裁決。他們會賜給你一個祝福，或者也許是一個燻鮭魚貝果當作早餐。」

他轉身，直接面對我，我們緊緊相擁，從來沒這麼久過。然後我們步履沉重，各自緩緩走向我們多夢的夜晚。

【增訂版全新內容】

歐文・亞隆醫師訪談錄

歐文・亞隆一九三一年生於美國華盛頓特區，是史丹佛大學精神醫學榮譽退休教授，也是著名作家。身為經典教科書《團體心理治療的理論與實務》（*The Theory and Practice of Group Psychotherapy*）和《存在心理治療》（*Existential Psychotherapy*）的作者，他也寫了一批與他的心理治療師經驗有關的寫實書籍，包括《愛情劊子手》（*Love's Executioner*）和《媽媽與生命的意義》（*Momma and the Meaning of Life*），以及涉及存在主義哲學與精神醫學眾多交點的幾本小說——存在主義論及生命的意義與無意義，以及生命的必然性，包括死亡。成果包含《當尼采哭泣》（*When Nietzsche Wept*）和《叔本華的眼淚》（*The Schopenhauer Cure*）。二〇〇九年，維也納市在「一個城市，一本書」（*Ein buch, eine stadt*）書展中，把榮譽頒給《當尼采哭泣》，然後免費分送十萬本給維也納市民。二〇一〇年，亞隆曾經和基礎書籍出版社（Basic Books）的執行編輯凱勒何（T. J. Kelleher）討論過他的職業生涯，其中論及他的哲學精神醫學的發展與重要性，包括他對於故事敘述的極度依賴。以下是編輯過的文字記錄。

凱勒何：你如何描述你的生涯曲線，從醫科學生時期開始，或者，在某種意義上，對你來說那也是〈我要報警〉的開始，一直到今天的你？

亞隆：我在貧民區長大。我的父母從俄羅斯過來，他們只跟自己人在一起。我對職業選擇的常識很有限。我所有的朋友、同儕，以及所有一起上學的人，都覺得他們只有少數的選擇。他們要不是隨父親經商，就是去讀醫學院。有時候，我們常常開玩笑說，你只有兩個選擇：要不就當醫生，要不就做個失敗者。所以我去讀醫學院。

我的父母開雜貨店，就在大型黑人住宅區內——華盛頓當時是實施種族隔離制度的。我覺得自己非常與眾不同而且孤立。我大量閱讀，在我青少年期間，貪婪閱讀出色的小說。

在那時期的某個時候，我產生了一個觀念，那是個我後來都沒有真正放棄過的想法——一生中最棒的一件事，就是能寫出一本偉大的小說。因此，我進醫學院的時候，就已經決定了要當精神科醫師——我想，在醫學專業裡，能夠最接近托爾斯泰和杜斯妥也夫斯基的，大概就是精神科醫師。

我在約翰·霍普金斯大學接受教育，雖然精神醫學領域中的各種觀點都引發我的興趣，但我發現自己對那些觀念並不滿意，因為我覺得那些觀點就很多方面而言都過於簡化。生物學派當時提出的觀點不多，而我覺得精神分析方法過於集中在早期的過去，對於未來，以及我們即將成為的樣子，卻極少著墨。

大約在當時，基礎書籍出版社出了一本對我們很重要的書，那是羅洛·梅的名著，書名是《存在》（*Existence*）。書中的論點是嶄新的，讓我意識到精神醫學除了生物學取徑以及精神分析取徑之外，還有第三條路。那是會更接近於存在主義與哲學的取徑。因此，在校第二年，我開始學習哲學，在約翰·霍普金斯的大學部修讀哲學課程。我一向比較像是哲學的自學者，而那樣的教育一直持續到現在。

服完義務役之後，我有幸加入史丹佛大學的師資陣容，就在精神醫學系剛成立之際。我一直很感激史丹佛大學給我自由追求我自己的臨床興趣。我對精神醫學中的人際關係法和團體治療法都感興趣，而我所寫的關於團體治療的書，在過去兩個世代廣被世界各地接受。但是我在寫那本書的時候，我也在思考另一種書，那種書聚焦於羅洛·梅介紹給我的存在主義議題。結果我寫成了一本書名為《存在心理治療》的教科書，一九八〇年由基礎書籍出版社出版。那本書現在還在。那本書很大膽，因為那是一本為當時不存在而現在依然未出現的課程所寫的書。我寫的是關於存在主義的議題，特別是死亡、生命的意義、孤絕、自由——這些都是很多病人正在面對的議題，但也是我們的專業養成中普遍被忽略的議題。完成那本書之後，我想要寫更多關於那個領域的書，這樣我就可以更有效地採用敘事的方式來教學。我認為我的教科書很成功——學生已經跟我說過很多次——因為他們讀起來更像是故事或小說，學生樂意看完枯燥的理論，因為下一頁很可能是一個故事。

後來我更大幅度地轉移我的焦點。我不再沿用我的教科書上的方式使用故事來闡明特定的理論；相反的，我決定逆轉這個方法，讓故事本身來完成教學，在敘事中建立哲學和精神動力理論。因此，我開始寫故事書。首先，是《愛情劊子手》，這本故事集的用意就是作為心理治療師的故事教學所用。其實，我後來寫的每一本書，出發點都是作為教學用的小說或故事集。我繼續寫結合精神醫學與哲學的小說。關於尼采和叔本華的那兩本小說都是這個努力的結果，另一本是我在二〇一一年要完成的新小說，書名是《斯賓諾莎問題》（*Spinoza Problem*，編按：本書已於二〇一二年出版，中文版於二〇一三年由心靈工坊文化出版）。

凱勒何：你剛剛簡略提到你的學生，或者說得更精確一些，正規的學生，無論是你的學生或其他精神科醫師的學生，你說到他們激賞那些故事的原因。你的病人如何了解你所做的事，以及你寫作的方式？而這一切如何改變你和他們之間的關係？

亞隆：嗯，我給你的必定是個偏頗的樣本，因為差不多每個病人都讀了一些我寫的東西之後才來找我的；我的作品是促使他們前來見我的原因。我的病人喜歡我採用的人性方法，而非技術性、分析性，或更客觀超脫的方法。至於被我寫進來的人覺得怎樣，那是另一個問題。以《愛情劊子手》為例，我得到每個病人的書面許可，給他們看初稿，確定他們滿意掩飾的程度。我把角色改頭換面，以至他們也認不出自己。我更改他們的性別、種族，以及所有一切。但是故事依然是真實故事——故事本身、角色之間所發生的事情，完全是真的。那本書之後，我繼續使用臨床工作所激發出來的想法，但是沒有訴說病人的故事。當我見到療程中的病人，常常都有想法產生。不盡然是病人的故事，而是想法。我的病人所說的某些話可能會出現在未來的某一本書裡面，我的病人之中沒有人真的為此而困擾。某些病人表達的正好是相反的感覺——他們害怕自己的故事不夠有趣而不被我書寫出來。

甚至在我寫過的小說中，我常常使用病人告訴過我的某個想法，或者，也有可能是某個夢。雖然我寫的是小說，但我依舊聯絡每一個病人，徵求他們的同意讓我在故事中使用這些夢。因此，我覺得自己自始至終都非常尊重我的病人。

凱勒何：那麼，在特定病人的治療過程中，你如何看待說故事的功用——無論是對你或者對病人自身而言？說故事為你的精神治療實作帶來哪一些其他傳統如精神分析和生物學取徑所嚴重缺乏的面向？

亞隆：嗯，現在很難真正說清楚什麼是精神分析取徑，因為每一個精神分析師的作法不同，而且全國各地的各個精神分析機構也可能採用非常迥異的方法。精神分析不再是單一實體，而且，依我看，目前的精神分析療法通常已經不再像過去那種治療師始終保持超然的傳統作法。在過去，病人躺在治療椅上，與精神分析師的眼神接觸不多，而且鮮少注意到他們之間真實面對面的關係。如今已大大改變，精神分析師與病人之間多了許多互動。

但是，至於療法中的故事，這是個很難回答的問題。我愛聽故事，所以我總是悉心聆聽著我在治療中遇到的故事。我不是說我將寫下每一個故事——只是，我會對即將發生的事情，以及事件和結局變得很感興趣。因此，我的興趣，也就是我對這位病人的好奇心就更強烈了：我會迫不及待在下一次的療程見到他們，看看這一週發生了什麼事，不知不覺中我對我的病人們展現出了真正的關心，而且他們了解我對他們的關心有多深。

我記得過去我帶領的治療團體，我的學生透過觀察鏡看著整個療程。他們觀察一整年，往往在一開始的兩三個月感到無聊透頂。但是再過幾個月，他們更了解了團體的進行過程，目睹著每個病人的故事以及團體成員之間的關係所展現出來的戲劇性，學生的興趣會突然爆發，然後開始期待著下一次療程。每個人生命中都有如此多的迷人劇本。所以，針對那個有關故事的問題，或許這是另一種回答的方式。我認為，在我們的過程中，故事提升了我和我的病人的興趣。

凱勒何：我想，有時候精神科醫師很難對發生的事情持續抱持興趣——那份厭煩可能是精神科醫師的危機。

亞隆：那確實會發生，不過我們會利用那份厭煩。有一項關於治療的基本假設，認為治療過程乃微觀世界——你和病人之間發生的事情，真實反映了你的病人和他們生活中的每一個人之間所發生的事情。換言之，假如他令我厭煩，那麼對他生活中的其他人而言，他也是令人厭煩的。因此，你要融入你的厭煩——這是珍貴的資料。是什麼原因令你遠離那位病人？為什麼那位病人會在你們兩人之間製造這麼大的距離？當然我從未對病人說：「我覺得很厭煩。」但我會說：「我今天覺得與你距離比較遠。你也這麼覺得嗎？」還有：「是什麼讓我們彼此有距離？」

所有有經驗的治療師都知道會有很多重複，有時候人無法迅速改變，他們將會一再重複某些事情。某人曾經將治療比喻成換胎時在輪胎上轉緊輪圈螺帽的過程。你必須轉緊一個輪圈螺帽，然後再轉緊另一個，然後又再回去轉緊第一個。如此重複。當然，你不想令讀者對你的故事感到厭煩，所以你只擷取令人興奮的部分，但是所有治療師都知道治療中充滿重複的事。

凱勒何：我想問你一個與精神醫學中的哲學有直接關聯的問題。我是說，如果你回到精神分析傳統之初，我想你會發現佛洛伊德把他的醫學方法放置在很寬廣的文化脈絡中，而且廣為人知的是，他利用歷史與神話。因此，你在哪裡看到了哲學適用於治療的情境？如果病人缺乏一種成熟的意識，無法覺知活著的意義、處於死亡風險之中的意義，甚或，沒有意識到他們終將死去，有些時候這也是個問題吧？而哲學是否有助於解決這些議題？

亞隆：在我們的領域裡確實有一些非常重要的哲學家。一般認為精神分析的歷史始於十九世紀的佛洛伊德和榮格，以及當時在實驗室進行制約反射實驗的人。但那其實不正確。佛洛伊德知道他的哲學——他在古典文理中學接受過良好教育。但他常常不認可他的哲學來源。例如，對於他從尼采身上學到的東西，他的說法前後不一。有時候他說他無法閱讀尼采，因為看到這麼多他自己的想法在尼采的作品中已經提過，會令他頭暈目眩。但是我們確實知道他的圖書室裡收藏著尼采的作品，而在一九〇八年他卻在維也納精神分析協會的一整個會議時段中討論他的分析，說那並非汲取自尼采。他不可能沒有覺察到哪一些東西是他**確實**汲取自尼采的。

我們這領域的歷史真要追溯到很久以前，回到古希臘時代。那個時代的思想家談論著生活——你也可以說他們是生活（lebens）哲學家。我最新的書《凝視太陽》中有多處寫到伊比鳩魯，因為我覺得他說的許多話對我們的領域而言是非常中肯的。他認為自己是醫學哲學家，為人類的絕望提供救助的哲學家。

目前我正在寫一本小說，關於另一位哲學家斯賓諾莎。佛洛伊德曾說他深深敬佩斯賓諾莎；雖然佛洛伊德從未寫過他，但我認為他深受斯賓諾莎的核心觀念所影響。例如，決定論的循環（deterministic cycle）是分析的一項基本信條，也就是說，所有的事件和感情都是之前的事件造成的。據斯賓諾莎所言，純粹的偶然或自由意志並不存在。我們必須為一切找出原因。那接近佛洛伊德的考古學式主張，他希望回到更久遠的過往去尋找原因。因此，我認為哲學在精神分析領域確實扮演著未明言且不成文的重要角色。

凱勒何：現在，我想要問你的一些問題，可能會把一部分這類概念應用到〈我要報警〉這個故事中。第一個問題來自故事快結束的地方，你把你和鮑伯之間的長期緘默描述成「你們彼此的共謀」。他在後來的人生所忍受的那種對抗，逼他重新思考和面對來自大屠殺的事件；除了這樣的對抗，人還能有什麼方法去結束在沉默中的共謀——無論是治療師成為病人沉默中的共謀，或者病人自己因為拒絕表達需要表達的問題，而成為沉默狀態的共謀？還是說，這種事情本來就需要極富戲劇性情境——或許，越難說出口的事情，就需要越大的震驚來把那樣的事情帶到表面？

亞隆：嗯，那是複雜的問題。我先說一件事，關於你最後談到的「越大的震驚」。我們傾向於這麼看待病人——當他們來接受治療，也就是他們已經承諾為自己帶來一些改變，在這種情況下，就某種意義而言，他們自己已經決定了要結束長久的沉默。我們治療師會相當直截了當地說：「你想要為自己帶來什麼改變？什麼原因讓你決定此刻來到這裡？把你帶到治療室的最後一根稻草是什麼？」對很多人而言，都會有一個大事件，讓他們終於決定要做一些改變。鮑伯在機場發生的事情是一則戲劇性的事件，成為了他去除壓抑的起點，而最後大大改善了過去的深層創傷對他造成的影響。

讓我來說說你提到的共謀問題。鮑伯和我的交情很深。他就像很多大屠殺的受害者一樣保持沉默，不想和別人分享經驗。這非常普遍。但是，毫無疑問，我也勾結在其中。我沒有過度催逼。我大可挑出他說過的一些瑣細評論，然後要求他多說，而且我認為他應該會樂意向我多說一些什麼。但是我自己對大屠殺也有極大的恐懼，所以避免聽到更多。最後，當他願意打破障礙，我基於情誼，選擇面對自己的惡魔，以至後來的許多個晚上都失眠。因此，他最終選擇坦然到底。他和我都老了，他終於想要講他的故事。

凱勒何：這讓我想到故事中友情的角色，因為在另一個時候鮑伯對你說：「你想聽故事，或者你想要在你的朋友前面再次扮演治療師？」當你離開臨床環境，你能不能在你的專業技術以及某種能夠讓朋友想要對你吐露心事的人格特質之間，畫一條線？如果能夠，你是怎麼做的？

亞隆：一個主要的差異是我和朋友之間的關係是互相對等的。我讓自己在他們面前顯得很脆弱，就像他們在我面前顯得脆弱一樣。其實，往往是我主動揭露更多。對我，還有對大多數的人而言，友情不可或缺的一部分在於你可以對朋友暢所欲言。治療師不會對病人那樣。病人不是來幫助治療師處理他們自己的問題。治療師去找他們自己的治療師（或朋友）解決。儘管如此，我認為治療師並非對他／她的病人隱瞞一切。如果時機適當，或者對當下狀況有所助益，你可以更坦然揭露你自己的某些部分。因此，我認為那是朋友與治療師之間的主要差異。二十年來我一直待在一個治療團體，我們稱之為支持團體，但其實就是個由十幾位治療師組成的治療團體。我們隔週聚會一次，那是一個很棒的討論會，不僅為了磨亮治療技巧，更是為了個人成長。

凱勒何：所有這些病人都把他們自己的麻煩帶給你，一定帶來很大的心理負擔。

亞隆：沒錯，治療師不應該獨自從事這項工作，而他們通常也不會這麼做。他們和熟識的同事談論。他們與其他治療師組成研究小組。他們舉辦會議，一群人在那裡碰面，當他們的治療工作陷入僵局時，就可以在這裡從其他同儕身上獲得臨床指導。

凱勒何：那麼，我的最後一個問題，是關於生物學的難題。我想你會認為，在現代的精神醫學中，不是說生物學方法不好，而是說它似乎不是很完整。所以我很想知道，在這個故事的背景下，在鮑伯·布蘭特的故事脈絡中，如果某個處於他這種狀況的人去見的是現代生物學取向的精神科醫師，他們可能會說，這些是你顯現的症狀，而這些是我們用來緩解症狀的藥物——你認為他可能得到鮑伯在這個故事中所追求的那種成長、那種治療嗎？使用嚴格的生物學方法，或甚至只是偏向於生物學的取徑，你認為能不能得到這樣的成果——即使只是一部分？

亞隆：不可能，我確定不可能。我認為這將錯失一個大好機會去經驗一次深層的人間相遇，而這在人類生活中是格外重要的。或許藥物可能讓他好過一些，或減輕憂鬱，但是我認為關鍵結果必須在精神治療中完成。藥物加上治療遠比單獨使用藥物更有效，研究資料強烈支持這個看法。

凱勒何：是的，治標不治本的方法顯然有風險。最後一點，我只想要再延伸一點有關生物學的問題：你對精神醫學的未來有何期待？在這個精神醫學以如此分子式的形態決定命運的世界裡，那個深層的人類需求如何能被看到？那些來自我們自己的經驗、我們自己的想法之中的決定性元素，也就是引領我們來到我們所面對的問題當前的那些元素——我們該如何把這一切帶到前景突顯出來？

亞隆：我無法預言未來。但是就目前看來，精神醫學正越來越遠離精神治療領域——遠離深層的、講求意義的、以哲學為基礎的精神治療。跟十五或二十年前相比，現在很多年輕精神科醫師就治療方面所接受的深層訓練遠遠更為貧乏。精神醫學正開始將精神治療的領域留給其他專業，比如輔導和心理學。我寧可精神科醫師接受更多有關精神治療的訓練。我也已經注意到，很多剛完成住院醫師實習的精神科醫師，以及多年來實行藥物治療的精神科醫師與我聯絡，希望得到更多精神治療的訓練，因為他們很不滿意這種純粹使用藥物的膚淺作法。我認為這是個充滿希望的發展。

延伸閱讀

歐文．亞隆作品：

*《一日浮生：十個探問生命意義的故事》（2015），歐文．亞隆，心靈工坊。
*《斯賓諾莎問題》（2013），歐文．亞隆，心靈工坊。
*《歐文．亞隆的心靈地圖》（2013），朱瑟琳．喬塞爾森（Ruthellen Josselson），心靈工坊。
*《媽媽和生命的意義》（2012），歐文．亞隆，張老師文化。
*《當尼采哭泣》（2007），歐文．亞隆，張老師文化。
*《愛情劊子手》（2007），歐文．亞隆，張老師文化。
*《診療椅上的謊言》（2007），歐文．亞隆，張老師文化。
*《叔本華的眼淚》（2005），歐文．亞隆，心靈工坊。
*《日漸親近：心理治療師與作家的交換筆記》（2004），歐文．亞隆、金妮．艾肯（Ginny Elkin），心靈工坊。
*《存在心理治療（上）死亡》（2003），歐文．亞隆，張老師文化。

＊《存在心理治療（下）自由、孤獨、無意義》（2003），歐文・亞隆，張老師文化。

＊《生命的禮物：給心理治療師的85則備忘錄》（2002），歐文・亞隆，心靈工坊。

其他延伸閱讀：

＊《西藏生死書》四版（2015），索甲仁波切（Sogyal Rinpoche），張老師文化。

＊《恩寵與勇氣：生與死的靈性與療癒》二版（2011），肯恩・威爾伯（Ken Wilber），張老師文化。

＊《我願意陪伴你：點亮生命的九堂課》（2011），史丹・高柏格（Stan Goldberg），張老師文化。

＊《好走：臨終時刻的心靈轉化》（2010），凱思林・辛（Kathleen Dowling Singh, Ph.D.），心靈工坊。

＊《死時誰為你哭泣：101則以終為始的人生智慧》（2010），羅賓・夏瑪（Robin Sharma），李茲文化。

＊《終點前的分分秒秒：正視與省思臨終關顧中的反轉移歷程》（2009），芮妮・卡茲、泰瑞莎・強森（Renee S. Katz & Therese A. Johnson），張老師文化。

＊《臨終者的孤寂》（2008），諾伯特．愛里亞斯（Norbert Elias），群學。
＊《死前活一次》（2008），Beate Lakotta & Walter Schels，大塊文化。
＊《臨終諮商的藝術》（2007），喬治．賴爾（George S. Lair），心靈工坊。
＊《安寧伴行》（2007），趙可式，天下文化。
＊《醫師與生死》（2007），趙可式，寶瓶文化。
＊《天使歸鄉：孩子與父母認識死亡的一堂課》，伊麗莎白．庫伯勒（Elisabeth Kubler-Ross），商周。
＊《臨終心理與陪伴研究》（2006），余德慧，心靈工坊。
＊《當綠葉緩緩落下》（2006），伊麗莎白．庫伯勒．羅斯，大衛．凱斯樂（Elisabeth Kubler-Ross, David Kessler），張老師文化。
＊《凝視死亡：死與人間的多元省思》（2005），梁美儀、張燦輝，香港中文大學。
＊《生死無盡》（2004），余德慧，心靈工坊。
＊《生命史學》（2004），余德慧，心靈工坊。
＊《生死學十四講》（2003），余德慧，心靈工坊。
＊《你可以不怕死》（2003），一行禪師（Thich Nhat Hanh），橡樹林。

*《人生的最後一堂課：一起面對死亡》（2002），山崎章郎，圓神。
*《生與死的教育》（2002），阿魯豐斯・德肯（Alfons Deeken），心理。
*《病床邊的溫柔》（2001），范丹伯（J. H. van den Berg），心靈工坊。
*《伴你最後一程：臨終關懷的愛與慈悲》（2001），石世明，天下文化。
*《如果只有一年：若只剩一年可活，你要做些什麼？》（1999），史蒂芬・拉維（Stephen Levine），立緒。
*《天使走過人間：生與死的回憶錄》（1998），伊麗莎白・庫伯勒（Elisabeth Kubler-Ross），天下文化。
*《伊凡・伊里奇之死》（1997），列夫・托爾斯泰，志文。
*《死亡的尊嚴與生命的尊嚴：從臨終精神醫學到現代生死學》（1993），傅偉勳，正中書局。

心靈工坊 PsyGarden

Holistic 111

凝視太陽：面對死亡恐懼（全新增訂版）

Staring at the Sun: Overcoming the Terror of Death

作者：歐文・亞隆（Irvin D. Yalom）　譯者：廖婉如、陳杕雄

出版者—心靈工坊文化事業股份有限公司
發行人—王浩威　總編輯—徐嘉俊
責任編輯—徐嘉俊　特約編輯—陳民傑　內頁排版—董子瑈
通訊地址—106台北市信義路四段53巷8號2樓
郵政劃撥—19546215　戶名—心靈工坊文化事業股份有限公司
電話—02) 2702-9186　傳真—02) 2702-9286
E-mail—service@psygarden.com.tw　網址—www.psygarden.com.tw

製版・印刷—彩峰造藝印像股份有限公司
總經銷—大和書報圖書股份有限公司
電話—02）8990-2588　傳真—02）2290-1658
通訊地址—248新北市五股工業區五工五路二號
二版一刷—2017年2月　二版八刷—2023年9月
ISBN—978-986-357-084-4　定價—400元

國家圖書館出版品預行編目資料

凝視太陽：面對死亡恐懼（全新增訂版）／歐文.亞隆（Irvin D. Yalom）著　廖婉如、陳杕雄譯.
-- 二版. -- 臺北市：心靈工坊文化, 2017.02
面；公分.--（Holistic；111）
譯自：Staring at the sun : overcoming the terror of death

ISBN 978-986-357-084-4（平裝）

1.死亡 2.心理治療 3.生命終期照護

178　105024913

心靈工坊 PsyGarden 書香家族 讀友卡

感謝您購買心靈工坊的叢書，爲了加強對您的服務，請您詳填本卡，
直接投入郵筒（免貼郵票）或傳眞，我們會珍視您的意見，
並提供您最新的活動訊息，共同以書會友，追求身心靈的創意與成長。

書系編號－Holistic111　　書名－凝視太陽：面對死亡恐懼（全新增訂版）

姓名　　是否已加入書香家族？ □是 □現在加入

電話（公司）　　（住家）　　手機

E-mail　　生日　　年　　月　　日

地址 □□□

服務機構／就讀學校　　職稱

您的性別－□1.女 □2.男 □3.其他

婚姻狀況－□1.未婚 □2.已婚 □3.離婚 □4.不婚 □5.同志 □6.喪偶 □7.分居

請問您如何得知這本書？

□1.書店 □2.報章雜誌 □3.廣播電視 □4.親友推介 □5.心靈工坊書訊
□6.廣告DM □7.心靈工坊網站 □8.其他網路媒體 □9.其他

您購買本書的方式？

□1.書店 □2.劃撥郵購 □3.團體訂購 □4.網路訂購 □5.其他

您對本書的意見？

封面設計	□ 1.須再改進	□ 2.尚可	□ 3.滿意	□ 4.非常滿意
版面編排	□ 1.須再改進	□ 2.尚可	□ 3.滿意	□ 4.非常滿意
內容	□ 1.須再改進	□ 2.尚可	□ 3.滿意	□ 4.非常滿意
文筆／翻譯	□ 1.須再改進	□ 2.尚可	□ 3.滿意	□ 4.非常滿意
價格	□ 1.須再改進	□ 2.尚可	□ 3.滿意	□ 4.非常滿意

您對我們有何建議？

本人同意　　（請簽名）提供(真實姓名／E-mail／地址/電話等資料)，以作為心靈工坊（聯絡／寄貨/加入會員／行銷／會員折扣等）之用，詳細內容請參閱 http://shop.psygarden.com.tw/member_register.asp。

廣 告 回 信
台北郵局登記證
台北廣字第1143號
免 貼 郵 票

心靈工坊 |PsyGarden|

台北市106 信義路四段53巷8號2樓

讀者服務組 收

免 貼 郵 票

（對折線）

加入心靈工坊書香家族會員
共享知識的盛宴，成長的喜悅

請寄回這張回函卡（免貼郵票），
您就成為心靈工坊的書香家族會員，您將可以——

⊙隨時收到新書出版和活動訊息

⊙獲得各項回饋和優惠方案

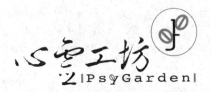